石渡嶺司 著

ゼロから始める

就活
まるごと
ガイド

6年度版

JN051603

KODANSHA

本書の特徴

2025年卒の就活は売り手市場（学生が有利）と言われています。
それでも、就活生の悩みは尽きません。

たとえばこんな疑問にも……

就活生

＜ 業界は絞った方がいい？

＜ 適性検査って替え玉できるでしょ？

＜ 逆質問、何を答えればいい？

就活生

＜ わかりやすい実績がなくてガクチカが書けない

＜ 自己分析ってどこまでやればいいの？

＜ 優良企業ってどうやって探せばいいの？

この欄外では、本文の補足や関連書籍の紹介、就活の噂から著者・石渡の愚痴、ゆるい小ネタまであれこれ展開。半分息抜きを兼ねて気楽に読んでいただきたい。

1

特徴1：普通の学生が就活で損をしないための マニュアル本です！

他の就活本では、学生時代に輝かしい実績を残した学生の成功談を中心に書かれています。本書は普通の学生で実績が何もない、と悩む就活生が参考になる情報をまとめました。

就活本、出てくる例はすごい学生ばかり。
自分は普通の学生だし当てはまらない…

就活生・男

●●
就活本

今までの悩み、全部、解決できた！

就活生・男

就活
まるごと
ガイド

特徴2：日本初！　データ重視の就活本

これまでの就活本は著者や内定学生の経験、著者の取材結果のみで構成されていました。本書は就活の最新データを根拠として提示。そのうえで、就活生の最適解を提示しています。

ひろゆき氏の決めゼリフ「データは？」「それってあなたの感想ですよね？」。自分の本を含め、過去の就活本は著者の経験・取材がほとんど。そこで本書はデータにもこだわった。

特徴3：21年の取材でホンネを大公開

データと合わせて、著者の21年に及ぶ就活取材を本書にも反映しています。

特徴4：就活生の疑問に全回答

普通でも凄くても就活生が感じる疑問は多くあります。学歴フィルターやお金の話を含め、他の就活本では出てこない疑問にも全部、本書で回答しています。

特徴5：タテマエとホンネ、それぞれを解説

タテマエとして存在する就活ルールやインターンシップの定義などは現実のものとは大きく離れています。本書ではそうしたタテマエとホンネ、その違いも解説します。

特徴6：大学1・2年生から未内定学生まで全対応

本書の主読者は2025年卒の大学3年生・大学院修士1年生（2024年1月時点）と想定しています。ただし、大学1・2年生が読んでも参考になる構成にしています。それから、内定後、あるいは未内定のまま4年生6月（選考解禁）以降でも参考になる情報を掲載しています。

就活取材21年の集大成で本書を刊行しました。就活に悩む方、ぜひ本書を読んでみてください！

石渡

著者は政府にも就職情報会社にも大学にも企業にも忖度する必要がない、フリーランス歴21年の人間。そのため、誰かに都合の悪いタテマエなども本書では無視してまとめている。

目　次

第8章　面接・GDの誤解 ‥‥‥‥‥‥‥‥‥‥‥‥ 205

目次の項目は就活生の誤解やネット上に流れて
いる俗説などをまとめたものです。各項目とも
本文ではデータを交えてそれがなぜ違うのか、
どうすれば良いのか、などを示しています。

第一特集
コロナ禍が明けての就活は

▌選考時期は一括？

| ホント | ３月は実質的には選考解禁、新卒は「多様化」採用 |

....

関連データ

採用プロセス開始時期
面接（対面）開始　３年生10月以前〜３年生２月
23年卒・17.7％→24年卒・27.0％
面接（Web）開始　３年生10月以前〜３年生２月
23年卒・27.3％→24年卒・36.6％
面接（対面）開始　３年生３月〜４年生５月
23年卒・63.4％→24年卒・60.3％
面接（Web）開始　３年生３月〜４年生５月
23年卒・57.3％→24年卒・57.4％
内定（内々定）出し開始　３年生10月以前〜３年生２月
23年卒・12.2％→24年卒・19.7％
内定（内々定）出し開始　３年生３月〜４年生５月
23年卒・58.2％→24年卒・57.5％
※リクルート就職みらい研究所「就職白書2023」（2023年）

....

解説

大学生の就職はよく「新卒一括採用」と言われている。

コロナが明け、新卒採用は継続していても、時期や形態などはバラバラ。言うなれば「新卒『多様化』採用」に変化している。

このことを明記する就活本は驚くほど少ない。実態は各データを見ていけば明らかだ。まず、公式の就活スケジュール（政府の就活ルール）と実際の就活スケジュールを解説しよう。

2020年（2021年卒）から政府主導で就活ルールを策定している。ところが、

就活時期の論議は1928年から。以降、「法律が必要」→「法律は無理」→「目安を作る」→「目安なので罰則なし」→「誰も守らない」→「やっぱり規制を」のループが続く。

この就活ルールはあくまでも目安にすぎない。法律で決まったものではなく、破った企業に対して罰則もない。実質的には、いつ採用を始めるかは企業次第である。

〈就活ルールは目安で実態は別〉

その結果、コロナ禍以降、選考開始や内定・内々定出し時期は前倒し傾向にある。これは左ページ上の「就職白書2023」調査のデータを見れば明らかだ。

つまり、政府が策定した3年生3月1日の広報解禁は実質的には選考解禁に相当する。そして、4年生6月1日の選考解禁は実質的には内定解禁となる。

就活の早期化が進んだ話をすると、遅く始めた就活生は間違いなく焦る。

例年、3年生1月から6月ごろにかけては日本全国の大学で落ち込む就活生が続出する。

「ゼミ（またはサークルでも何でも）の友人はもう内定を貰っているのに、自分はまだ。就活時期が前倒しになっているなんて知らなかった。もう、就活はダメだ……」

ところが、単純に早期化した、とも言い切れない。その理由は選考時期の分割化にある。

〈選考時期は大学受験と同じ「分割化」〉

新卒一括採用は、企業の選考時期が同一だからこそ「一括」と呼称している。なぜ、時期が同一か。それは企業側にとって効率よく選考を進められたからだ。

ところが、選考時期を分割する企業が2010年代半ばから増えていく。背景には、学生有利の売り手市場、就活生の多様化、そしてインターンシップの多義化・特別選考ルートの増加が挙げられる。選考時期の分割化は言い換えれば通年採用化でもある。ただし、通年採用化は就活生の好きなタイミングで選考参加が可能、との意味も含む。実際は選考時期を何番かに分けているだけにすぎない。そこで著者は選考時期の分割化と呼んでいる。

就活生は大学入試を思い出していただきたい。総合型選抜、学校推薦型選抜に一般入試と入試はバラバラだったはず。総合型選抜で早期に合格したクラスの友人を見て「志望校はもう諦めよう」と思っただろうか？　そんなことはないはず。ある入試形態・日程が終わっても別の形態・日程があるからだ。

「就職白書2023」のデータを見ていくと、2024年卒は面接（対面）開始、面接（WEB）開始、内定（内々定）出し開始、いずれも、前年よりも前倒しになっている。

本書の主な読者であろう2025年卒生も同様の傾向が続くもの、と見られている。

なお、選考時期は地方や企業規模によっても異なる。首都圏・関西圏だと早期選考を実施する企業が多く、それ以外の地方部だと遅め。中小企業は遅めの企業が多く、一部は競合覚悟で早期選考も実施する。

選考時期の分割化、どれくらいの企業が実施しているかは該当データなし。ただし、採用活動の終了時期はマイナビ調査だと4年生7月〜9月が24.1%、10月〜3月が61.0%。

説明会も選考も対面でないとイヤ（就活生）

ホント

企業側は序盤はオンライン、中盤以降は対面と使い分け進む

関連データ

採用活動の各フェーズにおける Web 活用

個別企業セミナー（Web・対面）　47.5%・30.6%（23年卒）→28.7%・40.8%（25年卒）
1次面接（Web・対面）　40.8%・51.2%（23年卒）→31.1%・56.0%（25年卒）
最終面接（Web・対面）開始　8.1%・89.1%（23年卒）→3.5%・92.7%（25年卒）

※マイナビ「マイナビ2024年卒企業新卒採用活動調査」（2023年／数値は「全て」「どちらかというと」の合算／23年卒は実績の数値、25年卒は予定の数値）

解説

コロナ禍で一気に進んだのがオンラインによるセミナーや選考だ。
感染リスクが低いのでコロナ禍1年目の2020年に一気に定着した。
その後、コロナ禍がやや収まった2021年、2022年ともに、オンラインと対面を併用する企業が増えた。
具体的に言えば、就活序盤はオンライン、中盤から終盤の面接は対面とする使い分けだ。
序盤は1日インターンシップやセミナー、合同説明会などを指す。
コロナ禍以前、企業の採用担当者はどの地方・大学の説明会・セミナーに参加するかの調整が大変だった。多様な人材を求める反面、全ての地方・大学を回るのは物理的に不可能だからだ。その結果、ある程度の採用実績がある大学や都市部などに限定せざるを得なかった。
〈企業はオンラインの便利さに気づく〉
ところが、オンラインによるセミナー等の展開が可能となった結果、無理に移動する必要はなくなった。地方や大学を限定する必要がないため、地方や中堅以下の大学で優秀な就活生が参加できるようになる。
大学内の企業セミナーでもオンラインであれば移動の手間がかからない。たと

著者個人としては就活生からの相談・ES添削受け付けが楽になった。無理に会わなくてもZoomでいいし、資料やWordなどを見ながら話せるので楽。講演・セミナーなども同じ。

えば、北海道の大学の30分後に、九州の大学の学内セミナーに参加する、といったこともオンラインなら十分可能だ。対面では移動だけで半日かかることを考えれば、実に便利になった、と言えよう。

では、オンライン一辺倒か、と言えばそんなことはない。

オンラインだと、人柄など伝わらない部分はどうしても出てしまう。就活生側も、その企業の雰囲気などはなかなか分からない。

一方で、オンラインの便利さも捨てがたい。そこで、「序盤のセミナー等はオンライン中心、中盤以降の選考は対面」と使い分ける企業が増えた。

〈就活生は対面希望が多いけど〉

一方、就活生は大学の授業がオンライン授業だったことや、オンラインでは分からない部分がある、として説明会・セミナーも対面を希望しがちだ。

別に対面の説明会やセミナーが悪い、というわけではない。対面とオンライン、どちらが企業の雰囲気などが分かるか、と言えば、それは断然、対面の方だろう。

ただし、オンラインはオンラインで就活生側にも利がある。移動の手間がかからない、大人数参加の合同説明会・セミナーで画面オフなら、リクルートスーツを着る必要もない。

この移動の手間がかからない点は特に地方の就活生には福音だろう。コロナ禍以前は、セミナー・説明会参加のためだけに何度も東京・大阪などに出向かなければならなかったからだ。

企業側がオンライン・対面の併用を決めている以上、就活生側もオンライン・対面、それぞれ使い分けるといいだろう。

〈2025年卒はオンラインが減少傾向だが〉

マイナビデータを見ていくと、個別企業セミナー、1次面接とも、対面を選択する企業が大幅に増加している。

それでも、オンラインによるセミナーや面接がゼロになったわけではない。

特に、選考参加中の就活生と採用担当者の情報交換などは非公式な接触でもあり、オンラインの利用が多い。

本書執筆時点（2023年10月）では、合同企業説明会などは対面実施がほとんどだ。それでも、今後のコロナ禍の状況によっては再度、オンライン利用に戻る可能性もある。

何よりも就活を終えて、社会人となれば、対面とオンラインを使い分けることになる。

就活生は、対面・オンライン、どちらかにこだわるのではなく、それぞれ使い分けることが必要だ。

Zoom などのオンライン会議システム、更新のたびに機能が向上。著者は正直、全部使いこなせていない。就活生は一度、友人同士で複数のシステムを体験するのもあり。

■ コロナ禍で就活は厳しくなった

関連データ 81.3%（1991年）→55.1%（2003年）→69.9%
（2008年）→60.8%（2010年）→78.0%（2019年）
→74.2%（2021年）→74.5%（2022年）

※文部科学省「令和4年度学校基本調査」（2021年／数値は「卒業者
に占める就職者の割合」）

解説

コロナ禍1年目の2020年、航空大手のJALやANAなどが選考中止に踏み切った。それほど、業績が悪化したからだ。

それ以外に、内定取り消しに踏み切った企業もある。その結果、就活状況が良いのか悪いのか、判別がつかない、と悩む就活生は多い。

結論から言えば、2025年卒は2024年現在、学生有利の売り手市場がある程度、継続している。上記の数値は文部科学省の「学校基本調査」のものだ。名称が示す通り、卒業者のうち、就職者がどれくらいかを算出した数値で、しかも大学全てを集計しており信頼できる。

〈集計が異なる就職率〉

なお、メディアが示す就職率はそのほとんどが「就職内定状況調査」だ。こちらは実施主体が学校基本調査と異なり、しかもサンプル調査でしかない。分母も、概念があいまいな「就職希望者」であり、学校基本調査に比べて信頼性が高いとは言いがたい。本書では、学校基本調査の数値を利用する。

2021年の数値は、コロナ禍の影響があり、コロナ禍以前の2019年に比べて微減となっている。しかし、就職氷河期のピークだった2003年と2010年の数値を見ていただきたい。2021年はコロナ禍の影響を受けて微減となったが、2003年・2010年と比較すると、13.4～19.1ポイントも2021年の方が高い。つまり、コロナ禍でもその後も結果的に売り手市場が継続していることを示す。

新卒採用を中止するのは企業が倒産する1歩手前…、ほど酷くないにしても5歩か10歩くらい手前。ただ、コロナ禍で採用中止に追い込まれた航空・観光・ホテルの各社は今は元通りに。

では、全体が売り手市場なので就活生は楽をできるか、と言えばそうではない。10ページに選考時期の分割化が進んでいる点から「新卒一括採用ではなく新卒『多様化』採用」と記した。この多様化は就活状況も同じだ。

〈景気悪化でも就職氷河期にならない意外な理由〉

採用者数を大幅に減らすか採用中止に踏み切る「就職氷河期」の状態となる企業はごく少数だ。なお、円安・ウクライナ情勢の影響がないとは言い切れない。ただし、選考中止に踏み切る企業はごく少数だろう。1990年代から2010年代前半までの2度の就職氷河期では新卒採用中止に踏み切る企業が多かった。ところがそうした企業は軒並み、苦戦することとなる。新卒採用を継続しないと、企業全体が成長できないからだ。その結果、コロナ禍で業績が悪化した企業でも採用者数を減らしながら継続するところが多かった。JALやANAなどが選考中止に踏み切ったのは、それだけ業績が悪化したことを示している。一方、ITなどはコロナ禍で逆に成長が加速する企業が多かった。2025年卒では円安の好影響により航空・観光・ホテルなどで採用増となることが見込まれる。大半の企業は前年並み、つまり、売り手市場の継続となる。これは企業からすれば、採用で苦労する採用氷河期となる。

〈就活生の「自滅」で氷河期にも〉

特に注意が必要なのがセルフ氷河期である。

一方、セルフ氷河期とは、数回選考に参加し通過しなかった、つまり、失敗した就活生がそれだけで自信を喪失・就活継続を断念してしまう状態を指す。

コロナ禍以前もこうした就活生は存在したが、コロナ禍以降、このセルフ氷河期に陥る就活生が増えた印象がある。

コロナ禍で社会の変化が加速した、好景気で楽観的な見方が一変した、などの事情から同情すべき点はある。とは言え、選考に参加しなければ内定が取れないのは自明の理であろう。志望業界を広く見て、中小企業も含めて検討していけば、内定まで行きつく可能性が高い。

〈コロナ禍で口コミが分断した影響も〉

このセルフ氷河期、なぜ拡大しているか、と言えば、口コミの分断にある。

コロナ禍前の2020年以前だと、大学のゼミやサークル、アルバイトなどで先輩学生や社会人との接点があった。

就活にそこまで熱心でない学生だったとしても、口コミで就活情報は伝わっていた。

それが、コロナ禍でサークル活動やアルバイトなどが一度、止まった結果、口コミ情報も分断されてしまう。

しかも、46ページで述べるように、メールアカウントを就職情報サイトや大学キャリアセンターなどで使い回していると、メールが山のように来て重要な情報が埋もれてしまう。大学キャリアセンターが重要なガイダンスや優良企業を集めたセミナーを開催しても学生には届かないようになってしまう。

セルフ氷河期に対応するためか、大規模校を中心に4年生6月以降の学内合説は学外の貸会議室で開催する大学が増加中。サテライトオフィスを設ける大学もあるので利用すべし。

その結果、学生はより孤立感を深めてしまい、セルフ氷河期にはまり込んでしまう。

2025年卒の就活生はコロナ禍の2021年に大学に入学した。コロナ禍の初期で大学が大混乱した2024年卒に比べればまだサークルやゼミ、アルバイトなどは復活した年次と言える。それでも、コロナ禍前に比べれば制限された世代でもある。そのため、セルフ氷河期にはまり込む可能性はあるわけでくれぐれも注意していただきたい。

口コミの分断は段々と回復していくはず。そういう点では2025年卒が一番、しんどい年次かもしれない。しんどいかもしれないが、どの年次・世代も損得はあるものなので。

就活情報はナビサイトのエントリーで十分

ホント コロナ禍以降はエントリー＋αの
二度手間が必要に

関連データ 採用担当者が採用活動において、学生とのコミュニケーションツールで最もよく利用するもの

LINE・19.7％（3位／1位はメール・42.9％）

※ネオキャリア「就職活動時のコミュニケーションツールに関する調査2022年版」（2022年）

解説

コロナ禍とは直接の関係はないが、結果的にコロナ禍以降、首都圏や関西圏の企業を中心に広まったのが、二度手間フィルターだ。

就活生が就職情報を探す際に利用するサイトは何か。もちろん、就職情報サイト（ナビサイト）である。マイナビやリクナビなど様々なサイトがある。

従来型のナビサイトであれば、就活生の個人情報を登録し、気になる企業などをナビサイトで探していく。もし、あれば、ブックマーク（エントリー）をする。それほど手間をかけずに、インターンシップやセミナーの情報を確認することができた。

ところが、2020年ごろから風向きが怪しくなる。経団連（日本経済団体連合会）や大学団体などで構成される産学協議会（採用と大学教育の未来に関する産学協議会）が、インターンシップの定義の厳格化を進めた。

〈ブックマークだけでは情報が取れない時代に〉

細かい事情を飛ばして意訳すれば「就業体験できないなら、インターンシップの呼称を許さない」。で、そう言われると、全国求人情報協会（リクルート、マイナビなど就職情報会社の多くが加盟する団体）も無視するわけにはいかない。その結果、「1日インターンシップ」の呼称は就職情報サイト上では使えなくなった。しかも、採用担当者に取材すると「2023年卒向けサイトから、あれやるな、これやるな、この誓約書を出せ、とやたらとうるさくなった」。

二度手間フィルターの詳細は「Yahoo! ニュース個人」2022年6月13日の著者の記事を参照。同日、ヤフトピ入りした。気になる方は「Yahoo! 石渡 二度手間」で検索可能。

こうなると、就職情報サイトでは1日インターンシップや早期選考の案内などができなくなる。

ところが、企業からすれば、早期に1日インターンシップやセミナーをやって選考を前倒しで進めたい、と考える方が圧倒的に多い。付言すれば、経団連加盟でも非加盟でも、内心は皆同じ。

そこで、2021年ごろから、ブックマーク（エントリー）をした就活生に企業から企業マイページやLINE、自社独自の採用サイトなどへの二重登録を勧める連絡が異様に増えた。これは2023年現在も同様である。前ページ上のネオキャリア調査によると、LINEの利用は3位。しかし、2018年の5.0％からほぼ4倍と激増している。これは就活生の利用SNSがLINEであるだけでなく、この二度手間フィルターが影響している。

企業によっては、逆求人型サイトやワンキャリアなど新興サイトへの登録を勧めるところもあるし、メールだけではなく、電話で勧める企業もある。

就活生にとっては知らない番号からの着信に出てみると企業から。それも内定連絡ではなく、LINEなどの登録推奨で驚くこと、このうえない。

ここで「わざわざ連絡をくれたし」と、登録する就活生と、面倒がって登録しない就活生に分かれる。当然ながら、1日インターンシップやセミナー、早期選考などの情報を入手できるのは二度手間をかけた就活生だ。単にナビサイトをブックマーク（エントリー）しただけで何もしなかった就活生には何の情報も届かない。産学協議会も就活をより良くしようとの善意からインターンシップの定義厳格化を進めたのだろう。しかし、実際は就活生のあいだに無用の分断・格差を生んだだけだ。しかも、得をするのは情報感度の高い就活生（結果的には難関大中心）、それと、全国求人情報協会非加盟の就職情報会社（OfferBoxやワンキャリアなど）である。

就活生にとってははた迷惑以外の何物でもないが、この二度手間フィルターにも対応することが必要となる。

〈気づいている就活生だけが得をする〉

なお、この二度手間フィルター、気づいている就活生はごくわずかだ。それも首都圏や関西圏の難関大生が中心である。採用担当者に取材すると、情報感度の高い就活生は結果的には難関大生が中心。つまり、この二度手間フィルターが実質的な学歴フィルターとなっている。逆に言えば、この二度手間フィルターのカラクリに気づいている中堅・地方の就活生は学歴フィルターをあっさり突破できることになる。企業からすれば、二度手間フィルターを突破できる就活生は難関大でなかったとしても、それだけ熱意がある、と理解されるからだ。

この二度手間フィルターは首都圏・関西圏では中堅規模以上だと利用する企業が多い。一方、地方ではそこまでしない企業の方がまだ多数派であることも付言しておく。地方の就活生は地元企業と首都圏・関西圏の企業、両方を狙う場合、この二度手間フィルターで差があることも留意する必要がある。

この二度手間フィルターネタや46ページで述べるメールアカウントの使い分け、気付かない学生はとことん気付かない。知りたい選考情報が届かないので本書読者は注意すること。

インターンシップは就業体験で長期間

ホント	インターンシップは就業体験もそれ以外もあり

. . . .

関連データ	**インターンシップの実施日数（2022年卒→2025年卒）** 1日　85.0％→80.4％　　2〜3日　28.6％ →34.6％　　1週間程度　13.7％→22.9％ 2週間程度　3.2％→4.7％　　1ヵ月程度　1.1％ →1.7％　　1ヵ月以上　1.1％→1.3％

※マイナビ「マイナビ2024年卒企業新卒採用活動調査」（22年卒は実績の数値、25年卒は予定の数値）

. . . .

解説

インターンシップを英和辞書で調べると「就業体験」とある。その話を大学・企業連携のインターンシップ科目をコーディネートする大学教員やキャリアセンター職員などもする。

結果、就活生によっては「インターンシップは就業体験で、ある程度、期間が長いもの」と決めつけてしまう。しかも、そこから「インターンシップに参加する以上は志望業界を決めないとならない」と勝手に思い込んでしまう。中には「インターンシップに参加しないと就活で損をする→志望業界を決めなければ→でも志望業界がよく分からない→決まらないうちはインターンシップに参加するのはやめよう→でも早く決めないと」の「デモデモダッテ」ループに陥り、結果としてどこのインターンシップにも参加できなくなる就活生も出てくる。

〈就業体験できないインターンシップが圧倒的多数〉

日本の就活市場におけるインターンシップは「就業体験」だけではない。特に2010年代以降では「就業体験も、それ以外もあり」がインターンシップの正しい定義だ。これはマイナビのインターンシップの実施日数のデータを見れば明らかだ。これは就業体験以外のインターンシップが大半を占めている、としか解釈のしようがない。

しかも、企業が早期にインターンシップを実施する理由は、就活生の個人情報を集めて、インターンシップ参加者限定のセミナー・選考など優遇ルートを展開する点にある。そのためには、企業としては就業体験できないインターン

1日インターンシップの歴史は意外と古く1997年、旭化成工業（当時）が実施。学生のニーズ、企業側の負担感などが理由。長期の就業体験なんて面倒なのが企業側のホンネ。

シップも込みで展開するのが利あり、となる。

2025年卒のインターンシップの主なものは38ページの表にまとめた。特に説明が必要なものは就職支援型だろう。これは、模擬面接など大学キャリアセンターの対策講座とほぼ同じ。ただし、視点が企業の採用担当者となる点が違う。なお、展開する業界は人材系だけでなく、商社、メーカー、ホテル、小売り、流通、金融など様々。首都圏・関西圏だけでなく、全国に広まっている。

この就職支援型や業界研究・企業説明などを含む1日タイプのインターンシップは、企業からすれば、志望業界かどうか、志望度が高いかどうかは無関係。まずは参加してもらい、「うち（企業）を気にいってくれれば、改めてセミナー等に参加してほしい」（商社）という思いが強い。そのため、就活生の「志望業界を決めてからでないと」と気に病むのは実は全く意味がない（業界絞りについては26～27ページ参照）。

〈3年生1月以降だと「セミナー・説明会」〉

それと、このインターンシップは時期によっても性格を変えており、3年生夏だと就業体験が多い（他の時期に比べれば、だが）。一方、本書刊行後の1月～2月は実質的には企業説明会・セミナーである。

さらにマイナビ「2024年卒企業新卒採用活動調査」によると、3年生10月～2月の5カ月間のうち、インターンシップ実施時期（2025年卒の実施予定）でもっとも多いのは1月（53.4％）、次が2月（51.6％）、12月（50.9％）だった。それぞれ、1日タイプが圧倒的多数（12月～2月の順に84.6％、84.0％、84.1％）。それだけ選考時期が前倒しになっていることを示している。

それを前項で説明したように、産学協議会なる団体が余計な口出しをしたせいで、1日インターンシップなどの呼称が使えなくなった。結果、二度手間フィルターが登場し、就活格差が広がることになる。せめて本書を読んだ就活生は就活格差で損をしないように注意してほしい。

〈バカを見るのは就活生〉

それにしても、インターンシップの定義の厳格化で誰が被害者か、と言えば学生に他ならない。特に、真面目な学生で大学から就業体験できるインターンシップのみの案内しか受けていないと、「インターンシップ＝就業体験」と信じ込んでいる。実際は「インターンシップ＝就業体験も、それ以外も」だ。

さらに、「志望業界は決めた方がいい」という時代遅れのマニュアル（26ページ参照）、「コスパ、タイパが大事」との思い込みが強いと、より損をする。

志望業界・企業とは無関係の1日インターンシップ・セミナーに参加した学生とそうでない学生とでは就活の情報量も視野も大きく異なるからだ。何よりも、1日インターンシップ・セミナーに参加しないと早期選考の案内が受けられない。それと言うのも、定義の厳格化を決めたジジ…、もとい、ご老体の連中である。言葉遊びで学生を振り回すのもたいがいにして欲しいものだ。

就活生はインターンシップの実態を知ったうえで就活に臨んで欲しい。

以前、ラジオ番組で元政治家の方と共演した際、「インターンシップ＝就業体験」を頑なに信じ込んでいた。理想と現実のかい離があることを実感。エリート候補生も注意されたい。

コロナ禍でガクチカが書けない

| ホント | コロナ禍とガクチカは無関係 |

....

| 関連データ | コロナの影響で自己PRに困りそうか（2022年卒・2023年卒）

とても困ると思う　11.5%→17.2%
やや困ると思う　26.5%→29.8%
あまり困らないと思う　34.3%→32.1%
まったく困らないと思う　22.9%→16.8%

※ディスコ「2023年卒・11月後半時点の就職意識調査」（2021年）

....

| 解説 |

コロナ禍で新聞・テレビが定番ネタとしたのが「ガクチカが書けない」だ。
こうした記事の中には上記のディスコ調査を根拠としている記事もあった。
ディスコ調査は2023年卒だと、最多は「あまり困らないと思う」32.1%だ。
〈コロナ禍でも半数はガクチカに困っていない〉
ただし、コロナ・ガクチカ記事では、「とても困ると思う」「やや困ると思う」の
合算の数値、47.0%が掲載されていた。まあ、確かに多く見える。しかし、
「困る」47.0%とするならば、「困らない」は合算で48.9%であり、「ほぼ半々だっ
た」とまとめるのが実態に沿っているはずだ。コロナ・ガクチカ記事に対する
ツッコミは山ほどあるが、それはさておき、「困る」47.0%・「困らない」48.9%
が二分している点は著者の就活生取材にも合致している。付言すれば、著者が
取材した大学キャリアセンター職員や企業の採用担当者も、この半々との感覚
を持っており、あまつさえ、こうも異口同音に話す。「コロナのせいでガクチカ
が書けない、とする就活生は多分、コロナ前でも同じ」、と。
〈いつでも半数はガクチカが書けない〉
就活生のエントリーシート（ES）を見てきた人間からすれば「ガクチカが書けな
い」とする悩みはコロナ禍とは無関係だ。コロナ禍以前も書けないと悩む就活
生は相当数いた。コロナ禍以降も同じだ。
「ガクチカが書けない」と自ら決め込む就活生は、まず、自己肯定感が低い。そ

本書のあちこちで書いているが、ガクチカが書けないのは実績こそ全てという洗脳による。そんな学
生は0.1%もいないの。無実績の学生が毎年、就職できている理由を考えれば分かるはず。

こにもってきて「キラキラした実績が必要」だの、「盛ることが大事」だの、「数字を出せば具体的になる」だの、就活マニュアルを鵜呑みにしてしまう。内定者のESをネットや大学キャリアセンターなどで見ると実績にしか目が行かない。その結果、「それに引きかえ、自分には何もない」と落ち込む。そして、ガクチカが書けなくなり、しまいには、14〜15ページで述べたセルフ氷河期にはまり込む。

コロナ禍以降は「コロナ禍でサークル・アルバイトなどの活動が停止した」という言い訳が付いた、ただ、それだけにすぎない。

まず、大前提として、ガクチカは実績など、どうでもいい。企業が重視するのは経過であり、再現性の有無だ（30〜31ページ参照）。

本書では以降、何度も繰り返すが、企業が見たいのは実績ではなく、経過であり再現性の有無だ。コロナ禍があってもなくてもそれは変わらない。

〈書けないのは会わないせい〉

コロナ禍であっても、半数はガクチカに困らず、半数はガクチカに困る。

それでは、この差はどこから来るのか。著者が取材を続けていると、強く感じるのは接触した人数の差だ。オンラインのセミナーなども含めて、ガクチカをきちんと書ける（もちろん、就活はうまくいく）就活生ほど、インターンシップ・セミナー・合同説明会の参加、OB・OG訪問（社会人訪問を含む）、選考参加などに積極的だ。合わせて、就活の客観的な情報収集も熱心である。

〈まずは大学主催・就活支援型と客観情報から〉

こう書くと、就活での行動量が少なかった就活生は、どうすればいいか、悩むことだろう。

どこから何をやればいいか分からないということであれば、大学主催（または推奨）のイベント・セミナー、就活支援型のインターンシップ・セミナーなどに参加してみてはどうだろうか。それから、新聞やIR情報など、客観情報を取っていくことも必要になる。

本書では、大学キャリアセンターの使い方（62〜63ページ）、合同説明会の歩き方（56〜57、64〜65ページ）、新聞の読み方（80〜85ページ）、IR情報の見方（92〜93ページ）などについては、他の就活本の数倍、詳しく掲載している。

もちろん、エントリーシート（ES）についても、ガクチカが書けない、とする普通の就活生を対象に、第7章で分かりやすく解説した。

本書を使い倒すことによって、ガクチカをまとめ、就活を乗り切ってほしい。

〈コロナ禍を羨ましがってもダメ〉

なお、本書の主読者である2025年卒就活生の中には、「コロナ禍の先輩だとネタがあって羨ましい。自分には何もない」と話す向きもいるらしい。

繰り返すが、コロナ禍があってもなくても、ガクチカを書けない学生はとことん書けない。しかもその多くは本来は書けるネタを持っているのに、だ。コロナ禍を羨ましがる暇があるなら動け、と声を大にして言いたい。

インターンシップの多義化、二度手間フィルターなど他社本では出ていない（出せるわけがない）話、参考になった？　以降もこの調子で具体的な話・対策を書いていく。

第1章

よくある就活の
ウソ10連発

1 適性検査は対策しなくても替え玉で十分

ホント 序盤は替え玉できても終盤で確実にバレるので意味がない

関連データ
企業が採用基準で重視する項目
性格適性検査の結果　42.3%（4位）
能力適性検査の結果　32.4%（6位）

※リクルート就職みらい研究所「就職白書2023」（2023年）

解説

就活序盤でよく登場するのが適性検査だ。性格検査と能力検査がセットになっており、後者は言語分野（国語）と非言語分野（数学）に分かれる。

SPI3がもっとも有名で、他に、GAB、CAB、玉手箱、SCOAなどがある。

能力検査は、適性検査によっては、英語や社会、理科などを含むこともある。

〈数学嫌いが替え玉を画策〉

さて、能力検査のうち、数学については、多くの就活生が苦手としている。特に文系学部出身者からすれば、受験で縁が切れたと思った数学をまた勉強しなければならない。苦行と感じる就活生が多いのも当然だろう。

この適性検査を勉強ではなく替え玉でどうにかできないか、これが毎年話題となる。

適性検査の受検方式

自宅受検：就活生の自宅で受検。端末は就活生側が用意

テストセンター：テストセンターで集団で受検

会場受検：企業が指定する会場で受検。少人数の場合、会議室などが一般的

適性検査、特に危険なのが小売り・流通やアパレルなど。企業は性格検査重視なのに学生（特に女子）が替え玉を依頼。結果、企業が欲しくない性格結果が出て落ちるパターン多数。

適性検査の実施方法は左ページの表にまとめた。テストセンターや会場受検であれば替え玉は難しい。しかし、自宅で受検する方式であればどうか。

数学が得意な友人を自宅に呼んで、代わりに受検してもらう。そうすれば、数学の対策をしなくても高得点となり、序盤の選考は通過する確率が高くなる。

そう考える就活生は毎年、相当数いて、この「替え玉受検」は話題となる。

結論から言えば、「替え玉受検」は可能である。各適性検査の不正対策は色々あるが、替え玉受検については追いついていないのが現状だ。

ただし、替え玉受検は道義的に問題があるばかりではない。選考中に不正が判明するので、実は意味がない不正とも言える。

〈企業だってバカではない〉

不正対策は、実はそう難しいものではない。上記のように、序盤で1回、中盤以降に1回、実施するだけだ。1回目は自宅受検で替え玉受検が可能。だが、2回目はテストセンター方式、または指定会場（社内会議室など）で実施する。

人数が絞られて、しかも自宅以外であれば替え玉受検はしづらい。そして、1回目と2回目の結果が大きく異なれば、簡単に不正が判明する。

2022年11月、替え玉受検をした男性が、私電磁的記録不正作出・同供用の疑いで警視庁に逮捕され、依頼した女子学生も同容疑で書類送検された。これで替え玉受検は意味がないうえに、一生を棒に振る犯罪でもあることがはっきりしたわけだ。

適性検査1回目（自宅）

替え玉受検できる！

就活生の一部

適性検査2回目（会場）

1回目と同じだね

真面目な就活生

全然分からない！

替え玉受検した就活生

それでどうする？

・替え玉受検は可能、ただし、意味がない

・企業側の不正対策で簡単に判明してしまう

・結局、地道に対策していくしかない

難関大生や出身者が下手に替え玉代行に手を出すと、後々リスクになることが2022年の替え玉事件で判明。目先の小金稼ぎで長い人生の高収入を逃すことになる。それでもやる？

2 業界は絞らないと内定が取れない

ホント 業界を絞らずに内定を取れる就活生が多数

関連データ **33.7%** どんな業界・企業に応募すべきかわからない（わからなくなった）

※マイナビ「2024年卒大学生活動実態調査（6月）」(2023年)

解説

「業界を絞った方がいいですか？」
就活生の相談で時期を問わず多い質問がこれ。
他の就活本でも5冊で「業界は絞れ」との記載があった。一方、「業界は絞るな」は1冊のみ。
〈業界絞りは古いマニュアル〉
結論、業界を絞ったところで内定が取りやすい、ということはまずない。
もし就活生が気になるなら内定学生10人の就職状況・内定先を調べてみてほしい。
総合大学であれば大半が複数業界から内定を得ているはず。
では「業界を絞れ」がなぜ内定の近道であるかのように語られるのか。
その理由は簡単で20年前、30年前には有効なマニュアルだったからだ。

昔は「業界を絞れ」が有効だった理由

◆ 志望動機重視なので業界を絞る方が話しやすい

◆ 業界を絞った学生の方がいい学生が多い

採用担当者

◆ 業界の分け方が分かりやすかった（今は違う）

複数事業を展開する企業、あるいは商社とメーカー、両方の機能を有する企業だと実は業界絞り、全く意味がない。血圧計などで有名なオムロンがその典型。制御機器関連が主力。

マイナビ・日経2023年卒大学生 就職企業人気ランキング（文系総合）

1位	東京海上日動火災保険
2位	ソニーグループ
3位	ニトリ
4位	日本生命保険
5位	伊藤忠商事
6位	ソニーミュージックグループ
7位	講談社
8位	損害保険ジャパン
9位	バンダイ
10位	味の素

左ページにあるように、昔は業界を絞ることで内定が得やすくなる理由が存在した。

ところが、2010年代以降、状況は大きく変化していく。まず、志望動機重視の姿勢を変更していく企業が続出（詳細は158〜159ページ）。

合わせて、企業側も業界を絞る学生がいい学生とは考えないところが大幅に増加した。

〈同じ企業でも仕事が違う〉

企業側が業界を絞るかどうか、気にしなくなったのは当然だ。就職企業人気ランキングの上位10社を見てほしい。単純に業界を分けると1位の東京海上日動火災保険は金融ということになる。しかし、同社に入るとどうなるか。総合商社担当と自動車保険の損害サービス担当とでは仕事の内容に大きな差がある。業界を絞ったから仕事が同じ、ということはほぼない。ビジネスが単一、と言えるのは7位の講談社くらい。大半の企業は複数のビジネスを展開しており、業界を絞ったかどうかを選考基準にする意味がない。

就活生は業界を絞らなくては、と思い込む。あとから、この無意味さに気づいて左ページ上のデータにあるように就活後半で業界の幅を広げる。だったら最初から絞らずに考えた方が得をするはずだ。

就活生が誤解する理由・他にも

就活の軸が大事
　　　　　→業界を絞らないと

軸と業界は別！

それでどうする？

・業界はムリに絞る必要はない（特に総合職）

・業界研究はやった方がいい（88ページ　第4章3）

・就活序盤は業界を広く見る方が得

コンドームで有名なオカモトも業界絞りに意味がない企業。新幹線の内装材や農業用フィルムなどの事業も展開する優良企業。業界絞りはこうした優良企業を見逃す悪手と知れ。

3 多少でも盛った方が 内定を得やすい

ホント	選考中盤以降で評価を下げて逆効果

関連データ	「私は、自分自身に満足している」の問いに「そう思う」 日本　10.4％（7カ国中最下位） アメリカ　57.9％（7カ国中1位）

※内閣府「我が国と諸外国の若者の意識に関する調査（平成30年度）」（2018年）

解説

就活生を含めて日本の若者は自信がない。上記の問いでは、「そう思う」に「どちらかといえばそう思う」（34.7％）を足しても50％に届かない。これは比較調査した7カ国（ほかに韓国、イギリス、ドイツ、フランス、スウェーデン）のうち日本だけの特徴である。

ほぼ2人に1人は自信が持てないわけで、就活でも自己PRに自信が持てない。そのため、ウソをつく、いわゆる「盛る」ことを考える。

〈自信がないからウソをつく〉

たとえば、サークルの平部員を副部長に変える、アルバイト先で「売り上げを前年比500％に伸ばすことに貢献した」とする、などといった具合だ。

そして、何人か（あるいは相当数）は、盛っ

ポテンシャル（見込み）とは？

◆頑張ってくれそう

◆一緒に働けそう

◆体力がありそう

◆地道な作業をしてくれそう

◆儲けさせてくれそう

※他に「〜してくれそう」、どれか一つでも該当すればOK

「盛る」を軸としてまとめているのが刑事ドラマ「相棒」のシーズン12・第5話「エントリーシート」。背景を作り込んだ名作。息抜きと就活対策を兼ねて視聴を。

コ、コ…
コミュニケーション能力は
あります……

就活生

ESのアピールは
盛っているだけ。
落とそう

採用担当者

た自己PRを出す。
全く、無意味の努力と気づかないままに。
日本の大卒新卒採用の特徴はポテンシャル（見込み）採用である。
なお、即戦力採用をPRする企業も結果的にはポテンシャル採用であるケースが多い。ポテンシャル採用の逆がスキル採用で、こちらは社会人の転職採用で一般的だ。具体的な業務経験や資格、専門性の有無が問われる。もちろん、日本の大学生にそんなもの、あるわけがない。

このポテンシャル採用で採用担当者が気にするのは「再現性」だ。
採用担当者が自己PRやガクチカで経過を重視する理由は再現性の有無にある。学生の経験から、入社後にどれだけの再現性があるかどうか。それを見極めようとする。
〈つまらないウソから不採用〉
ここで無理に盛ったところでそれは再現性の有無をゆがめて伝えるだけにすぎない。
中盤以降の面接で盛ったことが判明すれば、企業側は期待した再現性を裏切られたことになる。当然ながら、評価を大きく落とし、不採用となる確率が高くなるだけだ。
盛るよりも、正直に自分の話、特に経過を話した方が就活では得をする。
この項目、大昔のドラマの名言で締めるとしよう。
「あなたが、あなたでない人のふりをしていたら、あなただけを愛する人は、どうやって、あなたを見つけたらいいの？」（「大草原の小さな家」より）

それで
どうする？

・「盛る」は、再現性をゆがめるだけで意味がない

・日本の新卒採用はポテンシャル採用であることに留意

・「盛る」かどうかより、自分の話をきちんとすること

「盛る」を推奨するキャリアカウンセラー曰く、「自分で思い込めるくらい、ウソをホントと言うべき」。
いや、それってもう詐欺師の領域じゃないの？　こういう人に騙されないように。

4 ガクチカは目立った実績がないとアピールできない

ホント 実績よりも経過の方が重要

関連データ 選考中の学生の「盛った話」に気づいたことはありますか？　はい　73.7%

※リクルート「新卒採用に関するアンケート」(2018年)

解説

前項の続き。就活生はサークルやアルバイトなどの実績を盛ろうとする。
平の部員なのに副代表でリーダーシップをアピール。
アルバイトで本部がキャンペーンを打ったから売り上げが伸びたのに「私が貢献した」。などなど。
こうした実績のアピールに意味があるか、と言えば、結論、ほぼ意味がない。
〈盛っても、しょぼさは変わらないのに〉
就活生の99.9%は実績を盛っても盛らなくても、そのしょぼさは変わらない。
そして、企業は、就活生のしょぼい実績など、特に関心を持たない。きついようだが、それが現実だ。
ところが、就活生が勝手に「しょぼい」と考えて切り捨てた経過はしょぼいものだったとしても採用担当者は強い関心を持つ。

このガクチカネタ、以前、北海道の地元メディアで「どいつもこいつも、よさこいサークルの話を書くがバカみたい。踊り子募集ならまだしも」と書いて、軽く炎上したのが本書著者。

実績をアピールしよう！

バイトで
売上30％増

県大会で
4部から昇格

就活生

再現性が見えてこない。
分からないから落とそう

採用担当者

その理由は前項でも示したポテンシャル採用と再現性の有無にある。

何のスキルもない就活生の採用の是非を決めるのは再現性の有無である。

そして、その再現性を判断できるのは実績ではない。いくら就活生が実績を誇示しても、採用担当者は困る。その実績のほとんどは企業の業務内容に結びつかない。それをアピールされても判断できない。ところが経過だと再現性の有無を確認できる。

無理に実績を盛ったところでそれは再現性の有無をゆがめて伝えるだけ。選考の中盤以降で再現性の有無が分からず、落ちる確率が上がる。

〈しょぼい実績でも経過を気にする理由とは〉

ところが経過を丁寧に伝えるとどうなるか。しょぼい実績の経過だったとしても、その経過から再現性の有無を採用担当者は判断することができる。

就活生はネットなどで内定者のガクチカを読むと、その実績の凄さをうらやむことが多々ある。が、実はその輝かしい実績を採用担当者は高く評価していない。評価するのはその実績を支える経過なのだ。

しょぼい実績しかない就活生には意外かもしれない。

しょぼいのか、輝いているのか、とは無関係に、実績を支える経過こそが内定の有無を左右する。

だから、ガクチカで目立った実績がなくても、就活は十分に戦える。

それで
どうする？

・就活生の実績は、採用担当者からすればどうでもいい

・実績を盛るより、経過をきちんと伝える方が得

・経過をどう伝えるかは132ページ（第6章2）を参照

よさこいサークルだろうと体育会系だろうとアルバイトだろうと基本は同じ。実績の有無は正直、どうでもいい。それよりも経過や再現性の方が大事。

5 数字を出せば 具体的になる

ホント 万人に意味ある数字でないと 具体的にならない

関連データ
アピールできそうなこと
「アルバイト経験」60.0%、「学業・研究活動・ゼミ活動」56.5%、「サークル・部活動」(合算)36.9%

※マイナビ「2024年卒大学生 活動実態調査(3月1日)」(2023年)

解説

「数字を出せば具体的になる」
こう主張する就活マニュアルが存在する。
これを支持するキャリアコンサルタントや採用担当者も一定数、存在する。著者も同感だ。
〈その数字、本当に他人も分かる?〉
ところが、ここで多くの就活生は前提条件を無視して数字を出す。その結果、ゴミES を量産することとなる。そして、不通過となってしまう。
では、前提条件とは何か。それは、「誰もが理解できる」かどうか、だ。
もっと言えば、「詳細は分からなくても何となく理解できる」かどうか。

	数字を使った 自己PRの例
1	甲子園にレギュラー出場でベスト8
2	野球部で地域リーグ4部から3部に昇格
3	大学祭実行委員会・来場者数を前年比300%増
4	飲食アルバイト・売り上げ300%増に貢献
5	ゼミ討論大会で3位

表の自己PR5点を見ていただきたい。1は野球好きでなくても、何となく凄さを理解できる人がほとんどだろう。では2~5はどうか。本人と関係者以外、その数字が凄いのかどうか、理解できる人が多くないはずだ。

内輪ネタってあるでしょ? あれは内輪の人には共通認識がある、という前提があってのもの。内輪ならいいけど、就活では内輪でない人にも理解できるように説明する義務があるわけで。

しかも、2〜5は数字を盛ろうとすればいくらでも盛れる。つまり、採用担当者はその数字が凄いのかどうか、理解できないのだ。

〈就活生以外は理解不能な数字〉

しかも、その数字が事実だとしても、それが就活生の強みを証明しているかどうかは別問題だ。たとえば、3の大学祭実行委員会の例を考えてみてほしい。「来場者数、前年比300％増」は一見すると、凄い実績に思える。

しかし、その「300％増」はこの就活生個人の努力によるものだろうか。前年はコロナ禍で入場制限がかかっており、翌年は制限なし。だから増えただけ、ということもある。前年のゲストがしょぼくて、翌年のゲストは人気アイドルだから来場者が増えた、ということもあるだろう。

つまり、「前年比300％増」はいくらでもウソをつける数字にすぎない。事実だとしても、他の要因も考えられ、就活生個人の努力かどうかは不明瞭だ。しかも、その複数要因をくどくどと説明するスペースはESには存在しない。結局のところ、具体的な数字のようで、抽象的な数字を振りかざしているにすぎない。

誰もが何となく分かる数字とは、言い換えれば、1の「甲子園・ベスト8」と同じくらい、凄い実績となる。当然ながら、そうした就活生は日本に0.1％いるかどうか。

では、残り99.9％の平凡なる就活生はどうすればいいか。数字をESで使うな、とまでは言わない。しかし、出したところで具体的にならない、と割り切るしかない。

〈出すべき数字は期間の長さ〉

それと、平凡な就活生でも数字を出せば具体的になる例外はアピール内容にかけた期間である。アルバイトであれ、サークルであれ何であれ、アピール内容にかけた期間が長ければ長いほど説得力が出てくる。

なお、ガクチカであれば、「学生時代」と限定されている以上、学部生なら最長でも3年間、目安としては半年以上かどうか。この期間の数字、出せるものであれば出した方が就活で得をする（詳細は156〜157ページ）。

それでどうする？

・数字を出してもいいが、その多くは出しても具体的になるわけではない
・数字を出して具体的になる、数少ない例外はアピール内容の期間
・ガクチカは「学生時代」と制限がかかっている点に留意

理解される数字・内容かどうか、属性の外にいる家族や友人などに見せてみよう。サークルネタならサークル以外の人に。身内受けが通用しない人10人が理解してくれたら合格。

6 「私服可」でもリクルート スーツで行った方がいい

ホント
状況に応じて私服で行った方がいい

関連データ

採用選考（面接）におい て学生にどのような服 装を指定していますか	「スーツ」	52.8%
	「特に指定していない」	33.4%

※iplug「夏期就職活動の服装に関する調査」（2023年）

解説

就活生が迷うのは「私服可」としているセミナー、それから、オンラインでのセミナーや面接だ。私服か、それともリクルートスーツか、迷うことになる。
マイナビ調査によると、オンラインでの面接やセミナーでは71.3%がスーツ着用となっている。
〈結果的にはスーツ着用が多数〉
面接はともかく、セミナー、それも大人数参加のものであれば、顔出しすることもないだろう。それならば、無理にスーツ着用でなくても、と思わないでもない。ただ、スーツ着用で就活モードになる、ということもある。形から入る、というものだ。なので、オンラインのセミナーでもスーツを着たい、ということであれば、それは自由であろう。
問題は対面式のセミナーや面接で「私服可」としているケースだ。どちらにすればいいか、就活生は迷うことになる。
ただ、結果的に多いのはスーツ着用だ。「私服可」

私服のセンスに自信がない、という就活生には上記の『服を着るならこんなふうに』（2015～2024年、縞野やえ、KADOKAWA）がお勧め。15巻まで出ていて学生編もあり。別巻で女子向けも刊行。

リクルートスーツの歴史

1980年代	濃紺にエンジのネクタイ
2003年ごろ～現在	黒
2010年代半ば以降	濃紺やグレーなど他の色もぼちぼち出てくる

ということは「リクルートスーツ不可」と断っているわけではない。

だったら、リクルートスーツ着用で行っても問題ないだろう、という理屈だ。確かに間違っているわけではない。

「私服可」をどこまでと見るか、これは企業のカラーなども左右する。一般的には、金融や商社など堅い社風であればリクルートスーツ、ITやアパレルなどであればカジュアルでも問題視しない、とする企業が多い。

〈あえて私服を指定する企業側の意図〉

それと、コロナ禍前から少しずつ増えているのが、選考中盤での私服指定選考（または選考参加者限定のセミナー）だ。普段はどのような格好で暮らしているかを見るため、らしい。働き方改革が就活にも影響している、と言えるだろう。この場合、私服限定としているにもかかわらず、リクルートスーツで行くのは印象が悪い。私服限定の選考・セミナーを実施している企業に取材すると、「プライベートな部分も見たいのであえて実施している。体育会系ならジャージを着て参加する就活生もいる。それ以外だと、ジーンズにシャツ、という就活生が多い印象がある」とのことだった。

それから、アパレル企業だと、その社のブランドを着ていけばいい、ということでもない。「自社でも他社でも、どんな着こなしをしているのか、そのセンスを見たい」（アパレル・採用担当者）との思惑があるようだ。

どうしても、私服に自信が持てない、ということであれば、セットアップにトレーナーか、シャツを合わせてはどうか。著者の個人的な意見としては、ユニクロの感動ジャケット（色はネイビーかダークグレー）に感動パンツか、ウルトラストレッチジーンズ（色は黒がお勧め）がコスパ最強だ。

いずれにせよ、「私服可」はスーツで問題ないこともあれば、私服で行った方がいいこともあるなど、状況によって変わる。

それでどうする？
・「私服可」でもリクルートスーツ着用で間違いではない
・あえて私服を見たい企業もあるのでその点は注意
・私服の場合は、小ざっぱりした格好で（穴の開いたジーンズなどは不可）

ファッション関連のセミナーで頻出する「メラビアンの法則」。俗流解釈で大本のメラビアン博士自身も否定、という話をファッション関連のセミナー講師にも著者はぶつけるので嫌われる。

7 自己紹介は一ひねり した方がいい

ホント　タイミングによっては簡単に終わらせた方がいい

関連データ　面接時に特に注視するところ
自己紹介・自己PRの内容　12.6％（9位）
※1位は「明るさ・笑顔・人当たりの良さ」60.4％
※マイナビ「2024年卒企業新卒採用予定調査」（2023年）

解説

自己紹介は、名前や大学名だけでなく、趣味や自己PRなどを織り交ぜ、一ひねりした方がいい。

そんなマニュアルがある。著者が取材した合同説明会のセミナーや企業が展開する就職支援型セミナーで何度も目撃している。

それで、このマニュアルを信じた就活生が面接で無敵か、と言えばそんなことはない。一ひねりした自己紹介にうんざりされて（外して）、面接で落ちてしまう。

面接の大前提

集団面接：就活生は複数→時間に余裕がない

個人面接：就活生は一人→時間に余裕がある

〈企業側が指定した条件に合致しているかどうか〉

その理由は簡単だ。この一ひねりした方がいい、とするマニュアルは「状況によって余裕があるなら」という前提付きである。これを無視すると、単に空気を読めていないバカ、と評価が下がるのも無理はない。

ES・面接に共通するマニュアルは「企業側が指定した条件に合致しているかどうか」、これに尽きる。友人同士の会話であれば条件を無視しても許されるかもしれないが、就活やビジネスだと話は別だ。

「自己紹介は一ひねりした方がいい」と推奨する就活セミナー、全国で確認。そうしたセミナーで軽視しているのが採用側の都合。時と場合によるはずなのだが採用担当者が得意げに話すケースも。

面接担当者「それではお名前と所属をお願いします」

●●大学のAです

就活生A

Bです。所属は▲大学です

就活生B

Cです。所属は◆大学です。趣味は〜で、私の強みは〜です

就活生C

面接担当者「……」（Cは不合格だな）

集団面接では最初の自己紹介は「それではお名前と所属（大学・学部名）をお願いします」など、簡潔なものが多い。

この場合、企業側が指定した条件は「名前」「所属（大学・学部名）」の2点だ。そして、集団面接であれば就活生が複数いる。一人が指定条件を無視して長く話すと、集団面接の予定時間が大きく狂う。つまり、面接担当者は明言していなくても集団面接であれば、そもそも論として短くまとめること。これも隠れた指定条件となる。これに気づかず長く話すと低評価となる。

では、「自己紹介は一ひねりした方がいい」とのマニュアルは間違いだろうか。実はそうとも言い切れない。同じ集団面接でも、就活生は2人程度。そして、企業側の指定が「それでは自己紹介してください」程度であればどうだろうか。これは個人面接も同様だ。

名前と所属だけでもいいが、それだとあっさりしすぎている。こんなケースであれば、一ひねりして、自己PRなどを織り交ぜるのもいいだろう。

ただし、「自己紹介は一ひねりした方がいい」とのマニュアルを曲解して、自己PRを長く話せばいい、と考えてしまう就活生がいる。これはやめた方がいい。それから、無理に笑いを取ろうとするのも同じで、痛々しさすらある。

左ページ上のマイナビ調査では「面接時に特に注視するところ」で「自己紹介・自己PRの内容」は9位と低評価だ。

面接担当者からすれば、就活生の話を聞くことで、次の選考に進めるかどうかの判断をする。自己紹介で自己PRを混ぜたから次の選考に進むわけでもないし、笑えたから内定が出るわけでもない。

それでどうする？

・集団面接では就活生一人当たりの時間が少ない、という前提を確認
・面接担当者の指示・指定に沿って話すのが一番
・個人面接では、一ひねり入れる余裕もある

「自己紹介で一ひねり」論の変化球が「自分にキャッチフレーズを付ける」。これもうまくはまればいいけど、そういう学生はいいところ1割。無理に付けても痛いケースが多いのでお勧めできない。

8 1日インターンシップ は行く意味がない

ホント	1日インターンシップは行かないと就活が進まない

関連データ	2024年卒就活生が1day仕事体験・インターンシップに参加した期間（対面） 1日 50.8%　　2日 39.4% 5日以上2週間未満　35.0% ※リクルート就職みらい研究所「就職白書2023」（2023年）

解説

インターンシップが日本の就活市場に登場したのは1998年ごろ。2010年代には就活生の半数以上が参加するようになっている。上記の「就職白書2023」では、就活生の平均参加社数は8.6社となっている。

ところで、このインターンシップは右の表に挙げたように「就業体験」だけではない。特に期間が1日のもの、いわゆる、1日インターンシップについては実質的にはセミナー・会社説明会となっている。この1日インターンシップは「就業体験ではない」「なんちゃってインターンだ」などの批判

2020年代のインターンシップの定義

就業体験、会社説明会、工場見学、先輩社員との懇談、グループワーク、社長のかばん持ち体験、就職支援型、アルバイターン（他多数）

が強かった。著者も10年前までは否定的だった。2020年度からはインターンシップの定義の厳格化が大学団体・経団連等で強まる。

インターンシップの定義の厳格化のせいで、ナビサイトはもちろんのこと、新聞等でも「1日インターンシップ」の表記を避けるケースが大幅に増加。全くもって意味がない。著者は当然、無視。

その結果、2024年現在、リクナビを含む、大手就職情報サイトでは「1日インターンシップ」の表記はできない。ところが「就職白書2023」ではインターンシップの参加期間は1日が50.8％、半日が50.3％と飛び抜けて多い。付言すればこれはこの年のみの特異値ではなく、例年、ほぼ変わらない。つまり、就活市場では1日インターンシップが完全に定着している、と言っていいだろう。

多くの企業は経団連加盟企業を含め、政府による就活ルールの時期を遵守しているわけではない。実質的には3年生の夏ないし秋ごろにセミナー・会社説明会を開始するスケジュールとなっている。

つまり、1日インターンシップを無視してしまうと、就活のチャンスがそれだけ制限されてしまうことになる。

〈1日インターンシップは大学職員も理解へ〉

この1日インターンシップについては、2010年代半ばまで否定的だった大学キャリアセンター職員も、意見を変えるようになった。すなわち、「就活生にきちんと紹介しないとまずい」とする見方が増えつつある。

その理由は他でもない、インターンシップ参加者に対する早期選考ルートだ。3年生夏から冬にかけてのインターンシップに参加した学生に対して企業は早期選考ルートを用意している。決して早期選考だけではなく、選考時期の分割化によるものだ（詳細は10〜11ページ）。就活生は早期選考ルートを知らないと、それだけで損をしてしまう。これは大学キャリアセンター職員もよく理解している。だからこそ、1日インターンシップもきちんと就活生に案内すべき、とする見方が増えているのだ。

ただし、面倒なことに大学によっては学長などが「インターンシップは就業体験、それ以外はニセモノ」と強硬論を振りかざしているところもある。そうした大学ではキャリアセンター職員が現実を知っていても上司には逆らえない。その結果、「1日インターンシップは行く意味がない」論が残り続けることになる。

気になる企業かどうかはともかく、1日インターンシップは2020年代では参加することを就活生にはお勧めしたい。少なくとも、インターンシップの選択肢から排除しない方が得をする。

それでどうする？
・1日インターンシップは就業体験ではないが、排除するとチャンスを逃す
・1日インターンシップは参加しておくと、それだけ就活で得をする
・時期や志望業界などにこだわらない

1日インターンシップ（または早期セミナー）、実施企業が増えて、1回当たりの参加者数は各社とも激減。優良企業でも数人、大企業でも10人行かないケースが大幅に増加。

9 採用担当者やOB・OGと 仲良くした方がいい

| ホント | 仲良くなったとしても基本はドライ |

| 関連データ | 就職活動の相談をしたい人は？
OB・OG（若手社会人）　68.3%（1位）
企業の人事担当者　53.4%（2位） |

※学情「2023年卒・就職活動に関するインターネットアンケート」（2021年）

解説

採用のホームページを見ても、その企業の全てが分かるわけではない。これは就職情報サイトなども同じだろう。そこで、採用担当者やOB・OGの話を聞くことでリアルな情報を得ようとする。

企業側もこの動きを見越して、採用担当者と話せる機会を増やす、あるいはOB・OG訪問を積極的に受け入れるようにしている。

〈仲良くなるのは悪くない、だが……〉

就職の情報源を増やす、という点では採用担当者やOB・OGとコミュニケーションの機会を増やすのは悪くない戦略だ。ただし、距離感を間違えて変に傷つく就活生が例年、一定数いる。どちらが悪いかと言えば、著者からすれば、距離感を間違えた就活生側である。

採用担当者とOB・OGに共通しているのは、そのミッションが「自社の採用につなげる」、これに尽きる。その範囲内で就活生と向き合う、これは当然だろう。

採用担当者は学生の話をきちんと聞こうとする姿勢の人が多数。そこで学生がその企業を志望企業候補とすることも多い。ただし、採用担当者の性格と企業の性格は別。その前提を忘れずに。

選考前

就活生

連絡するとすぐ
返事をくれる

何でも聞いて

OB

面接落ちた後

就活生

返事が
こなくなった

落ちた以上は
時間をかけられ
ないし……

OB

ところが、就活生によっては、この前提を飛ばして「何でも相談してね」「君の力になりたい」を真に受け過ぎる。

その結果、大企業がOB・OG訪問を展開する難関大では「OB・OGに裏切られた」とこぼす就活生が毎年、発生する。

OB・OG訪問後にLINEを交換するのが一般的。そして、しばらくは就活生が相談してもOB・OGはすぐ返信してくれる。ところが、選考中盤で不通過となると、途端に返信がなくなることが多い。

〈割り切る以外に道はなし〉

「なんで返信してくれないのでしょうか」と落ち込む就活生がいるが、無理もない。選考に落ちた以上、OB・OGからすれば積極的に就活相談などで時間をかける必然性がなくなった。それだけだ。

冷たいようだが、それが現実である。

採用担当者やOB・OGに就活相談をする、あるいは仲良くなるのは別に悪くない。ただし、彼らは彼らで思惑があって就活生と向き合っている。ドライな部分がある、という前提を就活生は忘れるべきではない。

それでどうする？
・採用担当者やOB・OGと仲良くなるのは悪くない
・採用担当者やOB・OGは彼らなりの目的がある
・連絡が取れなくなっても、そういうもの、と諦めるのが一番

上記のネタ、特に難関大でリクルーターの付く企業で多い。それで優秀なはずなのに鬱になって就活が進まない学生も。つらいかもしれないがそういうもの、と割り切るしかない。

10 内定学生のノウハウは 真似した方がいい

ホント 内定学生のノウハウは参考程度に するのが無難

関連データ **就職活動の相談をしたい人は？**
4年生の先輩　29.9%（5位）

※学情「2023年卒・就職活動に関するインターネットアンケート」
（2021年）

解説

大学キャリアセンターが内定学生を 就活相談などで起用するようになっ たのは2000年代から、と見られ る。以降、内定学生が就活相談に乗 るのはよくある話となった。企業側 も就活イベントに内定学生を投入す るケースが増えている。
学情調査で「就職活動の相談をした い人」では5位で一定数を占めてい ることを示している。
〈内定学生の話は入りやすい〉
内定学生のノウハウのメリット、そ れは就活生にとって年代が近いこと だろう。直近の就活情報が得られる のは就活生にとって悪い話ではな い。
ただし、一から十まで全部を信じ

内定学生を取り巻く 要素

大学・勉強　　　運

アルバイト　サークル・ 部活

人間性

性格

知力

内定学生

体力

企業カラー

経済動向

多くの大学では内定学生を就職イベントなどで動員。それはいいのだが中には勘違いして「自分の話 こそ王道」と話す内定学生も。就活生は全部、信じるのではなく、そういうケースもありくらいで。

内定学生はなぜ内定を得られたのか。左ページの図にあるように、様々な要素が絡んでいる。

しかも大学受験よりも、絡み合う要素の数は、はるかに多い。しかも、その要素は就活年や企業の経営状態によっても大きく変わる。

内定に至った要素やプロセスが複数ある中で、その全てを言語化するのは極めて難しい。

〈内定学生は神にあらず〉

それでも、内定学生の多くはそのことを自覚しつつ自身の内定経験を話す。しかし、一部の内定学生は自身の経験があたかも必勝マニュアルかのように話してしまう。

しかも、就活生(の一部)は就活生で、内定学生を神格化。その全てを信じ込んでしまう。複雑な要素が絡み合う就活において、一部の内定学生のみ信じ込むのは、危険以外の何物でもない。

困ったことに、内定学生による勝手な思い込みや誤解が就活生に間違って伝わることが実に多い。当然ながら、誤った情報が内定必勝法などとして拡散される。

内定学生の話は、その属性や企業カラーなどにより異なる。そして、属性や企業カラーの近しい内定学生の話でもその全てを真似れば就活がうまくいくというわけではない。あくまでも参考程度にとどめるのが一番だ。

それでどうする？

・内定学生の話を聞くのは悪くない
・参考になる部分、ならない部分、混ざっている前提で聞く
・全てを真似したところで内定を貰えるわけではない

内定学生の話で参考になるのは就活の時期の相場観。たとえば、どのイベントに行ったら役に立った、とか、ハイシーズンの時間の使い方など。そういうのは聞いておいて損はない。

2万人の面接から断言
「短所を素直に話そう」

柳本周介
将来塾塾長・採用コンサルタント

大阪学院大経済学部を卒業後、1985年にリクルートに入社。96年、オフィスビギンを創業。採用代行業務を担当し、累計2万人以上の学生を面接。2000年から就活塾の将来塾を開校。

　私は1996年にオフィスビギンを創業し、今年で29年目になります。企業の採用支援が主な仕事で、これは中小企業の人事部長として採用業務を担当します。これまでに延べ2万人以上の就活生の面接しました。これくらい、多くの就活生の面接を担当してきた採用コンサルタントは日本でも私以外に何人いるか、というところではないでしょうか。

　この経験から断言しますが、就活生の皆さんは短所を聞かれたら素直に短所を答えるようにしてください。面接で失敗する就活生のパターンはほぼ決まっています。短所を聞かれたら短所ではない点、あるいは短所を克服するまでの経過を長々と話してしまうのです。

　就活生A「私の短所は頑固なところです。しかし、この頑固な性格だからこそ、××という実績を出すことができました」

　就活生B「私の長所は明朗快活なところです。ただ、この長所がときには短所になることもあります」

　就活生C「短所はミスが多い点です。しかし、注意深く行動することを心がけ、現在では誰よりも注意深い性格になりました」

　はい、全員不合格です。企業側は就活生に対して完全無欠であることを求めていません。誰だって長所もあれば短所もあるわけです。面接で短所を聞くのは自分を客観視できているかどうか。自分のことを客観視できない人は仕事でもトラブルを起こす確率が高いのです。そこで面接で短所を質問することで入社後にどうなるかを見たいのです。

　面接では聞かれたことには正直に答えるのが一番です。

2012年12月刊行。「もう10年も前の本ですがそれでも『読みました』と言ってくれる学生がいてくれます」（柳本さん）

インタビュー補足：柳本さんは毎年3月上旬に開催される「ひょうご就職サミット」（兵庫県中小企業家同友会主催の中小企業合説）で複数回、講演。合間に質問等も可能。

第 2 章

就活サイト・
サービスの誤解

1 メールは1アカウント のみで使い回す

ホント

メールは複数アカウントで管理しな いと埋もれてしまう

関連データ

マイナビ　約80万人・約2万社（2017年）→ 約82万人・2万8192社（2023年） キャリタス就活　約41.6万人・約1.5万社（2017年）→ 36万6681人・1万6539社（2023年）

※『日経業界地図』（日本経済新聞出版社／2018年版・2024年版）

解説

就職情報サイト（就活ナビサイト）はリクナビでもマイナビでも他のサイトも含めて、使い方について細かい説明が掲載されている。

ところが、どの就活ナビサイトも一番重要なことを書いていない。それが、メール管理だ。2000年代以降、私立大を中心に大学キャリアセンターは就活ガイダンスでサイトの使い方指南と合わせて一斉登録を勧めるようになった。これは現在も変わらない。サイトの一斉登録は国公立大でも実施しているところがある。実施していない国公立大の就活生でも複数のサイトを登録するはずだ。ところが一つのメールアカウントで複数のサイトを登録すると大変なことになる。

〈1アカウントの使い回しでメールが埋もれる〉

就職情報サイトに登録後は、企業情報を確認していくことになる。気になる企業があればブックマーク（エントリー）をする。そうすれば、セミナーや選考情報などがダイレクトメールで送られてくる。なお、逆求人型サイトは学生の自己PR等を確認したうえで気になる学生にセミナーや選考の通知（オファー）を出すのが一般的だ。

企業からすれば、ブックマークをした学生にセミナーや選考に参加してほしい、と考える（そのための就職情報サイトだ）。そこで、ダイレクトメールを送

メールのアカウント問題、本来は大学がどうにかするべき問題。ただし、改善ないし注意喚起した大学の話はほぼ皆無。それなら個人で対策するよりほかないわけで。

メールアカウントの比較

	2024年現在の就活生	大学・志望度の高い企業からの通知	情報の選別
1アカウントのみ	多数	埋もれてしまう	しづらい
複数アカウントを使い分け	少数	管理できる	しやすい

らないわけがない。ここで一つのメールアカウントを使い回すとどうなるか。当然ながら、1日に数十通、下手すれば100通以上のメールが来ることになる。メールを読むだけでも一苦労。結果、大学からの重要事項通知や志望度の高い企業のセミナー情報などが埋もれて見逃すことになる。

〈大学の善意で大学も苦しむ〉

余談だが、このメール問題で困っているのは就活生だけではない。大学キャリアセンターも同じだ。就活生に必要なガイダンスなどの情報を送っても全く反応がない、とのこと。中には「いまどきの学生は必要なメール一つ確認しない」と憤る関係者もいた。そこで、1アカウントだけだとメールが埋もれてしまうからでは、と伝えたところ、意外そうな表情をする方ばかりだった。なお、著者が取材した限りでは2023年11月時点で、メールアカウントの使い分けを推奨する大学はほぼなかった。

大学が複数の就職情報サイト登録をこのメールが埋もれる弊害を抑えるためにはメールアカウントを複数用意すること。そのうえで、大学キャリアセンターや普段使いのものと就職情報サイトのものは別にして管理した方がいいだろう。推奨し、それが原因で就職ガイダンスなどの情報が届かないのは、なんとも皮肉な話だ。

それでどうする？

・普段使い・大学用と就職情報サイトのメールは分けて登録
・就職情報サイトで一つか、複数かは好み次第
・ブックマークは減らせばいい、というものでもない

ナビの一斉登録でメールが山のように来てしまう。情報感度の低い学生ほど、ナビを解除。結果、必要な情報が届かなくなり、就活もはかどらない悪循環に。キャリアセンターはそろそろ対策を。

2 就職情報サイトは使う意味がない

ホント　就職情報サイトを使いこなすと武器になる

関連データ　リクナビ　約75万人・約2.7万社（2017年）→約74万人・1万8707社（2023年）

※『日経業界地図』（日本経済新聞出版社／2018年版・2024年版）

解説

就職情報サイトは2024年現在、マイナビがトップ。その次にリクナビ、キャリタス就活が大手と言える。キャリア関係者によっては他に、逆求人型サイトのOfferBox、あさがくナビも大手として扱う。

中堅どころとされるのが、ダイヤモンド就活ナビ、ブンナビ、dodaキャンパス（逆求人型サイト）、など。

新興サイトの、ワンキャリア、みん就（みんなの就職活動日記）なども中堅規模として扱う関係者もいる。

他に地方大学では地元企業を網羅した地方特化の就活サイトを含める。

私立大ではこの就職情報サイトを3～5程度、使い方を説明しつつ一斉登録する。

〈就活市場で存在感が大きい〉

就職情報サイトは2000年代に就活市場で定着し、現在に至る。

やはり、一度にまとめて検索しブックマーク（エントリー）でき、企業からはセミナーなどの情報がメールで届くのは便利だ。

そのため、2020年代の現在でも、日本の就活市場では大きな存在感を持っている。

一方、利用者が多いこともあり、何かと話題に、あるいは、問題になりやすい。

2019年にはリクナビで個人情報漏洩事件が発生。2021年にはマイナビが学

マイナビ、リクナビの大手2社は2020年ごろまで有吉弘行（マイナビ2015・2016）、川口春奈（リクナビ2017）、川島海荷（リクナビ2018）などを起用。コロナ禍からCMは激減。

歴差別をしている疑いで炎上騒動が起きた。

就職情報サイトを使わないことでエッジある就活生を集めようとする企業もある。そうした企業の方策がメディアに出やすいため、その分だけ既存の就職情報サイトは叩かれやすい。利用学生が減った、とする見方もある。

〈就職情報サイト離れも言われているが〉

とは言え、完全に無視できる存在か、と言えばそこまで落ちてはいない。各社とも機能が多く、使いこなせれば就活において有効な武器となる。

大手サイトは各社とも、就活のノウハウをまとめた情報をこれでもか、と言わんばかりに掲載している。

採用担当者や大学キャリアセンター職員に取材したところ、「今の就職情報サイトは機能が多いので便利」との意見が多数だった。ただし、「機能が多すぎて、おそらく、使いこなしている就活生は少数だろう」との意見も多かったことは付言しておきたい。

そもそも、就職情報サイトは就活生は無料で利用できる。サイトに掲載したい企業がサイトを運営する就職情報会社に利用料を支払うことでビジネスが成立している。

その金額は大手サイトだと100万円前後、さらにダイレクトメッセージやブログなどのオプションを入れていくと、数百万円にもなる。大手企業だと、複数サイトを利用するため、1000万円超の企業も珍しくない。

就職情報サイトに掲載している企業は、掲載料を払っている分だけ新卒採用に意欲がある、とする見方もできる。

なお、38〜39ページに示したインターンシップの定義の厳格化により、3年生3月以前にセミナー・選考の情報は大手の就職情報サイトでは取りづらくなった。「二度手間フィルター」となっており、その対策は16〜17ページにあるのでそちらを参照してほしい。

それでどうする？

・就職情報サイトは各社とも多機能化

・メール管理をしつつ、利用

・二度手間フィルターに注意する

ブンナビは読売新聞と提携。登録すると読売新聞オンラインの就活会員として読売新聞の記事ほぼ全てを半年間、無料で読める。ものすごく得な割に就活生にはなぜか広まらず。

3 就職情報サイトは 大手のものだけで十分

ホント
逆求人型サイトや新興サイトも
合わせて利用した方が得

関連データ
OfferBox　約4.8万人・約2400社（2017年）→
22万1896人・1万4683社（2023年）
あさがくナビ　約32万2000人・約2500社（2017年）
→約40万人・約1万3000社（2023年）
※『日経業界地図』（日本経済新聞出版社／2018年版・2024年版）

解説

リクナビ・マイナビなどの就職情報サイトは求人検索型サイトとも呼ばれる。これは、就活生側が個人情報を登録。その後、就活生側が企業を検索していくことになる。
〈自己PRなどの準備が必要〉
逆求人型サイトは、この求人検索型サイトとは流れが逆になる。まず、就活生は個人情報を登録、ここまではリクナビなど求人検索型サイトと変わらない。違うのは、個人情報だけでなく、自己PRなども合わせて公開する必要がある点だ。企業情報は基本的には検索できない（できるサイトもある）。採用担当者は学生の自己PRなどを読んだうえで気になる学生に選考やセミナーの情報を送る。流れが逆なので逆求人型サイト、と呼ばれている。

主な逆求人型・新興サイト
※OfferBox・あさがくナビ以外

【逆求人型】
アイルーツ
doda キャンパス
キミスカ
【新興】
ワンキャリア
みん就（みんなの就職活動日記）
外資就活ドットコム

OfferBoxはアクティブに動いている就活生の間ではもはや大手と言っていいほど成長。逆求人型サイトを定着させた功績は大きい。反面、大きくなりすぎて小回りが利かなくなった、との評も。

この逆求人型サイトはOfferBoxやあさがくナビを利用する就活生が例年、多い。OfferBoxはi-plugが運営。同社はベンチャー企業で2021年に上場した。社長の中野智哉氏は2024年現在、読売新聞就活ON！面で就活相談回答者の一人となっている（不定期）。

あさがくナビは朝日新聞社と人材情報会社・学情が共同で運営。当初は求人検索型サイトだったが、2019年から逆求人型サイトに転換した。

新興サイトはワンキャリアやみん就、外資就活ドットコムなど。「新興」とは歴史が浅いというよりも、大手就職情報会社ほど経済団体・大学団体などの影響を受けていない、くらいの意味である。逆求人型サイト・新興サイトは38ページに示した「インターンシップの定義の厳格化」の影響をほぼ受けていない。

そのため、就活生からすれば話が早い、としてコロナ禍以降、利用する就活生が増加した。

新卒採用を考える企業としても、大手サイトはインターンシップの定義の厳格化により、あれやこれやで面倒になった。その点、逆求人型サイトや新興サイトであれば、面倒なく、就活生に早期のセミナーや1日インターンシップの告知が可能となる。

〈逆求人型、新興が伸びる意外な理由〉

しかも、逆求人型サイトや新興サイトを利用する就活生は結果的には難関大生が中心となる。難関大以外でも、就活にはモチベーションが高いからこそ登録している就活生が中心。企業からすれば、欲しい人材が揃っているわけで逆求人型・新興サイトを利用しない手はない。かくて、就活生・企業とも利用者が増える好循環に入っている。

就活生の一部（特に地方の就活生）からすれば、逆求人型サイトや新興サイトは、そこまで利用価値がない、と思うかもしれない。が、コロナ禍以降、伸びているので、併用していくといいだろう。

それでどうする？

- 逆求人型サイト・新興サイトは大手の求人検索型サイトとは違う
- 違った角度で情報が取れるので便利
- 大手の求人検索型サイトと併用を

逆求人型サイトでダメな学生ほど「知らない業界からオファーを貰っても迷惑なので解除しました」。知らない業界からオファーが来るから意味があることに気付け、と声を大にして言いたい。

4 地方就活も 大手ナビで十分

ホント　地方特化の就職情報サイトも
併用した方が得

関連データ　学生が就職先選びで重視した事
給与水準　61.0%（1位）
勤務時間・休暇　50.3%（2位）
企業が採用活動で強くアピールしたこと
職種・仕事内容　68.9%（1位）
社風・コーポレートカラー　57.8%（2位）

※アグレ新卒（沖縄）「学生の就職活動白書（2023年卒）」

解説

地方企業を志望する場合、大手よりも強いのが地方特化の就職情報サイトだ。それぞれの地方で、地元の広告会社や新聞社・テレビ局、あるいは公的機関が運営している。こうした地方特化の就職情報サイトはそれぞれの地方では大手の就職情報サイトよりも掲載企業数が多いことがある。そのため、地方就職を検討する場合、その地方に強い就職情報サイトに登録することも必要になる。地方就職情報サイトは運営会社の思いが大手以上に反映されやすい。

〈少人数セミナーに力を入れる地方就職情報サイトも〉

たとえば、はりまっち（兵庫県〈播磨〉）だと、少人数セミナーに力を入れており、地元の就活生からは好評だ。右ページの表に各地方ごとの就職情報サイトをまとめた。実際には、この表よりも多くの就職情報サイトがある。本書では、2023年11月時点で掲載企業数が一定数あり、かつ、2024年卒向けセミナー・イベントを一定数実施しているサイトを抽出、掲載した。

なお、地域によっては、全国区の中堅サイトが強いこともある。「北海道だと、ダイヤモンド就活ナビが強い。うちも利用しています」（北海道・商社）

地方就活も採用時期の分割化を進める企業が増えてきた。都市部に比べて就活時期が遅いのは昔と同じ。ただし、早期選考を実施する企業も増えているのでその点は注意すること。

それから、厚生労働省のプロジェクトとして「Lo活」がある。「Local+就活」の意で、全国46の自治体（道府県）・200以上の学校との連携、関連情報を掲載している。地方企業に就職を希望する場合は、こちらのサイトも合わせて確認するといいだろう。

主な地方就職情報サイト

【北海道・東北】	ジョブキタ就活（北海道）、ジョブダス就活（北海道）、あおもりジョブ（青森県）、シゴトバクラシバいわて（岩手県）、KocchAke!（秋田県）、山形県就職情報サイト（山形県）、ジョブ・スタせんだい（宮城県）、Fターン（福島県）
【関東】	就活応援ナビ（群馬県・栃木県）、ちばキャリ（千葉県）、成長企業ナビ（神奈川県）
【中部・北陸】	しずキャリ（静岡県）、にいがた就職応援団（新潟県）、シューカツNAGANO（長野県）、やまなし就職応援ナビ（山梨県）、kinet（富山県）、いしかわ就活スマートナビ（石川県）、ステッピング（福井県）、291JOBS（福井県）、名大社（愛知県・岐阜県・三重県）、ぎふジョブGUIDE（岐阜県）、三重就職NAVI（三重県）
【近畿】	UIわかやま就職ガイド（和歌山県）、はりまっち（兵庫県〈播磨〉）
【中国・四国】	オカジョブ（岡山県）、ヒロジョブ（広島県）、就ナビ（岡山県・香川県）、とっとり就活ナビ（鳥取県）、ジョブカフェしまね（島根県）、KENJIN（高知県）
【九州・沖縄】	さが就活ナビ（佐賀県）、Nなび（長崎県）、くまもと経済Debut（熊本県）、かごJob（鹿児島県）、就活パワフルサポート（沖縄県）、りゅうナビ（沖縄県）、アグレ新卒（沖縄県）

それでどうする？

- 地方就職を考えるなら大手の就職情報サイトだけでは不十分
- 地方に強い就職情報サイトも合わせて登録
- 地方企業が出展するセミナー・イベントも合わせて確認

地方就活で注意したいのは、完全に地元密着なのか、地方本社でも全国展開しているか。後者だと、都市部の就活に合わせて早期選考を実施。前者も金融などは地元の国公立大生向けに早期選考あり。

5 就活エージェントは 無料で相談できて便利

ホント　就活エージェントが便利かどうかは時期や就活生により異なる

関連データ　応募した(する予定)企業の採用活動の方法・形態(学生)
人材紹介サービスを通じた採用　15.0%(3位)

※リクルート就職みらい研究所「就職白書2023」(2023年)

解説

就活エージェントとは新卒紹介とも呼ばれる。エージェント(キャリアアドバイザーなどの呼称も)が企業と就活生の間に立ちつつ、学生に企業を紹介する。紹介された企業の選考に就活生が参加し、内定・入社すると、企業はエージェント会社に紹介料(一人当たり50万～数百万円)を払う、という流れになる。エージェントは就活生に対して、就活相談や面接の練習、エントリーシートの添削などもしてくれる。学生はこうした相談を含め、利用料はかからない。このエージェント、もともとは社会人の転職市場が中心だった。2010年代半ばから参入企業が続出。2024年現在、大手就職情報サイトの運営企業からベンチャー企業まで様々な企業が参入している。

〈敬遠する大学職員・採用担当者の理由とは〉

就活エージェントは就活生からすれば好きなタイミングで就活相談やエントリーシート添削を依頼できる。しかも、企業も紹介してくれるので便利、と利用する就活生が増加している。ただし、その便利さの反面、内定辞退などでトラブルになるケースも増えている。その点から忌避感を示すキャリアセンター職員や採用担当者は少なくない。

具体的には、就活エージェントによりかかりすぎる点にあるようだ。つまり、就活エージェントを利用する就活生の中には企業情報からエントリーシート添

エージェントを利用する場合、下手に大学キャリアセンター職員などには言わない方が無難。否定的に見る職員が多いので。異なるアドバイスが出た場合は自分の中で消化して判断するのが吉。

削まで全部、就活エージェントに任せてしまう学生もいる。

「就活エージェントを利用していても優秀な就活生は、企業情報を改めて自分で調べます。その点、ダメな就活生は企業側と話すときも、ちょっと調べれば出てくる話も質問してきます。いわゆる受け身の姿勢ですね。そうした就活生は正直、欲しい人材ではありません」(IT)

就活エージェントは見方を変えれば、質の良い商品(＝優秀な就活生)を仕入れて、顧客(＝求人企業)に高く売る(＝採用してもらう)のがビジネスとなる。その商品仕入れのために相談その他、就活生に対しては無料としているのだ。その点を考えずに利用する就活生だと、あとあと、トラブルになりかねない。そのためにも、企業を紹介されたときは選考辞退や内定辞退がどこまで可能か確認することが必要だ。合わせて、選考辞退・内定辞退はエージェントを利用していない時よりも慎重になることが必要だろう。それからエージェント会社や就活時期により紹介企業も変化する点に注意した方がいい。

〈時期により企業条件も乱高下〉

具体的には、3年生夏頃だと、外資系など好条件の企業が多い。理由は簡単で、この時期に就活エージェントを利用する就活生はまだ少ない、利用するのは優秀な就活生が多い。そのことを分かっているので、好条件の企業も就活エージェントを利用する。

3年生秋から冬(3月1日の広報解禁前)だと、まだ好条件の企業が多い。ただし、利用する就活生が増える分、企業の条件も落ちてくる。

一方、4年生6月以降だと、好条件の企業は一気に減る。理由は簡単で、就活生の質にある。それまで就活エージェントに見向きもしなかった就活生は、他の企業に落ちたので、利用を始める。3年生夏に利用を始めた就活生に比べると、そこまで優秀ではない。そのことを利用企業も理解している。企業からすれば、優秀な就活生(4年生)を欲しいなら、難関大キャリアセンターに直接あたった方が話は早い(250〜251ページ／第9章4参照)。そのため、4年生6月以降に就活エージェントを利用する企業は、新卒採用に苦戦する企業が多い。

当然だが、この時期と利用企業の変化については、就活エージェントを運営する企業が就活生に公表することはまずない。これはあくまでも、著者の取材による。こうした事情がある点も、就活エージェントを利用する際は留意した方がいいだろう。

それでどうする？	・就活エージェントは無料だし便利であることは確か
	・通常の選考参加よりも選考辞退や内定辞退がしづらいという前提がある
	・就活生の資質や時期、エージェントによっていくらでも変わる

エージェントにとって学生は商品、というのは上記の通り。自分に商品としての魅力があるのかどうかも一考の余地あり。価値の低い学生ほど、エージェントにあれこれ要求する、らしい。

6 合同説明会は疲れるだけ なので行く必要がない

ホント 合同説明会の価値は就活生や 時期により変わる

関連データ 広報解禁日とその翌日、インテックス大阪で開催された合同説明会の参加学生数　約4.5万人(2011年)→約4万人(2016年)→約1.6万人(2019年)

※読売新聞、朝日新聞、産経新聞記事に記載の数値(見込みを含む)／2011年は12月

解説

合同説明会は就職情報会社が主催、複数の企業が参加し、企業説明などをブースで展開するイベントだ。1980年代に中小企業が1社よりも複数社の方が就活生を集めやすい、として実施。2000年代には就活市場で定着した。
〈広報解禁日の合同説明会参加者は大幅減へ〉
しかし、2010年代後半には合同説明会を敬遠する就活生が増加する。上記のデータは広報解禁日(とその翌日)にインテックス大阪で実施された合同説明会の参加学生数(見込み)だ。なお、例年、リクルートとマイナビが交代で主催している。2010年代半ばまでは4万人台だったがその後、低下。コロナ禍前の2019年には約1.6万人と2011年の半分にも満たない。
それだけ就活生が合同説明会を敬遠するようになったことを示している。
合同説明会の参加学生数が減った要因は主に3点。売り手市場で実施時期と乖離している(特に早期に就活を開始した就活生は参加する意味がない)、イベント・セミナーが多すぎて埋もれている、合同説明会の名称の多義化による困惑だ。
3点目については、3年生3月の広報解禁前だと「インターンシップ合同説明会」「業界研究フェア」「キャリア研究フェア」など別の名目で実施される合同説明会が多い。これを就活生の一部は誤解してしまう。「今さらインターンシップに

合説は2023年から対面実施が復活。5月〜6月ごろのインターンシップ合説はどこも盛況だった。参加特典も2010年代に比べて大幅に上がった。参加する際はきちんと確認しないと損をする。

参加してもムダ」「業界研究と言われてももう志望業界は決まっているし」など
など。実質は合同説明会であることは強調しておきたい。

1点目については、就活生がどの時期に就活を始めて、どれくらい進んでいる
か、によって変わる。もし、就活開始時期が遅ければ3年生1月以降の合同説
明会は参加する意味がある。

合同説明会は時期によっては混雑しており、それだけ疲れる。しかし、知らな
い企業の情報を取れる機会なので、就活生はきちんと参加した方がいいだろう。

2010年代半ばごろから、合同説明会は参加特典が豪華になっていった。これ
は大手・地方を問わない。

企業ブースを複数回ると、その数に応じて、ギフト券などをプレゼントする、
あるいは、豪華景品の当たる抽選会参加、などだ。

兵庫県中小企業家同友会が主催するひょうご就職サミット（例年3月上旬に開
催）では、事前予約とブース8社訪問で合計6000円のクオカードが貰える（他
に来場者特典として軽食のプレゼントもあり）。

さらに、地方での合同説明会だと、大都市からの無料送迎バス運行や、交通
費・宿泊費支給のものも増えてきた。合同説明会によっては、往復の交通費の
半額ないし全額相当額が支給される。

こうした来場者特典を付けている背景には学生側有利な売り手市場がある。し
かも、合同説明会やイベント・セミナーが乱立していることもあり、各地の合
同説明会は集客に苦戦するようになった。

参加者特典だけを目当てに参加するのは、運営者や参加企業の心情を考えれば
複雑だ。ただ、就活生側からすれば、就活の情報が色々と入手できるうえに、
ちょっとした小遣いをもらえることになる。気楽な気持ちで参加してみよう。

〈専門業界の合同説明会も〉

それから、業界団体などが主催する業界限定の合同説明会も面白い。食品・農
業就活サミット（農業ジョブ主催／2024年3月21日開催予定）、化学系学生の
ための企業合同説明会（公益社団法人日本化学会関東支部主催／例年3月上旬開
催）、海事産業説明会（日本船舶海洋工学会主催／例年3月上旬などに開催）、鉄
道・関連企業業界研究会（大阪産業大学主催／例年12月上旬開催）などだ。知
名度は低いが、業界のトップ企業が参加しており、対象に合うのであれば参考
になる。

それでどうする？

・合同説明会は複数企業の情報を取れる

・就活の進行度に合わせて参加する

・「業界研究」などの名称に惑わされない

中規模の合説の「コミュニケーションコーナー」「フリートークエリア」などは採用担当者に声を掛け
られて休まらない。休憩するなら会場の外の喫茶スペースに移動する方が休まる。

就活塾に通えば
内定を得やすくなる

| ホント | 就活塾のノウハウが古すぎるなどコスパは良くない |

| 関連データ | **124件**（2015年度）
198件（2022年度） | 「就活をきっかけにした学生の契約」に関する相談件数の推移 |

※国民生活センター「学生の就活の不安につけ込むトラブル」（2023年公表）

解説

就活塾とは、就活のノウハウを指南する民間企業運営のセミナー・塾である。費用は1回数千円から、年数十万円まで塾により異なる。

就活塾の起源は不明だが、日経産業新聞「就活探偵団」（2012年5月16日掲載分）によると、「2008年以降に事業を始めたところが大半」のようだ。

〈講師の能力は未知数〉

就活塾の実態は大学受験の塾・予備校などと違って、その実態は曖昧だ。個人レベルで始めようと思えばいくらでもできるし、潰れるところも多く、入れ替わりが激しい。大学受験の塾・予備校や婚活を指南する結婚相談所であれば、業界団体が存在するのでその規模は把握しやすい。しかし、就活塾にはそうした業界団体が存在しない。

コロナ禍以降だと、就活塾よりも就活関連のオンラインサロンが注目されている。オンライン会議システムで気軽に参加できるからだ。

就活塾や就活オンラインサロンの利点は就活のノウハウを得られるところにある。ただ、そのノウハウが最新のものかどうか、第三者が保証しているわけではない。

〈大学やハローワークの方が高コスパ〉

それでは、大学キャリアセンター主催の就職ガイダンス、新卒応援ハローワー

就活塾でタチの悪いところだと「就業体験できる」という触れ込みで長期のインターンシップをセットにするところも。仕事は就活塾の手伝いか、大きく中抜きされているか。それで数十万円出せ、と。

就活関連セミナーの比較

	主催	費用	担当する講師
就活塾	多数	1回数千円〜年数十万円	塾講師
オンラインサロン	少数	月数千円〜数万円	サロン主催者
大学・就職ガイダンス	大学キャリアセンター	無料	職員、委託の外部講師
ハローワーク・セミナー	新卒応援ハローワーク	無料	職員、委託の外部講師
合同説明会・セミナー	就職情報会社	無料	委託の外部講師

ク主催の就職セミナー、あるいは合同説明会で開催されるセミナーなどはどうか。これらはいずれも受講費用がかからない。講師は大学キャリアセンター職員や委託の外部講師などが担当する。その内容は大学や講師により左右されるので、その評価はしづらい。大学のガイダンスであれば、学内に前年の評判などがあるのでそれを参考にするといいだろう。

ただ、就活塾やオンラインサロンの就活情報が最新で、大学などは情報が古い、という話は聞いたことがない。その情報に極端な差がなければ、あとはどこにお金を使うのか、趣味の問題でしかないことはここに明記したい。

どうしても、就活塾・オンラインサロンに、ということであれば、柳本周介氏（44ページ参照）の「将来塾」（神戸・オンライン／8講座3万8500円・税込み）、本田勝裕氏の「ポンタオンライン長屋」（月1100円・税込み）など。

両講座に共通しているのは、費用を明記している、別講座などで追加の出費を求めない、講師自身が最新の就活事情に精通、という点だ。そうした就活塾・オンラインサロンはごく少数しか存在しない。

それでどうする？

・就活塾・オンラインサロンの実態は曖昧でノウハウは古いことも
・合同説明会の会場外などで勧誘しているところは相当、怪しい
・契約後のキャンセルは国民生活センターや大学の学生相談窓口などに相談を

以前、著者が就活塾全般について否定的なコメントをTwitterに出したところ、某就活塾主宰者がなぜか自分たちのことか、とかみついてきた。放置したところ、数年後に廃校。つまりはその程度。

女性キャリア支援のベテラン
「女子学生が一生食べていけるために」

上田晶美
ハナマルキャリア総合研究所代表

早稲田大学教育学部を卒業後、1993年に日本初のキャリアコンサルタントとして創業。大学生の就職、社会人の転職、主婦の再就職支援に携わる。現在は講師派遣会社を経営。女子大学2校での講師や女性のキャリア支援を中心の講演も多数。

　私は1993年にキャリアコンサルタントとして創業しました。この32年間でキャリア支援をした女子学生や女性は2万人を超えます。

　現在は都内の女子大学2校でもキャリア講義を担当しています。

　学生に聞いてみると、「私は特に女子だから、と差別を受けたことはない」と9割が話します。

　しかし、私はこの30年間で女性の働き方が進歩しないことに焦りを感じています。

　確かに、女子学生の総合職採用は定着しましたし、女性管理職比率も上がっています。一方で、賃金や待遇、勤続年数などは男女間でいまだに大きな格差が生まれています。

　女子の就活生には、女子が一生食べていける仕事を考えてほしいと思います。

　事務が中心の一般職を考える女子学生が多いですが、私はあまりお勧めできません。すでに多くの企業で派遣社員や外部委託になっていますし、今後はAIがその業務を担うことになります。そうなると、事務の仕事そのものが激減することになります。

　逆に、お勧めしたいのが営業ですね。いくらAIやIT化が進んでも、アナログでも臨機応変な対応のできる営業の必要性は残り続けます。話好きで聞き上手な人が多い女性にはむしろ向いている職種ではないでしょうか。

　それから、やってみたい仕事が分からない学生はひとまずIT業界を調べてみてください。好調な企業が多いですし、仮に最初の企業が合わなくても他のIT企業などに転職していけるからです。

2023年8月刊、草思社。「若い皆さんに読んで欲しいです。やりたい仕事、天職を見つけるためのワークも入っています」（上田さん）。

インタビュー補足：女性のキャリアは1980年代以前から40年間で劇的に変化。しかも、今後も数十年間は変化し続ける可能性が高い。「女子が一生食べていける」は本当に重要。

第 **3** 章

大学・学部の誤解

うちの大学のキャリアセンターは使えないから行かない

| ホント | キャリアセンターは
使い倒さないと損 |

| 関連データ | **55.1％（2003年）** 大学全体の就職率
74.5％（2022年） |

※文部科学省「学校基本調査」（2022年　卒業者に占める就職者の割合）

解説

就活生を取材していると「うちの大学のキャリアセンターは使えない」との愚痴がよく出てくる。話を聞いていると、キャリアセンター側に問題があるのは3割くらい。残りは、就活生側の使い方が間違っている。

〈ピーク時に相談しづらいのは確かだが〉

就活生から出る不満は主に2点。「相談したくても、ピーク時に希望者が殺到して相談できない」（特に大規模校）、それと、「キャリアカウンセラー・職員と合わない（怒られた）」。

確かに就活シーズンともなると、相談希望の学生で混雑する。それにカウンセラーとの相性が良くないことは、人対人である以上、そうしたすれ違いも起こり得る。

ただし、そうした不満があるからと言って、キャリアセンターを一切利用しないのはもったいない。

そもそも、キャリアセンターは就活シーズンになれば相談希望の学生が多くならないわけがない。相談できないのであれば愚痴るよりも、他に相談できる当てを探す方が話は早い。カウンセラー・職員と話が合わないのであれば、他のカウンセラー・職員に代えればいいだろう。もちろん、キャリアセンターないしカウンセラー・職員によっては問題があることは否定しない。

キャリアセンターの職員によっては就活生との相性が合わないことは確か。大規模校はそれを見越してか、相談できる職員の変更が可能とするところが多数。色々、聞いてみるのもあり。

就活序盤

うちの大学の
キャリセンは
使えないから
行かない

就活生

就活終盤

早いうちからキャリセンを
使っておけばよかった……

就活生

キャリアセンターは就活相談だけが全てではない。
求人情報や関連資料の検索なども可能である。キャリアセンター主催のイベントやセミナーなども確認できる。
キャリアセンターに不満を持つ就活生の話を聞いていると、求人情報や資料の検索、セミナー・イベントの確認など使いこなしているとはいいがたい。
特に就活関連の資料は内定学生体験記や『週刊ダイヤモンド』などビジネス週刊誌のバックナンバーをそろえている。そうしたものを読むだけでも就活の成功率は大きく変わるはずだ。

〈ガイダンス予定などは要確認〉

それから46〜47ページのメール管理の項でも触れたが、キャリアセンターからのメールは確認できるようにした方がいい。そうしないとキャリアセンター主催のガイダンスやイベント・セミナーが埋もれてしまう。見逃すのはもったいない。

2010年代以降、各大学とも就職実績を気にするようになった。その結果、ガイダンスだけでなく各種セミナーやイベントなども増えている。中規模以上の大学であれば、大学キャリアセンター主催（または推奨の企業）のイベントやセミナーを受けるだけでも就活ノウハウは十分に得られる。

それで
どうする？

・キャリアセンターは使わないともったいない

・相談業務以外にも色々ある

・カウンセラー・職員で合わない人がいても気にしない

キャリアセンター以外で就活相談が可能なのは、公的機関だと新卒応援ハローワークやジョブカフェ。民間だと就活エージェントや就活カフェ、就活支援型のインターンシップなども候補となる。

2 学内説明会・合同説明会は行く意味がない

大学が学生に推薦したい優良企業が参加

就職活動プロセスごとの実施状況（学生）
大学で開催される合同企業説明会・セミナーに参加する
65.7％（2015年）→19.7％（2022年）

※リクルート就職みらい研究所「就職白書2015」「就職白書2023」
　（2015年・2023年）
※2022年については「企業・各種団体等の採用情報に関する情報
　収集手段」

大半の大学では大学キャリアセンター・就職課が学内で企業説明会・セミナーや合同説明会を実施する。

この学内説明会・合同説明会を軽視する就活生が意外と多い。就活取材の長い著者としてはお金をドブに捨てる行為としか思えず、残念でならない。

〈コスパのいい企業が揃う学内合同説明会〉

なぜ、学内説明会・合同説明会は就活生にとって重要なのか。

答えは簡単だ。「内定を貰える確率が高い」「優良企業」という2条件を満たしている企業が多いからである。

学内説明会・合同説明会に参加する企業を選定するのが大学キャリアセンター・就職課だ。彼らのミッションは学生が就活で得をする、内定を得ることにある。当然ながら、参加企業の選定には力が入る。その結果、選定されるのは採用実績があり、かつ、優良企業・成長可能性の高い企業などだ。どの企業でも参加OKとする学外の合同説明会とはこの点が大きく異なる。

就活生からすれば、学内での説明会・合同説明会参加企業は、他の企業よりも内定を貰える確率が高い企業である。

学内説明会・合説、コロナ禍が明けた2023年もオンライン参加の企業が増えた。採用担当者からすれば移動の手間を考えればオンラインの方が楽なわけで。これも採用手法の進歩、かも。

絶対に、とまでは言わないが、せめて、どんな企業が参加しているのか、調べてみてはどうだろうか。就活当初は視界に入っていなかった優良企業が見つかるかもしれない。

〈名称は学内合同説明会とは限らない〉

なお、56〜57ページの合同説明会の項で触れたように、3年生3月の広報解禁前だと、大学によっては、はっきりと「合同説明会」とは出さない。「業界研究フェア」「インターンシップ合同説明会」など別名目で合同説明会を開催する大学も多い。企業説明会も「先輩社員との懇談会」「業界研究」などだ。この別名目を真に受け過ぎて「自分には関係ない」と不参加の就活生も多い。実質的には企業説明会・合同説明会なので参加することをお勧めしたい。

学内説明会・合同説明会に優良企業が多い理由

 ホワイト企業 〇

 ブラック企業 ✕

キャリアセンター
職員

学生のために
参加企業は
ちゃんと選ばないと

 学内説明会のリストを見るだけでも参考になる

それでどうする？

・学内説明会・合同説明会は名称に惑わされない
・学内説明会・合同説明会は優良企業が多いので参加した方が得
・学内説明会・合同説明会は参加企業名だけでも確認した方がいい

アルバイト先など他大学の友人と学内説明会・合説の参加企業一覧を持ち寄ると企業・業界研究が進む説、あり。知らない企業がどのような企業が見ていくと意外な優良企業の発見にもつながる。

3 資格のない就活は 恥ずかしいし損をする

ホント 資格がなければ別の観点を評価する だけで恥ずかしくない

関連データ 学生が面接等でアピールする項目／企業が採用基準 で重視する項目
取得資格　学生14.7%・企業16.1%（10位／11位）
語学力　学生8.6%／企業10.0%（14位／15位）
※リクルート就職みらい研究所「就職白書2023」（2023年）

解説

「資格はあった方がいいですか？」と気にする就活生は多い。就活前から就活で有利になることを狙って資格の勉強をする学生もいる。さらにそうした学生を狙ってか、2010年代には「資格のない就活は恥ずかしい」と宣伝する業者も存在した。

結論から言えば、資格が就活を左右することはそれほどない。これは上記の「就職白書2023」のデータからも明らかだ。

〈総合職なら資格はあってもなくても〉

資格が就活で必須となるのは、医師や看護師などの医療職を含む専門職だ。そもそも、そうした専門職は医学部・看護学部など専門性の高い学部進学が必須となる。

学部を問わない専門職（学校教員や経理関連）だと、関連資格が必要となる。ただし、こちらも選考に参加する就活生は全員、その関連資格を持っているので、有利・不利は関係ない。

では、学部を問わない総合職採用の場合はどうだろうか。TOEICなどの語学系の資格や総合旅行業務取扱管理者などの資格も資格業者が宣伝するほど、就活で有利になることはない。

「××を取得すれば即戦力として優遇される」と資格業者は宣伝する。だが、日

営業重視の企業だと自動車運転免許は隠れ優良資格。それだけ取得者が減少している影響も。企業自体はAT車でも、客先で借りる車はMT車というケースもあるのでその点は注意。

本の新卒採用は大半の企業がポテンシャル（見込み）採用である。資格を取得していたとしてもそれだけで即戦力扱いする企業は少ないのが現状だ。

たとえば、旅行業界を目指すのであれば、総合旅行業務取扱管理者があれば就活で有利になる、と資格業者はよく宣伝をしている。では、実際はどうか、取材すると、それほど有利にはならない。確かに、旅行会社はこの資格保持者を各営業所に一定数、揃える必要がある。この点では、有利と言えなくもない。

しかし、この資格を持っているが年上と話すのは苦手、とする就活生と、資格を持っていないがどの年代とも広く話せる就活生であれば、どちらが有利だろうか。旅行会社に取材したところ、ほぼ全員、後者を挙げた。

〈資格＝即内定ではない〉

語学系の資格やPCスキル、簿記や運転免許など、結果として社会人以降の生活で得をする資格は存在する。ただ、就活時点で資格がなければないで採用担当者は他の観点で評価する。資格がないからと言って気にする必要は特にない。

資格の種類と就活への影響

資格の種類	系統	主催	主な資格	信頼度	学部	就活への影響
国家資格	医療系、法曹系	国、国委託の機関	医師、看護師、司法試験など	高い	限定されやすい	必須
	旅行・ビジネス系	国、国委託の機関	総合旅行業務取扱管理者など	高い	無関係	一部で高評価もあり
民間資格	学力・能力系	民間団体、企業	英検、TOEIC、漢検など	中程度〜やや高め	無関係	一部で高評価もあり
	趣味系	民間団体、企業	時刻表検定、ご当地検定など	低め〜中程度	無関係	ほぼ無関係

それでどうする？

- 総合職採用で資格の有無はそれほど影響しない
- なければないで別の観点から評価されるだけ
- 資格を取得していても、それだけで安心しない

日経TESTは日本経済新聞社主催の時事問題関連のテスト。日経が宣伝するほどの効果はないが、日経を読まないと合格できないため、日経を読んでいるとのアピールとして有効。

4 学部と関係ある業界の方が将来性はありそう

ホント　総合職採用では出身学部は無関係

関連データ　企業が採用基準で重視する項目
学部・学科／研究科　25.9％（8位）
※リクルート就職みらい研究所「就職白書2023」（2023年）

解説

学部と関係ある業界・企業にこだわる就活生は理工系や教育系学部を中心として一定数、存在する。確かに、大学4年間で学んできたことを社会に出てからも生かしたい、と考えるのは当然だ。

〈学部と無関係でも好条件〉

問題は、学部・学科や専攻によっては、関連する業界への就職先が少ない、あっても低賃金・重労働など条件が悪い、長期的には離職率が高い、など業界にこだわりすぎるのもどうか、ということである。

この場合、無理に専門性にこだわり続けるよりも、専門性とは無関係の企業を選択した方が好条件で結果的には幸せ、ということになる。

「就職白書2023」の「企業が採用基準で重視する項目」のうち、「学部・学科／研究科」は25.9％で8位。ただ、これは技術職・研究職採用で重視される修士課程修了者の研究科が含まれている。総合職採用、かつ、学部生限定であれば、もっと低い割合・順位だったと推定される。

総合職採用においては、企業側は出身学部・学科や専門性についてはこだわらない。もし、企業側が出身学部などにこだわっているのであれば、文学部などは就職率が他学部の半分であってもおかしくはない。実際には、他学部に比べて文学部の就職率が極端に低い、ということはない。

専門とは無関係そうな業界が評価する典型例がIT。例えば金融業界だとATMや決済システムなどITの専門技術者は多数揃える必要がある。専門外の業界がダメ、なんて一体だれが決めた？

総合職採用では日本の企業はポテンシャル（見込み）採用をする。どの学部であれ、企業が自社に採用したい、と見込めるようであれば選考を通過させ内定を出す。学部での勉強がムダ、というわけではない。企業、特に大企業であれば、様々な視点を持った社員が在籍している方が結果的には得をする。学部も視点の一つであり、様々な学部出身者を採用している。

〈こだわりすぎると損をする〉

学部の専門性と企業選択をどこまで結びつけるか、それは就活生の考え方による。学部の就職先や条件などを調べずに、専門外の業界・企業を排除してしまうのは選択肢を狭めてしまうだけになる。

特に、文系であれば、文学部・心理学系統、理系であれば、生物・生命科学系統、物理学系統、地学系統などの就活生はこの学部と就職先の関連については注意した方がいい。これらの学部系統は学部と関係ある業界ないし職種の求人が少ない。無理にこだわるよりも、学部を無関係とする総合職就職に転換した方が好条件の企業とマッチする可能性が高い。

業界にこだわりすぎると……

就活序盤

採用担当者

うちは学部は無関係、優良企業だから選考に参加して

学部と関係ある業界にこだわりたい

就活生

就活終盤

就活生

業界にこだわらず、受けておくべきだった……

それでどうする？

・学部と関係ある業界かどうか、こだわるのは学生だけ

・総合職採用では出身学部を企業側は気にしない

・学部と無関係の業界・企業も視野に入れた方が得

業界や専門性にこだわっても入社した企業が違うビジネスに手を出して実は業界絞りや専門性へのこだわりが無意味説も。全業界を志望しろとまでは言わないが広く見た方が得。

5 女子学生は一般職中心 の方がいい

女子学生は総合職中心の方がいい

関連データ

女子のみの就職率
58.8%（2003年）
80.0%（2022年）
※文部科学省「学校基本調査」（2022年）

解説

1980年代からコロナ禍前、そして現在に至るまで女子学生のキャリアは大きく変化している。さらに今後も変わっていくだろう。

男子学生のキャリアがほぼ変わっていないのとは、全く異なるので女子学生は留意してほしい。男子学生が卒業後、どんなキャリアを歩むのか。主流は「公務員か民間企業へ就職」→「定年まで勤務」というものだった。もちろん、転職や独立・開業などが途中にあることも含む。

〈女子のキャリアは1980年代から大きく変化〉

一方、女子学生の場合はどうだろうか。1980年代までの主流は「公務員か民間企業へ就職」→「結婚」→「退職」だった。企業からすれば、長期間勤務してくれる前提があるので社員教育を展開するし、責任ある仕事を任せる。結果が出れば昇給・昇進させる。しかし、女性社員は大卒で入社しても数年程度で結婚・退職してしまう。それなら、社員教育を展開してもコストがかかるだけで責任ある仕事も任せられないし、昇給・昇進が遅い（またはない）のも当然……。こうした発想が1980年代までは企業側に強くあった。当然ながら、仕事内容は事務が中心である。

1986年に男女雇用機会均等法が施行され、総合職採用が始まり、以降、少しずつではあるが女性のキャリアが変化していく。

女子学生・女性のキャリアは男子学生・男性のキャリアに比べて激変しているし、今後も激変していく可能性大。女子学生はその前提でキャリアや志望企業を考える必要がある。

2020年代の現在では、女子学生のキャリアは「公務員か民間企業へ就職」→「結婚・出産」→「産休・育休」→「復職」が主流となりつつある。

ただ、これも完全に定着した、とまでは言い切れない。まだまだ発展途上の段階だ。

それから、まだ古い女性のキャリア観を引きずっている女子学生は地方部を中心に一定数いる。すなわち、就職するとしても一般事務職としてで、20代のうちに結婚し退職、というものだ。

キャリア観や結婚観は人それぞれであり、著者の考え方を押し付けるものではない。ただし、客観的事実として、一般職の雇用は減りつつある。事務作業も含めて必要なものは総合職が分担、手が足りない部分はオンライン化し、さらには契約社員などで十分とする企業が増えたからだ。

しかも、一般職のメリットがウーマノミクスや働き方改革などで相当薄れた。一般職を目指す女子学生はこうした点を踏まえて総合職も検討してほしい。

〈「結婚→退職・専業主婦」は減少中〉

なお、下のグラフは専業主婦世帯と共働き世帯の経年変化を示している。

1980年には専業1114万世帯、共働き614万世帯で専業主婦世帯が多かった。それが1990年代後半に逆転、2021年には専業566万世帯、共働き1247万世帯で比率は1980年時点とほぼ逆転している。それだけ女性の働き方が大きく変化していることを示していると言っていいだろう。

専業主婦世帯と共働き世帯の経年変化（1980年〜2021年）

出典：総務省「労働力調査特別調査」（1980年〜2001年）、総務省「労働力調査（詳細集計）」（2002年以降）

それでどうする？
・一般職と総合職で悩むなら総合職中心 ・結婚・出産しても勤務継続が可能な社会に変化した ・女性の総合職採用や管理職数など女性雇用のデータをチェック

女性総合職の働き方漫画は『地元で広告代理店の営業女子はじめました』（えりた、イースト・プレス、2017年）が名作。続編『社会人4年目、転職考えはじめました』やえりた氏のTwitter漫画も。

6 理工系でも文系学部と 同じマニュアルで十分

ホント	理工系は理工系なりの戦い方がある

関連データ	就職率　**理学部系統　47.3%　工学部系統　55.6%　農学部系統　64.3%**

※文部科学省「学校基本調査」(2022年／卒業者に占める就職者の割合)

解説

大半の就活マニュアル本の著者は文系学部出身だ。かくいう著者も文系学部(社会学部)出身である。

そして、見聞きした就活も文系総合職のものであり、結果的には文系の就活生に合った内容となる。逆に言えば、理工系の就活生が参考にしても、実態と乖離した内容が多い。

具体的には、院進学の是非、ガクチカの取り扱い方、研究内容に合った業界・企業の是非、この3点だ。

1点目は文系とは大きく異なる。上記の「学校基本調査」データは卒業者ベースの数値であり、大学院進学者が20〜30%を占める。文系学部はここまで高くない。学部卒で就職するのか、それとも修士課程修了で就職するのか、将来のキャリアも含めて検討すべきだろう。

〈勉強ネタは職種で書き方が変わる〉

2点目は右表にまとめた。理工系は文系に比べてアルバイトやサークルについてうまく話せない就活生が多い。その場合、勉強・研究ネタを使えばよい。ただし、技術職・研究職と総合職では視点が異なるので注意すること。

技術職・研究職を志望する場合は、どんな研究だったのか、その成果は何か、などを採用側は気にする。そのため、技術職・研究職を志望する場合は、具体

理工系かつ大学院生・ポストドクターの就活対策だと『改訂新版 大学院生、ポストドクターのための就職活動マニュアル』(アカリク編、亜紀書房、2017年)がお勧め。

的に書くことが求められる。そもそも、技術職・研究職の場合だと、研究欄が詳細に書けるようにしている企業も多い。

一方、総合職の場合だと、研究欄のないエントリーシートが多くなる。そこで、ガクチカ欄に研究内容を書くわけだが、技術職・研究職と異なり、ほぼ評価されない。採用側からすれば、研究内容の是非で判断するわけではないからだ。この点から、「総合職採用で勉強・研究ネタは評価されない」と誤解する理工系就活生がいる。

ではどう書けばいいか。研究内容はできるだけ短くして、その代わり、経過を書いていくことだ。下記には「チームで～」と入れたが、別に個人研究でも問題ない。研究を進めるあいだ、スケジュール管理をどのようにしたか、どんな点にこだわったかなど、いわば、ソフト面を書いていくと、理系学生を欲しがる企業には強く響くであろう。

〈専門を活かせる求人は多い？　少ない？〉

3点目は68～69ページにも記したように、研究・専攻と無関係の分野の業界・企業を含めるかどうか。理工系の場合、就職先が多い機電系（機械工学、電気・電子工学）、情報工学、システム工学などもあれば、就職先が限定されやすい物理学、理学などの分野もある。後者の場合、IT業界含め総合職の他業界に転換した方が好条件の企業を見つけやすい。

研究・専攻にこだわるか、転換した方がいいか、文系以上に選択を迫られることになる。

理工系就活生の勉強・研究ネタは職種により書き方も変化する		
応募する職種	採用側が知りたい内容	書き方・例
技術職・研究職	具体的な研究内容やその成果	▲分野の×について研究を進めました。具体的には～。
総合職	研究での経過	×について研究を進めました。チームで担当したのですが～。

それでどうする？

・アルバイト・サークルネタは薄いようなら使わなくても問題なし
・勉強・研究ネタは技術職、研究職か総合職かでアピール内容を変える
・研究・専攻以外の総合職も検討する

理工系向けのおススメ就活本は他に『理系のためのキャリアデザイン　戦略的就活術』（増沢隆太、丸善出版、2014年）。やや古いが2020年代現在も通用する話が多数。学部生からポスドクまで網羅。

7 学部の内容を聞かれたら きちんと答える必要がある

ホント	学部の内容を聞かれても自分の話中心で十分

関連データ	「その他」扱いの学部生卒業者数 **1万574人(2003年)→** **4万3373人(2022年)** ※文部科学省「学校基本調査」(2022年)

解説

日本の大学は、よく言えばユニーク学部、若干悪く言えば、珍名学部が数多く存在する。

文部科学省「学校基本調査」でも、「その他」扱いの学生数は増加。学科系統分類表から計算したところ、約3500もあった。

当然ながら、既存の学部・学科と違って、面接担当者からすれば、なじみがない。

面接でも、「その学部(学科)はどういうところ?」との質問が出る。

〈学部名がまさか就活の邪魔に〉

ここで、ユニーク学部の就活生はこの質問にがちがちになりすぎてしまうことがよくある。

具体的には、どんな学部・学科なのか、詳しく説明しすぎてしまう。設立の意図などまで話してしまう就活生もいる。当然ながら話は長くなるし、採用担当者もイライラしてくる。そのイライラが就活生にも伝わり、さらに話が長くなり……、というのがユニーク学部の就活生でよくあるパターンだ。就活生は就活生で「他の学生には聞いていないのに、なんで自分だけ」と考えこむ。そして、「これは圧迫面接だ」「学歴差別だ」などと誤解してしまう。

ユニーク学部名も長く出し続けている、あるいは社会が変化すれば受け入れられることも。関西大学社会安全学部などはその典型。当初はキワモノ扱いも地震含め災害対策の必要性が高まり認知度も上昇。

お互いに不幸としか言いようがない。

では、この質問にどう対応すればいいのか。実に簡単で「人文科学系の学部です」「教養系の学部です」など、一言でまとめればよい。そのうえで、自身がどのような研究を進めているのか、これも簡潔に説明すること。

〈大学職員ではないことを理解せよ〉

面接担当者は別に学部・学科の細かい説明を求めているわけではない。素朴な疑問として聞いているだけだ。それならば、簡単にまとめて、自身の研究テーマなどを合わせればそれで十分である。

ユニーク学部でも面接で損しないパターン

採用担当者

> この●●学部は
> どういう学部？

> ●●学部は▲系（関連）の学部です。
> 私はその中でも〜についての
> 研究を進めました

就活生

採用担当者

> なるほど、
> ありがとうございます
> （簡潔だし、分かりやすいな）

それでどうする？

・学部・学科については素朴な疑問として聞いているだけ

・長く話さず、ざっくりとまとめる

・自身の研究テーマを合わせれば、それで十分

上記のような話をユニーク学部の学生にすると反発する教職員も。学部説明会と就活の面接では状況が違うわけで。最適解をきちんと考えられないのか、はなはだ疑問。

8 短大の就活は 4年制大学と同じ

ホント 短大就活は編入、ガクチカ、
地元企業がポイント

. . . .

関連データ 短大全体の就職率
59.7％（2003年）→
76.2％（2022年）
※文部科学省「学校基本調査」（2022年）
（卒業者に占める就職者の割合）

. . . .

解説

短大生が就活に臨む際、4年制大学の就活マニュアルを使うケースが多い。
基本は変わらないが、4年制大学への編入、ガクチカの扱い方、地元企業、この3点がポイントとなる。
〈編入か、それとも就活か〉
1点目の4年制大学への編入について。現在の就活市場では4年制大学の卒業見込みに限定し、短大生は対象外とする企業が多い。特に大企業の総合職ではなおさらだ。好条件の総合職を志望する場合、短大での就活よりも4年制大学への編入を目指す方が良い。
4年制大学編入については、同系列の大学編入と他大学編入の両方がある。前者は、毎年、編入者が一定数おり、大学によってはハードルはそこまで高くない。後者は、高度な編入試験対策が求められる。国公立大学編入の多い公立短大（山形県立米沢女子短大、大月短大、三重短大、大分県立芸術文化短大など）や私立短大（新島学園短大、産業技術短大、北海道武蔵女子短大など）では、編入対策をがっちり進めている。ただし、こうした短大では早期に就職と編入のクラス分けをしており、途中での変更が難しいところもある。
もしも、編入対策が間に合わず、希望する総合職就職が難しい場合は、一度、

ウイン・パートナーズ：虚血性心疾患、心臓律動管理、心臓血管外科関連などの医療機器大手。事業子会社5社で販売（読売新聞2023年11月16日／84ページ参照）。

就職したうえで、社会人転職を目指す方がいいだろう。

〈ガクチカは高校時代ネタOKが多数〉

2点目のガクチカは4年制大学にはない特徴だろう。短大だと、実質的には1年生から就活対策が始まるところが多い。そうなると、4年制大学に比べてガクチカで書けるネタが少ない、と悩む短大生が例年多い。

アルバイトやサークルで目立った成果がなくても十分であるのは4年制大学と同じ。異なるのは高校時代ネタの扱いだろう。

ガクチカは「学生時代に力を入れたこと」、つまり、学生時代と限定している以上、高校時代や大学受験ネタは4年制大学・学部生だと基本的にアウトとなる。では短大生はどうか。書くネタが少ない以上、高校時代ネタも含めるしかない。それに、採用側もそうした短大生の事情を理解しており、高校時代ネタを許容する企業も多い。どこまで許容されるか、その情報は短大キャリアセンターの方が詳しいので確認した方がいいだろう。

3点目は、4年制大学よりも短大の方が地元企業中心となる。全国区の企業でも、支社・営業所・製造拠点での採用が中心で本社の総合職採用となると対象外とするところが多い。地元以外の企業に就職者を輩出している短大もあるが全体では少ない。どの程度、就職できるか、過去の就職実績などを確認するといいだろう。

それから、短大は一部の文系学科や理工系学科を除けば、基本的には専門職養成が基本となる点にも留意したい。

それでどうする？

・対象外とする企業もあるので編入も検討すること

・ガクチカは高校時代ネタも許容範囲

・地元企業が中心となる

地元以外の企業に就職できる短大は工学系統や公立の一部など。もちろん、短大OKの首都圏・関西圏の企業に他地域から応募するのは問題ない。独自の戦いで頑張るしかない。

大学1・2年生に伝えたい授業の座る場所〜その後の就活に影響する理由

著者・石渡

石渡嶺司

本書著者／プロフィールは巻末記載のものと同じ

大学1・2年生の中には、早いうちから就活を意識する学生も増えている。

一方、大学の勉強が就活や社会人生活で何の役に立つのか、疑問に思う学生もいるだろう。

こちらについては、心なしか文系学部に多い印象がある。

まず、強調しておきたいのが、大学の勉強が無意味であるなら、日本は昔から大卒採用をせず、高卒採用にシフトしている。実際は戦後から現在に至るまで、幹部候補生の採用は大卒が中心だ。大学の勉強内容と就職先・業務内容が一致するのは医療系学部や理工系学部が多い。

一方、文系学部は大学の勉強内容と就職先・業務内容が一致しない方が多い。例えば、源氏物語でも、農村社会学でも何でもいいが、その勉強が業務内容につながる就職先は多くない。それでも、採用する企業側が気にしないのは見込み（ポテンシャル）採用だからだ。

そのうえで、テーマが何であれ、勉強内容は実は広い意味では就活・社会人生活のトレーニングとなっている。例えば、大講義室の授業では後ろから座る学生が多く、前から座る学生はごく少数である。「なんか当てられたら嫌だ」「勉強を頑張っちゃって、と思われるのが嫌」などの理由からだ。

ところが、就活ではこれが逆転する。企業によっては、参加数と会議室のキャパがギリギリであるため、後ろから座られると遅れてきた学生の着席がスムーズにいかない。

普段通り、後ろから座っただけで「企業側の都合を考えてくれない」「話を聞く意欲がないのだろう」と誤解され、選考に悪影響となってしまう。

だったら、就活のときだけ前から座ろう、と考えたそこの学生。今、できないことがなぜ就活でできる、と言い切れる？　できるわけがない。

大学1・2年生には大学の勉強や授業の出席など、何気ないことが実は就活にもつながっていることをお伝えしておこう。

授業中の態度だけではない。レポートへの力の入れ方、ゼミでの発言。あるいは懇親会やゼミ合宿の幹事などの面倒ごとも、実はその後の就活・社会人生活につながっている。

第 **4** 章

情報収集の誤解

1 新聞を読まなくても内定は取れるし、時間のムダ

ホント 社会人以降を考えると読んだ方が得

関連データ 新聞の行為者率（電子版を含め1日15分以上、読んだ割合）
20代4.5%→50代28.3%→60代44.2%
※NHK放送文化研究所「2020年国民生活時間調査」（平日・男性の割合）

解説

就活関連でよく社会人側からのアドバイスとして出てくるのが「新聞は読んだ方がいい」。

日本経済新聞や読売新聞、一部地方紙は就活生向けのキャンペーンを張っている。しかし、実際はどうかと言えば、新聞を読まない就活生の方が圧倒的に多い。これは上に挙げたNHK放送文化研究所「2020年国民生活時間調査」にはっきりと表れている。紙版以外にもチラシや電子版を含め、新聞を1日15分以上読んだ割合をこの調査では「行為者率」としている。その割合が20代は4.5%。20人に1人しか読んでいない。しかも、これは学生だけでなく社会人も含む数値。学生のみだと、もっと少ない割合しか読んでいないことが推定される。

〈新聞は読んでいない学生が多数だからこそ〉

新聞を読まない学生の言い分としては「ネットメディアがあるから新聞は必要ない」「読もうとしたけど縦書きで疲れた」「勧められて読もうとしたが1日5時間近くかかり、3日で挫折した」などがある。

ネットメディアは2010年代以降、急速に充実していった。余談だが、著者も定期的に記事を書いているのはYahoo!ニュース個人というネットメディアである。書き手も多く、良記事が多い。他のネットメディアも、現代ビジネス（講談社）、ダイヤモンド・オンライン（ダイヤモンド社）、プレジデントオンラ

フタバ：トヨタ自動車系の部品メーカー。トヨタの生産正常化と高付加価値部品の納入増加や円安効果で24年3月期の売上高は前期比約14%増の見通し（読売新聞2023年10月31日／84ページ参照）。

イン（プレジデント社）など、各社とも上昇の一途にある。

しかし、ネットメディアだけだと、フィルターバブルで視野が狭くなってしまう。

フィルターバブルとは、右の図にあるように、情報が一部のみで偏りが出てしまう状態のことだ。

人間関係や読書量などにも左右されるフィルターバブル。これを示したのが右の図だ。

現代ではSNSやネットメディアのアルゴリズムが発達している。そのため、フィルターバブルにはまりやすい。特に新聞を読まない学生は要注意だ。

このフィルターバブル、学生同士であれば、そこまで問題にならない。

フィルターバブルとは

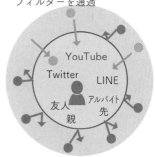

「見たい情報」だけがフィルターを通過

「見たい情報」以外はフィルターで見えない

しかし、就活、そして社会人以降はどうだろうか。学生同士だけ、同じ20代だけで人間関係が完結するわけがない。「国民生活時間調査」によれば、50代の新聞行為者率は28.3％、60代は44.2％。

〈社会人になると「空気が読めない」扱いに〉

企業の経営者層や管理職に限れば、新聞を読む割合はもっと高いだろう。

どの業界でも、入社後は、同じ20代だけでビジネスが完結することはまずない。嫌でも上の世代と仕事のやり取りをすることになる。たとえば、就活生がどこかの商社に就職、営業担当になったとしよう。得意先の中小企業経営者は商談の際に、商社の営業担当者から情報を仕入れることが魅力の一つ、と考えている。さらに、日経くらいは読んでいて当たり前、と考えている人が多い。

つまり、商談の際には、その日の日経に出ている話は大前提で、プラスアルファの話をすることが求められている。

ところが、新聞を読んでいない、商談では面白い話をすればいい、と勘違いした営業担当者はどうするか。自分の好きなアイドルがどうなった、ああなった。あるいは、行きつけの牛丼屋の新メニューが美味しかっただの、いまいちだの、などの雑談に終始する。当然ながら、こうした営業担当者は取引先から嫌われ、出入り禁止すら言い渡されることになる。

よく、「空気が読めない」などと言うが、学生同士であれば、新聞を読んだ、読まない、で「空気が読めていない」などと言われることはない。ところが、社会人になれば事情が変わる。管理職や取引相手は新聞（ほとんどは日経やビジネスに関連する専門紙）を読んでいて当たり前となる。そこで読んでいないと、それこそ「空気が読めていない」と判断されることになる。

日本触媒：紙おむつ向けなどの高吸水性樹脂で世界大手。リチウムイオン電池向け電解質素材や、光学フィルム用アクリル樹脂、医薬・化粧品原料など（読売新聞2023年10月26日／84ページ参照）。

〈全部読むのはムリでも裏技あり！〉

新聞は全部読もうとするとほぼ確実に挫折する。何しろ、全国紙朝刊だと新書1〜2冊相当の分量があるからだ。

新聞は基本的に読み飛ばしていくことが前提となる。

そのうえで、時間のない就活生が新聞を読むコツは3点。

新聞を読むコツ

◆前の方だけ読む

◆関連ある面だけ読む

◆電子版の見出し検索

「前の方」とは、新聞は、主要記事を1面に、その次に大きな扱いを2〜3面に載せる。さらに社として主張したいテーマを社説にする。この1〜3面と社説だけに絞れば、半日もかからない。これを続けていけば読解力が高まっていく。

読解力が上がっていけば、自然と、読解量も増えていくし、他の面も確認できるようになっていく。

2点目の「関連ある面」について。詳しくは84〜85ページにまとめたが、新聞は毎日、同じ記事や連載だけではない。毎週、特定のテーマについて掲載する面がある。その面だけ、ピンポイントで読んでいけばいい。たとえば、読売新聞は毎週月曜日に就活ON！面という就活に特化した面がある。これを読むだけで、就活情報は相当、違ってくる。

〈ビジネス週刊誌は大特集に注目を〉

なお、これは85ページにも示したビジネス週刊誌なども同じだ。バックナンバー検索で自分に関連ある業界・企業・テーマの特集を組んでいるか探してみてほしい。『週刊ダイヤモンド』の2023年刊行分だと、銀行（3月4日号）、保険（7月8日号）、半導体（5月27日号）など、就活生から人気の業界はコンスタントに出ている。その他、業界地図（7月29日号）、資格・副業（8月12・19日号）、決算書の読み方（6月24日号）など就活生が興味を持ちそうな特集もある。

3点目の電子版の見出し検索について。実は究極の飛ばし読み方法がこの電子版の見出し検索だ。紙版ではなく、電子版を契約し、スマホやPCで電子版を購読すると、朝刊の見出し一覧が表示される。

紙版や電子版の紙面ビューアーだと縦書き、かつ、見出しは飛び飛びとなるが、電子版の見出し一覧だと、読み飛ばすことが可能となる。しかも記事は横書きなので、縦書きに不慣れな学生なら電子版の方が読みやすいだろう。

参考までに、著者は毎日、全国紙・日経含めて7紙、読んでいる（もちろん、飛ばし読みで）。ある時期に電子版に替えたところ、紙版のときに比べて読む時間が半分となった。

特定の業界を志望する場合は専門紙・専門雑誌も参考になる。繊研新聞（アパレル）、日経ヴェリタス（金融）、日刊工業新聞（製造業）、電波新聞（電子機器）、『創』（メディア）など。

新聞の構成

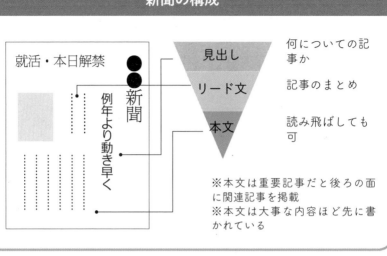

何についての記事か

記事のまとめ

読み飛ばしても可

※本文は重要記事だと後ろの面に関連記事を掲載
※本文は大事な内容ほど先に書かれている

電子版の見出し検索（日本経済新聞）

1面から順に記事見出しが並ぶ。
スクロールするだけなら5分で読破できる。

レスター HD：エレクトロニクス商社。台湾の世界的な半導体商社の関連会社の日本法人を買収、アジア圏の半導体や電子部品の調達・販売網を強化（読売新聞2023年10月24日／ 84ページ参照）。

日本経済新聞

> 月曜：女性面／女性キャリアに特化した特集・連載
> 火曜：教育面
> 水曜：大学面→火・水に就活関連記事を不定期で掲載
> 月～金曜：地域経済面／全国20ブロック別。電子版なら全ブロック閲覧可

大手企業を狙いたいのであれば、日経は頑張って読みたいところ。経済情報がてんこ盛りなので、企業経営者・管理職の購読者多数。他の全国紙に比べて硬い文章が多く、それで例年、大量の挫折学生を生んでいる。ただ、ここ数年、解説記事が増えるなど変化もある。

最終面の「私の履歴書」は1カ月完結、各界著名人が半生を自ら振り返る読み物だ。2022年にはファナック、コマツ、清水建設などの社長・創業者が登場。

読売新聞

> 月曜：就活ON！面（全国紙で唯一、就活に特化した面）
> 第1週：大特集、ソレアル？、新社会人のABC、転職物語、注目キーワードなど
> 第3週：私のES（先輩社会人）、相談室、キャリセン通信など
> 第4週：就活生日記、親の相談室、キラ星（企業紹介）
> 第5週：社会人インタビュー
> ※2週目は新聞休刊日

全国紙の中で唯一、就活面を掲載。毎週、内容が変わり、第1週の大特集は、その時点で就活生が興味を持つテーマをまとめている。2022年だと、志望動機（2月8日）、就活ツール（3月7日）、面接のポイント（4月4日）、IR情報（5月2日）、6月からのリスタート（6月6日）、夏のインターンシップ（7月4日）、自己分析（8月1日）、業界研究（9月5日）、内定者座談会（10月3日）、OB・OG訪問（11月7日）などといった具合だ。ブンナビ登録者は読売新聞オンラインの記事の大半を半年間無料で読めるキャンペーンを展開。

朝日新聞・産経新聞など

日経・読売以外だと、全国紙では朝日新聞は就活記事が多い方。産経新聞は月1回、「就活リサーチ」というコラムを掲載。ブロック紙・地方紙では北海道新聞が隔週水曜に「道新夢さぽ」という就活・キャリア関連面を掲載。他に中日新聞も就活関連記事が多い。

読売新聞の商況欄には投資案内コーナーがあり、株式売却の是非について専門家の判断を掲載。優良企業が多い印象。本書欄外の企業紹介で読売新聞と日付記載のものは同欄からの引用（一部は要約）。

日経産業新聞

> 日経系列の専門紙。産業・企業情報に特化
> 月曜：就活のリアル／海老原嗣生、上田晶美が隔週で就活コラムを掲載
> 水曜：就活探偵団／就活生の疑問を掘り下げる連載

日経本紙に就活面がない割に、なぜか、この日経産業新聞では毎週月曜・水曜に就活関連のコラムを掲載。月曜は海老原嗣生、上田晶美というキャリアの専門家のトップクラスが隔週で登場。水曜の「就活探偵団」は就活生の素朴な疑問を記者が掘り下げるもので、過去に2冊、書籍化している。なお、日経電子版Pro契約をすると、日経産業新聞の記事検索も可能となる。

日経MJ

> 日経系列の専門紙。消費・流通・マーケティングに特化。週3回刊行

扱うテーマが消費・流通・マーケティングで、就活生からすればなじみやすいテーマが多い。しかも、日経の硬さを残しつつ、丁寧に解説しているので、新聞に慣れていない就活生は日経MJから入るのもいいだろう。就活関連記事はほぼ皆無だが、小売り・流通・飲食など消費者相手のビジネスの企業であれば読んでおくと勉強になる。

『週刊ダイヤモンド』などのビジネス週刊誌

> 第1特集（50〜60ページ）と第2特集（10ページ前後）が中心
> 『週刊ダイヤモン』以外に『週刊エコノミスト』『日経ビジネス』『プレジデント』『週刊東洋経済』など

『週刊ダイヤモンド』の場合だと、就活特集は第2特集に持ってくることが多い。主要業界が登場していることは82ページに示した。それ以外だと、トヨタ（9月2日号）など大企業が特集されることもある。さらに、年によっては、商社（2021年6月19日号）などが特集されることも。

それでどうする？
- ネットメディアだけだとフィルターバブルにはまり込む
- 全部は読まない、読み飛ばす
- 必要な面や専門紙・ビジネス週刊誌をチェック

ダイセキ環境ソリューション：土壌汚染処理の大手、調査から浄化工事までの一貫体制が特徴。資源リサイクル事業も手がける（読売新聞2023年10月20日／84ページ参照）。

2 就活と YouTube は 無関係

| ホント | 就活でも YouTube を活用する時代に変化 |

※レバレジーズ「就職活動におけるスマートフォンの活用と採用動画視聴に関するアンケート調査2023年卒対象」（2022年）

関連データ

はい　70.7%　就職活動において採用動画を視聴したことがあるか

解説

コロナ禍以降、就活でYouTubeなど動画が存在感を示すようになっている。

まず、大学生にとって、コロナ禍以降、動画メディアが主なメディアとして定着した。次に、企業側からすれば、コロナ禍で企業説明会や合同説明会などが中止、または規模縮小となった。とは言え、14ページでも示したように売り手市場は継続している。企業としては就活生にアピールする必要がある。

〈採用動画も就活YouTubeも拡大中〉

大学生の視聴、企業側の需要が合わさって、企業による採用動画はコロナ禍以降、拡大傾向にある。こうした採用動画はそのほとんどが動画制作会社に制作を依頼している。1本当たり100万円から数百万円が相場のようだ。

それだけの費用と手間をかけて制作しているのが採用動画だ。当然ながら、企業からすれば視聴してほしいからだ。就活生は志望企業の選考参加前にはできるだけ視聴することをお勧めする。

一方、就活を解説する就活系YouTubeもコロナ禍以降、増加した。

内定学生が自身の経験を語るもの、塾・予備校講師などが学歴の観点から解説するものなどは面白いこともあるが客観性が担保されているとはいいがたい。

一方、就活・採用・キャリアのプロフェッショナルが展開する動画も増加している。右にお勧めの就活系YouTubeチャンネルをまとめたので参考にしてほしい。

アズビル：制御・自動化機器の大手。ビルの空調・セキュリティーや、プラントなど工場向けが中心。アジア、中国など海外エリアでも展開（読売新聞2023年10月19日／84ページ参照）。

著者のお勧め就活系YouTube

就活系・神5	Utsuさん	Utsuさんこと、宇都宮隆二氏が運営。2017年開始で就活系YouTubeでは自他ともに認める最古参。IT企業・コンサルタントの経験から就活生の共感を得る。書籍も刊行。
	Fラン大学就職チャンネル	就活やキャリア関連の漫画動画を2015年開始。チャンネル名とは別に就活全般の鋭いところを突く。SPI3の確率をパチンコネタにするなどユニーク。
	エルトの就活・転職チャンネル	20代（大手・ベンチャー勤務経験あり）が運営。Utsuさんが「唯一、コラボしてもいい就活YouTuber」と認める。不定期で相談実況中継も。
	GOLILA-GOLILA	就活の様々なシーンをコント仕立てで紹介。笑える中にも、就活のことをよく調べていて面白い。マルチ商法ネタなど大学生や新社会人ネタも展開。
	カカチャンネル	倒産した企業の経緯をまとめた漫画（ゆっくり）動画がヒット。その後、経済史や業界解説なども展開。相当丁寧に作り込まれているので経済の勉強としてもお勧め。
解説 資格	ゆっくり労働チャンネル	資格関連の漫画（ゆっくり）動画が中心。資格業者ではない、独立系の視点でシビアな評価も。資格が気になるならこの動画を見ておけば十分な気も。
お笑い	ジャルジャルアイランド	お笑いコンビ・ジャルジャルの公式チャンネル。Zoom面接ネタで100万回再生連発。就活・キャリアを笑いに転化し続ける。一部、下ネタ注意。
就活のプロ	将来塾YouTubeチャンネル	採用コンサルタントで就活塾「将来塾」運営の柳本周介氏が運営。兵庫県・関西地区での知名度は高い。YouTube参入は2021年でノウハウ系多数。
	石渡嶺司	本書著者のチャンネル。2019年に参入も本業の忙しさなどで中断期間多め、大学受験ネタとのごちゃ混ぜなどが災いして伸び悩む。2023年以降、再起動の予定。

それにしても、これまで就活本を多数出してきたが、まさか、就活とYouTubeの関連で項目を一つ作るとは思ってもいなかった。2020年代はそれだけ就活におけるYouTubeはじめ動画の存在が大きくなっているわけで感慨深い。

それで どうする？
- 志望企業の採用動画は視聴しておく
- 就活解説動画は玉石混交という前提で
- 半分息抜き・半分勉強、意見の一つとして気楽に接するのが一番

エフピコ：食品トレー、弁当・総菜容器の大手。2024年3月期はデリバリー向けのトレー・容器が順調（読売新聞2023年10月6日／84ページ参照）。

3 業界・企業研究本は確認する必要がない

| ホント | 業界・企業研究本は志望企業の有無に関係なく確認した方が得 |

| 関連データ | 業界研究に力を入れた時期
1位：7月（39.2％）　2位：8月（38.2％）
3位：9月（37.5％）　10位：1月（8.4％）
11位：2月（6.7％）
※ディスコ「キャリタス就活　学生モニター2025調査結果　9月後半時点の就職意識調査」（2023年） |

解説

26〜27ページで「業界はムリに絞る必要はない」と述べた。一方で、業界研究をしなくてもいいわけではない。

上記のディスコ調査によると、業界研究を進める時期で回答が多かったのは3年生6月から10月にかけて。1月以降は少なくなる。

とは言え、業界研究は就活開始時期がいつであれ、進めておいた方がいい。業界研究はキャリア関係者によって意味合いや時間をどれくらいかけるのか、などが異なる。

〈業界研究本はさらっと読む程度で十分〉

本書では「志望企業が属する業界についてざっと調べる」と定義したい。そして、志望業界が定まらない、あるいは複数ある、という就活序盤であれば、「業界地図本で該当する業界を調べる」「『就職四季報』で同業他社などを調べる」という程度で十分だ。時間にすれば、1業界当たり30分〜1時間、複数業界を志望していても数時間もあればいい。もちろん、暇があれば、それ以上に時間をかけるかどうかは趣味の問題だ。これは3年生1月以降でも、それ以前でも同じ。

そのうえで、志望業界が結果的に限定される中盤以降に改めて、業界地図本でその業界の細かい情報を補強していくといいだろう。

『就職四季報』で平均年収欄がブランクでも、上場企業ならYahoo!ファイナンスなどで調べることができる。女子版は直近の総合職採用だけでなく管理職なども要チェック。

業界研究を進めるための本・雑誌

『日経業界地図』　日本経済新聞社・編／日本経済新聞出版
『会社四季報　業界地図』　東洋経済新報社・編　東洋経済新報社

→業界地図本のトップ2。どちらが良いかは好みで。

『就職四季報』　東洋経済新報社・編／東洋経済新報社

→企業情報をまとめた研究本。例年冬に総合版、女子版、優良・中堅企業版の
　3冊を刊行。

『週刊ダイヤモンド』『エコノミスト』などのビジネス週刊誌（業界特集）

→商社、金融などの業界は年数回、掲載。業界地図よりも最新情報が分かる。

『北海道の業界地図』（北海道新聞社・編／北海道新聞社）、『まるわかり関西ビ
ジネス 注目企業の未来像×業界地図』（日本経済新聞社・編／日経BP、日本
経済新聞出版）『ひとめでわかる産業図鑑＆業界地図　改訂新版』（イノウ・編
著、技術評論社）など

→特定の地域などに特化した業界地図も存在。

なお、前記の進め方は総合職志望、かつ、志望業界が絞れないか、複数業界を
志望する就活生向けだ。就活序盤から志望業界が一つに決まっている、あるい
は、専門職志望であれば話は別。最初から業界研究には時間をかけた方が良
い。

業界研究を進めるためには業界地図本や『就職四季報』などが参考になる。

これらの掲載企業は大企業中心だが、地方・中小企業志望でも確認した方がい
い。業界大手がどこで、最新トピックスが何か、など知っておいて損はない。

・業界研究は総合職ならほどほどで十分

・専門職や特定業界のみの志望なら業界研究は深く

・就活中盤以降に志望企業の業界を改めて確認

三協立山：アルミ建材形材大手。電気自動車（EV）でアルミ部材の活用が主流になってくるとの予測
も（読売新聞2023年9月30日／84ページ参照）。

4 IT業界はブラックだし 志望する必要もない

| ホント | IT業界は中堅以上はホワイト、かつ、高待遇企業が多い |

| 関連データ | 「転職で3割以上年収が増加」: 14.5%（2010年）→32.7%（2019年）
「1割以上3割未満」: 15.8%（2010年）→21.8%（2019年）
「1割未満増加」: 7.9%（2010年）→22.8%（2019年）
※厚生労働省「雇用動向調査」 |

解説

文系学生を中心に、IT業界を勧めると大半は無関心、ないし、否定的な態度を取る。「IT？　考えたこともなかった」「なんか、ブラックな企業が多い、と聞く」「ITとか技術が分からないから無理そう」などなど。

就活取材20年の著者からすれば、就活生のIT業界敬遠策は実にもったいない。まず、ブラックと言われていたのは2000年代。2020年代の現在はホワイトかつ高待遇の企業が多い。もちろん、IT業界はブラック企業が皆無、というわけではない。過労死事件なども起きている。ただし、そうしたブラック企業は他業界にも存在する。

〈「IT＝技術が必要」は勝手な思い込み〉

また、ITで技術を必要とする職種は技術職などであり、営業を含む総合職採用の場合、ITスキルの有無はそれほど影響しない。自動車業界でも総合職だとモノづくりの資格なり技術なりは全く求められないのと同じ理屈だ。

著者がIT業界をお勧めするのは、人材不足から来る高待遇だ。上記の「雇用動向調査」を見てほしい。IT関連で24歳未満が転職する場合、どれだけ年収が上がったかをまとめたデータだ。2019年調査では合計で77.3%が年収アップとなっている。2010年は総計で38.2%だったので倍増していることになる。

この24歳未満で7割が転職で年収増というデータ、IT以外の業界ではまず考

IT業界はテレワーク・地方居住（104～105ページ）、奨学金返済支援制度（102～103ページ）なども他業界より早い。女性登用や働き方改革についても熱心な企業が多く、実は結構なねらい目。

えられない異常値だ。24歳未満ということは大卒だと社会人1年目ないし2年目というところ。大したスキルがあるわけでもない。それで転職しても一般的に年収はまず上がらない。良くて現状維持、悪ければ微減する。それがIT業界では7割が年収増となる。それくらい、人材不足の状態であり、この状態は数年で解消されるレベルではない。これはIT業界がブラックだから人材不足、というよりも、それだけ好況であり、業績を伸ばしている企業が多いことを示している。日本のIT化はただでさえ遅れていたところにコロナ禍でその欠陥が明らかとなった。テレワークやスマホ決済などが急速に進み、この流れは今後も拡大していくだろう。人材不足になるのも無理はない。

しかも、2021年には国が中央省庁としてデジタル庁を創設。合わせて、国家公務員・総合職でデジタル枠を創設した。

つまり、民間企業も国も学校も情報関連の人材が必要であり、奪い合う状況にある。これはどう少なく見積もっても、今後10年は続くであろう。

総合職採用であれば、出身学部が無関係であることは68〜69ページに示した通りだ。これはIT業界でも同じ。

さらに、文系学部からIT業界に入って、システムエンジニアとしてモノづくりを担当することもあれば、営業・総務・人事などの部署に回ることもある。特に後者であれば、ITに詳しいかどうかは無関係だ。

〈IT業界以外でもIT絡みが増大へ〉

付言すると、IT業界以外の他業界ではDX人材を採用しようとしても苦戦。そこで2021年ごろから、社員に対してDX教育を展開してDX人材とする方策を導入する企業が相次いだ。何のことはない、ITを敬遠しても、入社してからIT関連の社員教育を受ける可能性が高い。それくらい、現代はITと無関係ではいられない時代になっている。

2022年11月8日にはNTTがNTTやNTTデータ、NTTドコモなど主要各社で新卒採用の給料を14%上げることを発表した。

これも、人材確保策の一環だ。今後は大企業の他社でも同様の方策に出ることが予想される。

しかも、IT企業はビジネス内容を考えると、金融、商社、食品など他業界とも言えるほど、裾野が広くなった。こうしたIT業界についても、就活生は志望業界・企業の一つとして検討してみてはどうだろうか。

それでどうする?

・IT業界はブラックというよりホワイトが多い
・IT業界の総合職は学部は無関係、文系学部出身者も多数
・人材不足が続くほど好況であり、志望業界の一つとして検討を

クロスキャット：金融関連のIT企業で東証プライム上場企業。2017年に奨学金返済支援制度を導入。当初は最大100万円だったが2023年11月現在は最大180万円まで増額。

5 IR情報は投資家向け だから就活には無関係

ホント	IR情報で企業の安定性や成長力が分かる

. . . .

関連データ	安定している会社　43.9%（1位）　　企業選択の 給料の良い会社　19.1%（3位）　　ポイント これから伸びそうな会社　11.6%（5位）

※マイナビ「2023年卒大学生就職意識調査」（2022年）

. . . .

解説

IR（インベスター・リレーションズ）情報とは、企業が投資家向けに公表している情報を指す。業績、財務状況、経営状況や今後の経営方針などがまとめられている。

上場企業の場合は、決算短信や有価証券報告書の公表が義務付けられている（詳細は94〜95ページ）。

非上場企業でも、経営の透明性をアピールするためにIR情報を公開しているところもある。

IR情報は企業サイトの「IR情報」「投資家の皆様へ」「株主・投資家情報」などの項目にまとめられている。

〈安定した会社を知るための情報〉

このIR情報をきちんと検索する就活生は多くない。しかし、マイナビ調査にあるように、就活生からすれば安定している企業に就職したいと考える。そのうえで、給料の高さや成長力を期待するのも自然な話だ。

就活生が期待する企業の安定性や成長力、給料の高さを支える業績などを示すのが、このIR情報だ。しかも、企業サイトでの公開なので無料だ。志望企業についてはきちんと確認しておくことをお勧めしたい。主なチェックポイントを右ページにまとめた。

明電舎：発電機など重電が主体の企業。水処理関連設備も手がける。電気自動車（EV）用モーターや高圧変電設備などが順調。海外向け環境配慮型変電設備も（読売新聞2023年9月29日／84ページ参照）。

IR情報の主なポイントの計算式

安全性

$$自己資本比率（\%）= \frac{自己資本}{総資本（自己資本＋他人資本）} \times 100$$

収益性

$$売上高経常利益率（\%）= \frac{経常利益}{売上高} \times 100$$

総合力

$$自己資本当期純利益率（\%）= \frac{当期純利益}{自己資本（純資産）} \times 100$$

〈自己資本比率〉総資本（企業が集めたお金）は自己資本と他人資本の合計を示す。自己資本は事業で稼いだ利益や株主から調達した資金（返済義務がない）。銀行などの借入金は他人資本（返済義務がある）。自己資本比率が高いほど経営が安定している。企業の平均は39.2％だが、業界により異なる。

〈売上高経常利益率〉売上高に対する経常利益の割合。付加価値の高い商品・製品・サービスを展開していると、この経常利益率も高い。平均は3.25％。

〈自己資本当期純利益率（ROE）〉自己資本（純資産）に占める当期純利益の割合。自己資本利益率、株主資本利益率などとも呼ばれる。高いほど効率的に利益を出していることを示す。平均は7.4％。

〈売上高＋推移〉企業の売上。伸びていれば成長力あり、と判断できる。親切な企業だと棒グラフなどで推移を見やすくしている。

〈中期経営計画〉企業が中期（3〜5年）に取り組む事業や数値目標などをまとめた経営計画。企業の方向性などが分かる。

※この項目の平均値は中小企業庁「中小企業実態基本調査」の全産業平均値（2021年）。

それでどうする？

・IR情報は投資家向けだが、就活生の企業選びの参考になる
・企業の安定性を気にするなら自己資本比率を確認
・収益・成長力を気にするなら売上高経常利益率・ROE・売上高推移などを確認

日産化学：化学品や機能性材料、除草剤、殺虫剤などの農業化学品、ヘルスケアなど、多様な分野を手がける。ディスプレー材料なども堅調（読売新聞2023年9月28日／84ページ参照）。

6 有価証券報告書など読む必要はない

ホント	有価証券報告書を読むと企業の弱みや平均年収などが分かる

関連データ	上場企業数　3920社　　　プライム　1659社 スタンダード　1619社　　　グロース　556社 Tokyo ProMarket　86社 ※日本取引所グループ・サイトより（2023年12月6日現在）

解説

日本の企業数は507.9万社（経済産業省「令和3年経済センサス–活動調査」／調査での単位は事業所）。もっとも、この中には個人会社が相当含まれている。日本の企業の中で株式上場をした企業3918社が法律で公開を義務付けられているのが有価証券報告書だ。これは事業年度ごとに作成し、企業外部に公開する開示資料である。有価証券報告書は、言うなれば企業の通信簿のようなものだ。その企業の経営状態やリスク、弱点、従業員の平均年収まで書かれている。

〈ポータルサイトの閲覧は無料〉

有価証券報告書を閲覧するには、企業サイトの「IR情報」欄、そして、金融庁所管の情報公開システム「EDINET（エディネット）」のどちらかとなる。なお、どちらも、閲覧は無料だ。

検索すると、四半期報告書と有価証券報告書がそれぞれ出てくるが、就活生が見るべきは有価証券報告書の方だ。

有価証券報告書の大項目は「企業情報」「提出会社の保証会社等の情報」「監査報告書」の3点ある。このうち、「企業情報」は中項目として7点、さらに小項目は28項目にも分かれており、全部読むには相当な時間がかかる。

そこで右に、参考となる項目とコメントをまとめた。

志望企業が上場企業であれば参考になるので選考前に確認してほしい。

上場企業の平均年収だけを知りたい場合はYahoo! ファイナンスがお勧め。企業検索をした後、「企業情報」タブをクリックすると有価証券報告書記載の平均年収が分かる。

有価証券報告書で就活生の参考になる項目

事業の内容	「企業の概況」→3番目	複数のビジネス・部門を抱えている企業だと部門ごとに事業内容と連結子会社などをまとめている。
従業員の状況	「企業の概況」→4番目	従業員数などを示す。この項目の中に平均の年齢・勤続年数・年間給与がある。「平均40歳・勤続年数15年・年間給与600万円」とあれば、40歳で年収600万円が平均的であることを示す。なお、年間給与は企業により、「賞与・基準外賃金」「管理職」「高年収となる一部専門職（パイロットなど）」を入れる・入れないがバラバラだ。そのため、欄外の注記や参考情報も確認するといいだろう。
経営方針、経営環境及び対処すべき課題等	「企業の概況」→1番目	企業にとって、何が課題かをまとめた項目。この項目を読んでおけばその企業が何を課題と考えているかがよく分かる。企業によっては「事業の内容」と合わせて読んでいくと、どんな人材を求めているかが見えてくる。企業によっては中盤以降の選考で「弊社に今後、起こり得る課題は何だと思いますか？」などの質問をぶつけてくる。まさにこの項目を読んでおけばいくらでも答えられるであろう。

上記3項目のうち、「従業員の状況」に出てくる従業員の平均年収については少々、説明が必要だろう。就活生からすれば、その企業に入社したとして、どの年代で年収がどれくらいか、気になる数字だろう。ただし、この平均年収は、実態に合っていない企業が相当数含まれている。この数値はあくまでも公表は義務付けられているものの、その計算式などは企業の任意だ。

まず、ホールディングスだが、管理職ないし役員しかいない純粋持ち株会社だと平均年収は高く出る。

〈平均年収はあえて低く出す企業も〉

次に商社・メーカーなどでは、企業によって高卒社員も含めるなど、あえて低い数値を出している。理由としては取引先への遠慮などがあるようだ。そのため、平均年収は低くても、実は相当な高待遇、というケースもある。有価証券報告書上の平均年収はあくまでも目安の一つ、として考えるといいだろう。

・有価証券報告書を読むと就活で得をする

・有価証券報告書は企業サイトや EDINET で確認可能

・「従業員の状況」を読むと平均年収が分かる

ジーシー：歯科医療総合メーカー。歯科材料分野においては国内でトップシェア。歯科医院でちょい高めの歯ブラシは大体が同社製品。会社説明会等ではその歯ブラシが貰える。

7 働きやすさを示す指標？ 聞いたこともないし

ホント

働きやすさを示す指標は企業選びの
参考になる

関連データ

残業や休日出勤の実態　73.2%（1位）
多様な働き方の制度　57.7%（2位）
女性の育児休業の取得率　44.8%（3位）
男女別の平均年収　29.3%（6位）

企業研究の際に
意識したり、調
べたりしたこと

※ディスコ「女子学生の就職活動に関するアンケート調査」（2022
年／順位・数値は女子のもの）

解説

働きやすいかどうかは就活生にとっても気になる点であろう。

上記のディスコ調査でも「残業や休日出勤の実態」が1位となっているのは、働
きやすさを気にする就活生が多いことを示している。

働きやすさを示す指標はIR情報や有価証券報告書記載のものがある。本項で
は働きやすさを示す指標について右ページにまとめた。

〈2022年から男女賃金差も公表へ〉

2022年7月から政府は従業員数101人以上の企業に対して、正規・非正規・
全従業員の区分ごとに男女別の賃金差異の公開を義務付けた（従業員数100人
以下の企業は努力義務）。具体的には、各区分ごとの男女別の平均年間賃金を
算出、男性の賃金に対する女性の賃金の割合を「差異（％）」として示すことを義
務付けている。

なお、右ページの指標だが、単に指標の解説だけでなく、ツッコミどころも合
わせてまとめている。

右の項目以外にも、働きやすさを示す指標・数値は色々ある。

〈女性管理職比率の裏にあるもの〉

女子学生からすれば、女性管理職比率も気になる数値だろう。第二次安倍内閣
で安倍晋三首相（当時）はウーマノミクスを打ち出した。これを受けて、各企業

ニッコンHD：梱包・運輸事業を中心に、総合一貫物流企業を目指す。倉庫事業、車両部品テスト、
通関事業なども手がけている（読売新聞2023年9月21日／84ページ参照）。

働きやすさを示す指標

平均勤続年数	社員がどれだけ長く働いているかを示す。長い企業ほど離職率が低く、社員の満足度が高い、と推定できる。
→ベンチャー企業など社歴の浅い企業だとどうしても短くなる点に注意。ベンチャー企業を志望する際は平均勤続年数だけでなく社歴も合わせて確認したい。	
3年以内離職率	入社3年以内に離職者がどれだけいるかを示す割合。高い企業ほどブラックである可能性が高い。
→社員数・採用者数が少ない企業だと、ある年だけ1人離職するだけでも離職率が跳ね上がる。志望企業の離職率を見る場合は複数年、かつ、同業他社の数値も合わせて確認したい。	
育休取得率	育児休暇の取得率。高いほど育休を取得していることが分かる。
→ 2023年現在だと、女性社員は育休が取れて当たり前。むしろ確認したいのは男性育休だろう。こちらはまだ無理解な企業が多い。男女問わず、男性社員の育休取得率も確認したい。	
番外・海外売上高比率	企業全体の売上高のうち、海外での売上高比率を示す。高いほど、日本国内だけでなく海外での評価が高い。
→グローバル志向の就活生ならチェックしたい項目。ただし、海外売上高比率が高くても海外駐在・出張が多いかどうかは別。基本、商談などは国内でテレワーク、という企業も。逆に海外駐在・出張が当たり前、という企業に国内志向の就活生が受けるとそれはそれで……。	

は女性総合職の採用を増員するようになった。だが、各社とも頭を抱えたのが女性管理職の増員である。2000年代に女性総合職の新卒採用が少なかった企業は当然ながら、管理職に昇進できそうな女性社員が少ない。だからと言って、女性管理職を少ないままにしておくわけにもいかない。何しろ、ウーマノミクスは国策となったからだ。

そこで、こうした企業が取った手法が一般職の女性社員を総合職に転換、通常よりも短期間の管理職研修を経て管理職として登用する、というものだった。この手法は賛否両論あるのでこれ以上は触れないが、女性管理職比率の数字だけでは見えない部分もあることは留意した方がいいだろう。

それでどうする？

・働きやすさを示す指標は企業選びの参考になる

・IR情報や有価証券報告書などで確認

・男性育休や男女別賃金差異など新しい項目も確認

日本リーテック：鉄道向けを中心とする総合電気設備工事企業。売上の約50%がJR東日本。道路設備や屋内外電気設備、送電線設備なども手がける（読売新聞2023年9月20日／84ページ参照）。

8 帝国データバンクの評点？
聞いたこともないし

ホント	帝国データバンクの評点で企業の強さが分かる

関連データ	61点以上　1.3%・2万120社 51〜60点　14.6%・21万3662社

※森尾勝俊「中小企業の財務チャンネル」より（2017年現在）

解説

帝国データバンクは日本最大の信用調査会社だ。企業信用調査業界ではシェア60%超を占めている。さて、就活生からすれば「信用調査」がどのようなものか分からないだろうから解説したい。

〈企業間取引から就活へ〉

信用調査とは、企業と企業が取り引きする際に、取引相手のことを知るために行う調査（帝国データバンク・サイトより）だ。あなたがどこかの企業に就職し、営業担当者となった。新規取引相手と商談を進めることになったが、問題はその取引相手だ。もしも、その取引相手に不祥事やリスクが発生すると、下手をすれば商品・製品の代金を回収できなくなってしまう。最悪のケースだと、この取引トラブルが元で自社が倒産、ということにもなりかねない。これは冗談ではなく、現実に起きている話でもある。では、取引相手がどこまで信用できるか。それをまとめたのが信用調査会社による信用調査だ。

取引相手を調査したい企業が信用調査会社から信用調査を購入。そのうえで、どこまで取り引きできるかを見極める。

一方、信用調査を受ける企業は「経営が危ないのでは」と疑われるなど、ネガティブな話だけではない。第三者となる信用調査会社が「この企業は信用できる」と保証してくれれば、新たな取引相手に選定されビジネスが拡大する、な

ショーボンド：橋梁や道路など社会インフラの総合メンテナンス企業。高速道路会社の大規模更新・修繕工事などを受注（読売新聞2023年9月16日／84ページ参照）。

帝国データバンクの評点分布

66点以上	86点以上がAランク、66～85点がBランク。ただし、66点以上でも、全体の0.3％。ほとんどが大企業の中でも相当な優良企業。中小企業でこの評点だと奇跡に近い。
61～65点	Cランク上位。黒字経営で経営が順調。
51～60点	Cランク中・下位。それでも全体の14.6％で相当、高い方。
50点以下	Dランク。評点では50点のみ実数で、50点未満は「D1」「D2」「D3」「D4」と掲載。「D1」は中小企業としては優良な方。「D2」は中小企業の大半がココ。ベンチャー企業などは「D3」「D4」が多い。

どのメリットもある。

この「保証」が信用調査の中にある評点になる。

評点が高ければ高いほど、その企業は優良、かつ、健全な経営状態にある。

信用調査は、東京商工リサーチなども有名だが、帝国データバンクが業界シェアトップである。企業経営者などが利用するのも、帝国データバンクの方が多い。しかも、2000年代に入ってから、企業の経営力などを示す数値として分かりやすいと、大学キャリアセンターが利用することも増えていった。

〈大規模校では閲覧が無料〉

帝国データバンクの信用調査を閲覧するためには有料のデータバンクで検索することになる。ただし、大規模校の大学図書館やキャリアセンター、あるいは人口の多い市の公立図書館（中央図書館）、それに都道府県立の図書館などでは、無料で閲覧できることもある（大学や図書館などによる）。もし、閲覧できるようであれば志望企業選定の一助とするといいだろう。

帝国データバンクの信用調査は、94～95ページで示した有価証券報告書と異なり、非上場企業も含む。企業サイトでは売り上げなどが出ていなくても、この帝国データバンクの信用調査を読めば、過去5年分が出ている。

もし、大学図書館やキャリアセンターなどで閲覧可能であれば、志望企業や学内合同説明会に参加している企業などを調べてみるといいだろう。今まで知らなかった企業が実は66点以上（Bランク）の優良企業だった、ということも。その逆に、意外と低評価だった、ということもあり得るので調べてみてほしい。

それでどうする？

・帝国データバンクの評点は企業選びの参考になる

・帝国データバンクの信用調査の閲覧は有料

・一部の大学や公立図書館では無料で閲覧可

アズワン：理化学機器・用品や病院・介護関連製品の卸売りが主業務。WEB上の取扱商品は約960万点（読売新聞2023年9月12日／84ページ参照）。

9 政府の企業認定？ 聞いたこともないし

ホント	政府の企業認定は企業選びの参考になる

| 関連データ | 就職活動において、企業がSDGsに取り組んでいることを知ると志望度が上がりますか？
志望度が上がる　34.9%　どちらかと言えば志望度が上がる　39.0%　合計73.9%
※学情「2023年卒学生の就職意識調査(SDGs) 2021年8月版」(2021年) |

解説

SDGsを2020年代に入ってから就活生は意識するようになった。上記の学情調査によると、78.4％が「言葉も意味も知っている」と回答。それだけ就活生が意識するようになったことを示している。このSDGsを意識するのであれば、確認しておきたいのが政府による企業認定制度だ。

〈SDGsに合った企業が多数〉

SDGsを含めた政策を進めるために政府はその政策に合った企業を認定する。この認定制度を知っておくと、優良な企業に出会える確率が高くなる。

企業認定制度のうち、主なものを右ページにまとめた。この企業認定制度のリストから企業を探すのもいいだろう。政府に認定されている企業は、女性の働き方などで一定水準よりも上だから選定されている。

SDGsに合った企業と言えるが、その反面、目安にすぎない、と醒めた見方もある。

働き方改革については、政府の想定以上に企業も雇用者側も動いており、政府の企業認定制度は追いついていない、というものだ。

実際、2019年には、くるみんマーク取得のアシックス、カネカがそれぞれ、パタハラが判明し炎上した。パタハラとは「パタニティ・ハラスメント」の略で、男性社員が育休を取ろうとすると、嫌がらせをする、というものだ。

トラスコ中山：機械工具の専門商社。最先端の物流機器とデジタル技術を組み合わせ、複数の商品をまとめてユーザーに直送するシステムに特徴（読売新聞2023年9月6日／84ページ参照）。

主な企業認定制度

経済産業省	新・ダイバーシティ経営企業100選	ダイバーシティ経営に積極的に取り組んでいる企業（2020年度で終了）
	グローバルニッチトップ企業100選	世界市場のニッチ分野で勝ち抜いている企業 なでしこ銘柄：女性活躍推進に優れた上場企業（東京証券取引所と共同）
	健康経営優良法人認定制度	地域の健康課題や、日本健康会議が進める健康増進の取り組みを積極的に実施している企業
厚生労働省	ホワイトマーク（安全衛生優良企業認定）	労働者の安全や健康を確保するための取り組みを高い水準で維持している企業
	くるみん・プラチナくるみん・トライくるみん	子育てサポート企業
	えるぼし認定・プラチナえるぼし認定	女性の活躍推進に関する項目で一定以上の基準を満たした企業
	ユースエール	若者の採用・育成に積極的で、若者の雇用管理の状況などが優良な中小企業
環境省	エコ・ファースト制度	環境分野において「先進的、独自的でかつ業界をリードする事業活動」を行っている企業

アシックス、カネカ、それぞれ、状況は微妙に異なるが、くるみんマーク取得で女性社員には優しくても男性社員には優しくない、などと叩かれた。

〈男性育休は激変中〉

なお、こうした事件・騒動もあってか、男性育休については2022年に育児・介護休業法が改正となった。改正前には、男性社員が育休を取るかどうかの意向確認は努力義務だったものが、法改正により義務化された。さらに、産後パパ育休が創設され、育休と産後パパ育休、合わせて4回の取得が可能となっている。このように働き方改革は2020年代以降も動いており、政府の企業認定制度は追いついていない。だからと言って、全くの無意味というわけでもなく、目安の一つとして考えてほしい。

それでどうする？

・政府による企業認定制度は企業選びの参考になる

・認定する省庁のサイトなどで確認

・どのような取り組みが評価されているか注目

TBK：トラック・バス向けブレーキの大手で建設機械向けも手がける。海外ではタイ、インド、中国、北米などが主要市場。ブレーキ需要も増加（読売新聞2023年9月5日／84ページ参照）。

10 死ぬまで奨学金は チャラにならない

ホント	就業するだけで奨学金（の一部）が チャラになる企業がある

関連データ	奨学金の借入総額　平均324.3万円 毎月の返済額　平均1万6880円 返済期間　平均14.7年 ※労働者福祉中央協議会「奨学金や教育費負担に関するアンケート調査」（2019年）

解説

日本で奨学金と言えば、JASSO（日本学生支援機構）のものであり、その大半は返済義務のある貸与型だ。つまり、英語では本来はscholarshipではなくloanである。

何らかの奨学金を利用している学生は2人に1人とされる。労働者福祉中央協議会の調査によると、返済額の平均は324.3万円。社会に出てから返済していくには大きな金額だ。

〈300万円超で返済がきつい〉

この奨学金、2000年代になってから、返済できない利用者に対する取り立てが社会問題となって現在に至る。

2022年9月18日には、労働問題や奨学金返済問題などに取り組む今野晴貴氏が「『死んでチャラにしようと思った』奨学金3000件調査から見えた『生の声』」をYahoo!記事として公開、ヤフトピ入りして話題となった。

奨学金返済の行き詰まりや取り立てについては、本書の主テーマではないのでおくとしたい。奨学金利用の就活生に企業選びの目安の一つとしてお勧めしたいのが、奨学金返済支援制度だ。

奨学金返済支援制度はノバレーゼ（ブライダル）が2012年（支給開始は2017年）、オンデーズ（眼鏡販売チェーン）が2014年にそれぞれ導入。クロスキャッ

ヨコソー：マンション修繕が中心の建設メーカー。首都圏が中心。奨学金返済支援制度は2019年から導入。月1.5万円を7年間、最大126万円。

ト（IT）が2017年に導入し、この3社が各メディアに登場し話題となった。2023年現在では導入企業は全国に広がっている。企業が独自に設定しているものだけでなく、自治体によるものも多い。自治体の奨学金返済支援制度は、対象の業界やUターン就職などの条件が、各自治体により異なる。

企業の奨学金返済支援制度のパターンとしては、入社後に毎月支給（クロスキャットだと入社1年目10月から毎月3万円／上限180万円）、入社後の一定期間にまとめて支給（ノバレーゼ、イズミ〈流通〉など）のどいずれかが多い。

なお、社員に支給した場合、所得税などがかかる問題もあった。制度導入の企業が増えたこともあり、2021年からは社員に直接、支給されない代理返還制度が導入された。これは企業が奨学金返済支援制度を導入すると社員ではなくJASSOに直接、振り込むという制度だ。社員側は所得税がかからず、企業側は給与の扱いで損金処理でき、それぞれにメリットがある。

〈企業も自治体も肩代わりでもメリット大〉

この奨学金返済支援制度が広がった背景には、各企業の人材不足が挙げられる。2010年代から日本の大卒新卒市場は学生有利の売り手市場となった。これはコロナ禍以降も変わっていない（詳細は14〜15ページ）。各企業とも、人材をどう確保するかに悩むことになる。新卒採用は一人当たり数百万円にもなる。社会人転職も同様だ。そこまで苦労して採用した人材に簡単に辞められると、企業からすれば割に合わない。その点、この奨学金返済支援制度を導入するとどうなるか。奨学金の利用残高がある若手社員からすれば、返済で一苦労する。企業が一定額を肩代わりしてくれるのであれば、それだけで長く働くモチベーションになる。

企業としても、新卒や転職者の採用にかかるコストと、奨学金返済支援制度の導入によるコスト、計算していけばどう考えても後者の方が安上がりだ。かくて、この制度の導入企業は広がっていった。学生有利の売り手市場、各企業の人材不足感は、今後も継続する可能性が高い。それを考えると、奨学金返済支援制度を導入する企業も今後、増加していくだろう。

この制度を導入しているかどうかは福利厚生などを確認すれば分かる。奨学金を利用している就活生はこの制度の有無も確認するといいだろう。

それでどうする？

・奨学金を利用しているのであれば、返済支援制度の有無を確認する
・制度の有無は企業サイトや福利厚生の欄などを確認する
・奨学金返済支援制度の総額や支払い時期は企業により異なる

松屋フーズ：牛丼の松屋などを運営。2024年1月から奨学金返済支援制度を導入。グループに所属する正社員・無期雇用パートおよびアルバイトを対象に最大200万・5年間。

11 テレワークが進んでも進まなくても就活には無関係

ホント テレワークで地元在住・高年収企業勤務といういいとこ取りが可能に

関連データ
テレワークの導入状況（導入済みの企業）
9.7％（2011年）→20.2％（2019年）→47.5％
（2020年）→51.9％（2021年）
※総務省「通信利用動向調査」（各年度）

解説

コロナ禍により、劇的に変わったのがテレワークによる働き方だろう。総務省の「通信利用動向調査」によると、コロナ禍以前、テレワークを導入した企業は20.2％（2019年）。それが、2021年には51.9％と大幅に増加した。

テレワークが進んだのは、当初はコロナウイルスの感染予防対策にあった。ところが、コロナ禍が長期化すると、首都圏・関西圏の大企業やIT業界を中心にあることに気づく。

NHK放送文化研究所の「2020年国民生活時間調査」によると、通勤時間（往復・平均）は東京圏で1時間40分、大阪圏で1時間35分。これは平均値であって、人によっては通勤時間だけで数時間以上かかる。その点、移動時間が不要となるテレワーク、企業にとっても社員にとっても双方、得ではないか、と。

実際、テレワークだと通勤時間がかからない。企業側も都心に高い賃料を払って本社を抱えずとも済んでしまう。出張なども顔合わせ程度ならオンライン会議で十分。社員は社員で住宅費・生活費の高い都市部よりも、住みやすい地方であれば生活の質が上がる。

〈NTTは出社は「出張」扱い〉

かくて、コロナ禍が収まりつつある2022年に入っても、首都圏・関西圏ではテレワークを継続する企業が多かった。6月にはNTTグループが原則テレワー

コープさっぽろ：入協3年目までの奨学金返済支援制度あり。毎月の奨学金返済額の50％（本人負担は1万円を上限としてその超過分）はコープさっぽろが負担。新卒職員の約30％が利用。

地方就活・第三の選択肢

> テレワークで
> いいとこ取りできる!

就活生

| 高収入 | 様々な企業選択 | 地方の住みやすさ | 奨学金返済支援 |

ク、出社は出張扱い(交通費は飛行機代なども支給)とする施策を発表した。同様の方策は2022年現在、Yahoo!、メルカリ、カルビーなども導入している。

〈地方就活生はいいとこ取りが可能に〉

この「原則テレワーク」、地方の就活生には大きな影響が今後、出てくるだろう。これまで、地方大学・地方出身者は「地元に就職するか、それとも首都圏・関西圏か」で悩むことが多かった。地元就職は親が強く望み、暮らしやすいことは確か。一方で首都圏・関西圏の高待遇も捨てがたい……。しかも地元就職は自営業・起業や家業継承を除くと、地方公務員か、地元企業の二択だった。

それが、コロナ禍以降は「首都圏・関西圏の企業に就職、本社所属、でも居住・就労は地方」という第三の選択肢が登場した。これは今後も、拡大する可能性が高い。

地方の就活生からすれば、この第三の選択肢により、「都市部の高年収＋地方の住みやすさ」、両取りできることになる。

働き方の変化は就活にも大きな影響が及ぶ。そうした変化も新聞等で確認しつつ、就活を進めるといいだろう。

それでどうする？

- 働き方の変化は就活にも影響する
- 地方在住でも問題ない「原則テレワーク」の企業も候補に入れる
- 働き方の変化を新聞等で随時確認

西濃運輸：2023年に奨学金立替制度を導入。入社した従業員が大学在学中に利用していた奨学金を会社が一括肩代わり返済(金利分は西濃運輸共済会が負担)。返済開始時期は一定の年収超過まで猶予。

「メーカーのつもりで就職したら 商社でした。でも続いています」

楠慶哲
株式会社日伝　執行役員兼人事部長

近畿大学理工学部を卒業後、株式会社日伝に入社。2010年に上場企業では初となる就職支援型セミナーを開始。2021年に執行役員兼人事部長に就任。

　私は、機械系商社の日伝で入社以来37年勤務しています。

　私の学生時代は、今とは違いネットも無い中、紙媒体や大学の求人票から気になる会社を見つけ出すような就活スタイルでした。大学では理工学部に所属しており、希望業界は製造業、職種は品質管理に絞り活動をしていました。商社や営業職には全く興味ゼロ。そんな中、日伝に出会います。大学の求人票には「日伝、製造業」とミスプリントがあったのですが気が付きませんでした。

　その後、多くの内定先を辞退し、日伝に決めた私は、意気揚々と入社の日を迎える事となりました。すぐに、「何かおかしい」と思い、同期に確認すると、日伝は商社で職種は営業がメインという事がわかりました……。「やってもうたー」とショックでしたが、後の祭り、とりあえずやるだけやってみるかと腹をくくり、180度のミスマッチである「商社」「営業」に真剣に取り組みました。最初のうちは嫌々だったものが時が経つと「面白い」と感じはじめ「営業職の魔力」に取りつかれていったのです。

　20年営業を行い、部門を任され機嫌よく仕事をしていた矢先、人事部への異動を命じられ、2度目のショックを味わいましたが、ここでも真剣に取り組みました。その結果、人事の奥の深さ、やりがいを感じ、今に至ります。

　採用で学生と接する中で、自己分析や企業分析をしっかり行いミスマッチを避けようとする姿勢は素晴らしいと思います。

　しかし、ミスマッチは少なからず生まれます。働いてみて初めてわかる事もあります。真剣に取り組めば、どんな仕事でも面白いと感じるし、やりがいは生まれます。不透明で不確実なミスマッチの連続。そんな時、腹をくくって前に進めば、いずれ正解にたどり着けます。是非、回り道だと思っても真剣に取り組んで適職にたどり着いてください。

インタビュー補足：日伝は首都圏・関西圏の主要大学だと学内セミナーにも多数参加。就職支援型セミナーは2024年現在、12種類実施。全部でなくても参加できる回は参加する価値あり。

第5章

リクルートスーツ・マナーの誤解

1 リクルートスーツは お金をかけた方が良い

ホント　どこまで費用をかけるかは 趣味の問題

関連データ　4万287円（2012年卒）
→3万6375円（2020年卒）
→2万9807円（2024年卒）

就職活動の費用
「リクルートスーツ代」

※ディスコ「就職活動モニター調査（10月）」（2012年・2019年・2023年）

解説

就活生と言えばリクルートスーツ、それも黒。これが定着したのは2003年ごろで、それ以降、男女とも定番となっている。

そして、このリクルートスーツについては、お金をかけた方が良い、とのマニュアルが存在する。当然ながらその出どころはスーツの業者や関連のセミナー講師であろう。1990年代から2010年代前半までの2度の就職氷河期には「志望業界・企業に合わせて違うものを用意しよう」というマニュアルが存在。真に受けた就活生が何着も購入、ということもよくあった。

では、現在はどうか。ディスコ調査によると、2012年卒からコロナ禍以前の2020年卒はリクルートスーツへの支出が3万円台後半から4万円程度だった。それがコロナ禍以降となる2024年卒は2万9807円と減少している。

理由は簡単でオンライン選考が序盤の選考で定着。外に出ない分、何着も購入する必要がないからだ。それに、廉価かつ高品質なスーツが量販店やユニクロで登場した影響も大きい。

〈どこまで費用をかけるか〉

どこまで費用をかけるかは趣味の問題だ。「いや、就活後も着たい」という理由でオーダースーツにする、というのもいいだろう。男子学生は価格はどうあれ、体に合ったものを選ぶのが一番だ。

HEXEL Works：集合住宅分野と米軍施設分野でトップの総合電設企業。全国で展開。2022年にオリックスグループ入り。奨学金返済支援制度は最大で300万円。社長は飛行機が好き。

参考までに、2003年ごろからリクルートスーツが黒に定着した理由の一つが「就活後も使える」というものだった。

これは、黒に限らず、リクルートスーツでいいものを買おう、とする就活生の根拠となっている。ただし、社会人になると、入社後半年から1年以内に買い替える人が多い。就活以上に着る日数が増えるので無理もない。どのみち、買い替える可能性が高いのであれば、無理に高いリクルートスーツを買わなくてもいいのではないだろうか。

〈色は黒にこだわる必要は、ない〉

結論から言えば、黒にこだわる必要は特にない。リクルートスーツは35ページの表でも少し触れたが、1980年代には男子学生だと濃紺にエンジのネクタイが一般的だった。女子学生は、ダークグレー50.0％、紺色28.3％、薄いグレー・ベージュ21.7％、黒20.4％（「リクルートスーツに関する実証的研究」竹之内幸子、『立正大学社会学・社会福祉学論叢』第33号）など、バラバラだった。ただし、襟元はボウタイやリボンタイなどが多かった。それが2003年ごろを境に現在のような黒が中心となる。だが、これは黒が流行し続けた、というだけで、企業側が黒を指定しているわけではない。

2010年代後半からは、黒以外の色（濃紺、グレーなど）を選択する就活生が少しずつ増えている印象がある。黒を選んでおけば、変に浮かないことは確かだ。その方がいいか、あるいは、好きな色を選ぶのか、そこはマナーではなく、趣味の問題だろう。

〈女子学生のスカートルック・パンツルックについて〉

女子学生の場合、2010年代以前のマニュアルには「パンツルックは保守的な業界・企業では落ちやすい」というものがあった。現在ではどう考えてもセクハラである。

2020年代は、パンツルックだから、という理由で落とす企業はほぼない。あれば、セクハラで糾弾されることはほぼ確定であろう。

パンツルックか、スカートルックかは、費用と同じく、趣味の問題でしかない。しかし、パンツルックを選ぶ場合、以前に取材した女性のキャリアセンター職員のアドバイスを参考にしてほしい。

「パンツルックだとスカートルックに比べて動きがガサツに見える女子学生が多い。パンツルックを選ぶのであれば歩き方などは意識した方がいいでしょう」

それでどうする？

・リクルートスーツにどこまで費用をかけるかは趣味の問題
・男子学生は体に合うものを選べばそれで十分
・女子学生はスカートルックかパンツルックかはどちらでも

日本パーカライジング：金属の表面処理剤や表面改質技術を提供する化学メーカー。米国、中国など海外でも展開。主要取引先は自動車業界、鉄鋼業界など（読売新聞2023年8月30日／84ページ参照）。

2 日程の予約・キャンセルは簡単

ホント	日程の予約・キャンセルは節度が必要

関連データ	選考途中の辞退率　「5割以上」23.3%「2割〜4割」39.5%　「1割以下」37.1%

※マイナビ「マイナビ2024年卒企業新卒採用活動調査」(2023年)

解説

上記の調査では選考途中の辞退について前年よりも高いか低いかなどの設問もある。回答は「前年より高い」21.6%、「前年並み」57.2%、「前年より低い」21.3%だった。

選考やセミナー参加の予約・キャンセルについては企業からすれば、毎年、高い水準で起こっていることを示す。

これは、それだけ採用担当者が悩んでいることを示している。実際、著者が採用担当者に取材したところ、「選考辞退だけではない。説明会や選考の予約・キャンセルも就職氷河期に比べてひどくなっている。コロナ禍・オンライン化でさらにひどくなった」とのこと。

「就職白書」においても、「説明会や選考の日程予約やキャンセルを含めれば、もっと上位だったはず」とのことだった。

説明会や選考の日程の予約後に、キャンセルをする就活生が増えている。採用担当者がいら立つのは、単なるキャンセルではない。様々なパターンがある。

〈ドタキャン〉

ドタキャンは特に断りなくキャンセルすること。

予約した就活生を元に説明会や選考の日程を組んでも、キャンセルする学生が多いとムダが出てしまう。

KISCO：化学関連の専門商社。合成樹脂、化学品原料、電子材料、包装材料、コーディングサービス関連が主力。21ヵ国55拠点に展開するグローバル企業だが国際派も国内派も募集とのこと。

企業側の事情を考えずに、簡単にキャンセル。しかも、直前になって断りもなくキャンセルをするのはいかがなものか。就活以前に人の道に外れている。

〈予約・取り消しの繰り返し〉

予約とキャンセルを何度も繰り返すこと。就職情報サイトをはじめとして、日程予約ツールの仕様からは、予約とキャンセルを繰り返すことは可能だ。しかし、あまりにも何度も繰り返すと、スケジュール管理ができていないのでは、と疑われてしまう。

〈第11希望〉

就活シーズンの話。1次選考に通過した就活生に採用担当者が連絡。2週間の枠の中で土日を除く10日間を候補として提示した。しかし、就活生側の返事は「どの日程も難しいです。他の日程でどうにかなりませんか？　どうしても、御社に入社したいのです」。採用担当者からすれば、「そこまで志望度が高いなら、日程をどうにか合わせろよ」と思いつつ、別日程を提示。ただ、後から同業他社などの選考を優先させ、志望度が低かったことが別ルートで判明。「ああ、やっぱりね、と思いました」とは採用担当者の弁。

〈すっとぼけ〉

2次選考通過と3次選考の日程調整で就活生に連絡するも、一切返信なし。電話なども不通。選考離脱はよくあることなので、採用担当者も諦めていたところ、3ヵ月後（選考解禁となる6月の少し前）に、この就活生から、「2次選考がどうなったか、連絡を貰っていません」との連絡。

この採用担当者は「いやいや、連絡したでしょ」と言いたくなるのを抑えたそうだ。取材すると、他社選考に落ちて、それで志望度の低かった企業にすっとぼけて連絡する就活生が例年いるとのこと。どうするのか、採用担当者に取材すると、「一応、こちらが大人になって連絡ミスを詫びる。それで、選考の調整をするが、3次面接を担当する管理職には、事情を説明して、就活生をヨイショすることを最優先。結果？　もちろん、落とす」とのことだった。

たかが、セミナー・選考日程の予約だが、取材すると、想像以上にトラブルが多かった。たかが予約、されど予約だ。日程の予約は節度を保つこと。セミナー・説明会のキャンセルはキャンセル手続きをする、選考を辞退する場合はメールなどで選考辞退の連絡を入れた方がいいだろう。

- ・説明会や選考の日程予約は慎重に
- ・一度予約した日程のキャンセルはさらに慎重に
- ・キャンセル手続きや選考辞退連絡などはきちんとする

（それでどうする？）

ゆで太郎システム：立ち食いそばチェーンを運営。2015年から奨学金返済支援制度を導入。23年10月に支援金を増額、月1.5万円を8年間、最大144万円に。個人的には同社のもつ次郎もおススメ。

3 企業を訪問する時も 気負う必要はない

| ホント | 気負う必要はないが最低限の マナーも必要 |

| 関連データ | 就職ガイダンスの実施テーマ |

マナー講座（メイク・身だしなみ含む） 74.9%（8位）

※ディスコ「大学の就職・キャリア支援活動に関する調査（9月）」 （2021年）

解説

インターンシップやセミナー、選考などで就活生はその企業の本社（または支社）を訪問する機会がある。

当然ながら、就活生はその企業の社員や出入りする取引先などの社会人に見られることになる。がちがちに気負う必要は特にない。

だが、就活生が考えるマナーと社会人が考えるマナーとでは「最低限」の線引きが大きく異なる。ディスコ調査では大学キャリアセンター主催の就職ガイダンスでマナー講座は8位。それも「メイク・身だしなみ」を含んでの数値だ。著者もマナー講座を取材したが、企業訪問時の話題はなかった印象がある。

そこで、本項では採用担当者に就活生の企業訪問時について、「印象が悪い」と考えるエピソードを取材、まとめた。

〈採用担当者以外への挨拶〉

「採用担当者には元気よく挨拶するのに、女性の事務社員や清掃員などには挨拶しない。立場によって、挨拶する・しないを変えるのは、マナー以前の問題でしょう。うちの社の方針にも合わないです。いくら優秀な就活生だったとしても、仕事はうまくいかないでしょうね。そうした就活生を避けるために、セミナー終了後に女性社員に感じの悪かった就活生の報告を受けて判断材料にし

エスペック：環境試験器でトップのメーカー。セミナーではその環境試験器でバナナを凍らせ、それで釘を打つ、ある意味わかりやすい実演もあり。理系採用だけでなく文系採用もあり。

ています」（商社）

〈コート〉

「冬だと、コートを着てくる就活生が多くなります。このコートを玄関で脱いで畳んでから社内に入るかどうか。うちのビルは共用玄関なので着たままかどうか、毎回、確認できるわけではありません。それでも、偶然、きちんと折り畳んでからビルに入るところを見ると、『マナーがいいなあ』と感心します」（機械）

〈終了後の質問〉

「セミナー終了後の質問はいいのだけど、片づけを始めているときも延々と質問してくると、さすがに引く」（IT）

〈大荷物〉

「地方の就活生で、スーツケースなど大きなカバンを抱えてくる人がいます。コインロッカーやホテルなどに預けられないのでしょうか。お金がかかるとは言え、訪問先の企業や他の就活生への迷惑を考えていないのか、と悪印象です」（メーカー）

〈ナンパ〉

「『僕、京大でセンター試験はほぼ満点だった。TOEICはこの間、満点取ったんだけどね』という学歴自慢で同じ就活生女子をナンパする奴がいた。セミナーだったが、その学生への選考連絡などをやめたのは言うまでもない。そもそも、学歴自慢、合コンでもアウトでしょ」（IT）

〈再会する女子〉

「面接の待機室で高校以前の友人などと久々に再会すると、それまでおとなしかった女子が急に高い声でおしゃべりを始めることが多いです。成人式の会場ではないので、再会を喜ぶとしても、もう少し抑えてほしいです」（食品）

〈面接終了後の電話〉

「『あー、今、面接終わったところ。まあ、楽勝だったかな』という就活生の声が、廊下からはっきり聞こえています。部長がこれを聞き『あの学生は落とせ』とのことでした」（商社）

それでどうする？

・企業訪問時に就活生は採用担当者からも他の社員からも見られている

・就活生と社会人のマナーの線引きは異なる前提で臨む

・周囲の人への配慮を忘れずに

金井重要工業：本社は大阪で繊維機器事業と不織布事業が主力。有馬温泉の高級旅館が関連会社。中小企業ながらユニークな採用活動を展開することで定評。現・取締役（いずれ社長）が就活マニア。

4 企業訪問の前後は 気遣う必要がない

| ホント | 企業訪問の前後でもマナーの悪さで 選考落ちも |

| 関連データ | 就職ガイダンスの実施テーマ **マナー講座（メイク・身だしなみ含む）** **74.9%（8位）** |

※ディスコ「大学の就職・キャリア支援活動に関する調査（9月）」 （2021年）

解説

前項の続き。就活生からすれば、企業訪問時は緊張していてもその前後、特に セミナーや面接終了後には緊張の糸が切れることもあるだろう。

そこでマナーの悪さを出してしまうとどうなるか。就活生からすれば「企業の 外だし」と思うかもしれないが、意外と見られていることをお伝えしたい。そ れも、採用担当者とは限らない。他部署の社員かもしれないし、その企業の取 引先かもしれない。

小学校の遠足での注意の定番が「遠足は家に帰るまでが遠足」だ。それと同じで 「就活は家に帰るまでが就活」である。そもそも論として、人としてどうか、と いうマナー知らずは社会人になってからも損をすることを付言したい。

〈カフェ・居酒屋での面接の愚痴・悪口〉

「面接終了後にカフェや居酒屋で就活生同士が集まって、愚痴や悪口を言い合 うシーンを結構見ています。会社近辺の店、うちの社員や取引先が結構出入り しているのですよね。あまりにもひどいケースは人事に報告が来ます」（機械）

〈カフェでのマナー知らず〉

「セルフ方式の店なら店員が申し出ない限り、自分でコップなどを片付けるの が当然。それをできない就活生を、毎年、数人見かけます」（小売り）

カゴメ：2010年代から10年以上、エントリーシート提出者に対して、選考落ちも含めて自社製品を 送付。「数ある企業の中からカゴメを選んだことに対する感謝の気持ち」とのこと。

会社近くのカフェではマナーが悪いところは意外と目につく。面接で好印象でも落とすことも

採用担当者

会社の外でも就活生は、自分で思っている以上に見られている

〈新幹線車中で〉
「営業での取引相手から怒りの電話。何かと思えば、うちの選考を受けた学生が満員の新幹線自由席で2席を独占するわ、他の乗客や車掌が注意しても逆ギレするわで一騒動だった、と。写メも送られてきて、当然、不採用に」(IT)

〈飛行機の機内〉
「普段、飛行機に乗りなれていなかった女子の就活生。満席の機内で電話をやめない。CAさんに何度も怒られて、ようやくやめる。これでおとなしくなったか、と思いきや、今度は化粧で、また怒られて。何でこのトラブルを知っているかと言えば、偶然、斜め後ろの席にいたから。面接では非常に礼儀正しかったので、裏表の落差に恐怖すら感じた」(商社)

〈交通費の精算〉
うちは3次面接から交通費を支給。新幹線・飛行機利用ならその分も出す。毎年、数人は金額のおかしい領収証を出してくる。問い詰めるわけにもいかないので、その分の金額は出している。ただ、面接では、どこか歪んでいる部分があらわれるのか、こういう就活生は結果的には落ちている」(商社)

〈OB訪問で〉
「OB訪問でカフェなどに行きますよね。その時の支払いは当然こちら。いや、それはいいのですが払うそぶりくらいは見せてほしい。奢られて当然、という就活生が毎年いて、イラッとします」(商社)

それでどうする？

・企業訪問の前後にも就活生は採用担当者からも他の社員からも見られている
・人としてどうか、という振る舞いはやめた方がいい
・知らなかった、では済まされないことも多い

東光高岳：電力ネットワーク機器が主力。東京電力系。電気自動車の普及加速をにらんだ急速充電機器など関連事業も（読売新聞2023年8月24日／84ページ参照）。

5 メールは普段通りで いい

ホント	アカウント名からドン引きされる こと も

関連データ	内々定通知の形式 **携帯・PC受信のメール** 26.3%（2021年卒／2位）→34.0%（2024年卒／2位） ※1位は電話72.7%（2024年卒） ※マイナビ「2024年卒内定者意識調査」（2023年）

解説

就活生が企業と連絡を取り合う主な手段はメールとなる。
マイナビ調査によると、内々定通知は電話が圧倒的に1位。ただ、メールも2021年卒に比べて増加しており、それだけ存在感を増しつつある。
内々定前の説明会・セミナーや選考の連絡などは電話よりもメールだろう。
このメールは社会人と学生とでは感覚が大きく異なる。そのため、就活ではトラブルとまではいかなくても、すれ違いが起きることもしばしば。本項ではメールによるトラブル・すれ違いを防ぐため、採用担当者の意見をまとめた。
〈メールアカウントが内輪受けで痛い〉
「メールアカウントが内輪受け狙いなのか、こちらが『え?』と思うようなアカウントの就活生は多いですね。特に選考序盤では『lovely-himechan』とか、『otakukenshin』とか。内定まで行く学生は大学アカウントのメールが多い印象です」(IT)
〈広告が鬱陶しい〉
「フリーメール利用はいいのだけど、広告の付くタイプのため、メール本文に広告が混じって鬱陶しい。とは言っても禁止するほどでもないし。うちはITなんだから、広告の付かないフリーメールくらいググれ、と本当は言いたい」(IT)

メールの書き方で悩むなら『ビジネス文書の基礎技術』（石黒圭・熊野健志編、ひつじ書房、2021年）、『あなたのメールは、なぜ相手を怒らせるのか?』（中川路亜紀、光文社、2019年）などがお勧め。

たかがメールアカウントで損をする

〈面接会場にて〉

私の自己PRは
縁の下の力持ちです

私の強みは
積極性です

就活生
メールアカウント・
himechan

就活生
メールアカウント・
unkolove

メールアカウントがひどすぎて
面接の内容と正反対。
落とそう

採用担当者

〈キャリアメールで届かない〉
「キャリア系のメールだと容量不足なのか、送受信でトラブルになりがち。うちは途中でES送付をメールで受け付けるので気を付けてほしいのだけど」（商社）
〈件名なし〉
「携帯メールの影響か、件名を入れない就活生が多い。お前はどこの誰だ？」（機械）
〈馴れ馴れしい〉
「少し説明会で話をしたら、友達のようなメールを送ってきた就活生がそこそこいる。俺とお前は友達か？」（機械）
〈時候の挨拶〉
「たぶん、大学の指導なんでしょうね。『拝啓、山の木々も紅葉し〜』など時候の挨拶がやたら長い就活生が毎年います。それが秋ならまだしも、冬に来るのでいつも苦笑」（流通）

それでどうする？

・メールアカウントは内輪受けなどに注意

・件名や署名などはきちんと入れる

・メールはビジネス文書と会話の中間形態である前提で

レリアン：女性アパレル大手。ミセス層が中心。元はレナウンの子会社だったが2009年に伊藤忠商事傘下に。人事担当者は北から南まで全国の就活イベントに出没することで有名。

6 SNSは普段通りでいい

ホント	SNSの内容から ドン引きされることも

関連データ	企業に対して就活情報を発信してほしいSNS・メディア **1位：Twitter(63.1%)** **2位：YouTube(47.5%)** **3位：Instagram(44.1%)**

※No Company「Z世代就活生のSNS活用に関する実態調査」
(2022年)

解説	

今どきSNSを利用しない学生はほとんどいない。当然ながら、就活でも利用するようになっている。情報収集という点でも息抜きという点でも、SNSは便利だ。

ただし、使い方を間違えると、選考参加中の企業側に不快感を与えることになる。ちょっとしたイライラ・モヤモヤならまだしも、社会規範に大きく外れている、と判断された場合は内定取り消しもあり得る。

本項ではSNSに関連するトラブルをまとめた。

〈ディズニーランドに中学生料金で入場〉

「大学生なのにディズニーランドに中学生料金で入場、とSNSに書き込み。その後、キセル乗車なども判明し、内定先の地方銀行に抗議が殺到、内定取り消しに」(2007年の実話)

〈女性暴行事件で被害者を批判〉

「所属大学で起きた準強姦事件について被害女性が悪い、とSNSに投稿。さらに、投稿への批判に対して再批判するなど泥沼化。内定していた大手百貨店に抗議が殺到。その後、百貨店側は内定取り消しかどうかは言明せず、一方で当該学生が入社しないことを公表」(2011年の実話)

プレミアグループ：自動車信販と関連サービスを中心とする金融企業。2007年創業で現在は東証プライム上場企業。業績好調も信販会社では数少ない独立系で就活生の知名度は低い。

〈実名でなくてもバレバレ〉

「面接でうまく答えられなかった就活生がいた。次の選考を通すかどうかはギリギリのところ。その後、Twitterをふと見ていたら実名でないにしろ、どの就活生か、丸わかりの投稿を発見。自己中心的な内容に引いて落とした。その後、しばらくはうちへの悪口中心に」（小売り）

〈SNSのアカウント名でバレバレ〉

「裏アカだったらしいが、すぐ就活生を特定。内容はギリギリセーフ。なぜ特定できたか、と言えば、その学生の姓が大泉。で、アカウントが『就活どうでしょう』。それで一致点が多ければ誰でも気づく。落とすには惜しかったので、最終選考前に連絡してお説教。裏アカやるなら、せめて採用側が気づかないアカウントにしてくれ」（商社）

〈死にたい、と言われても〉

「裏アカでないにしろ、どの学生かすぐ分かるアカウントをTwitterで発見。『面接で落ちた、話を聞いてくれず死にたい』。たぶん、うちの話。内容が酷かったから落としただけなんだけど」（電機）

〈インフルエンサー気取り〉

「ちょっとしたインフルエンサー気取りの就活生。気に入らない意見などには片っ端からケンカを売っていた。で、うちを受けた時、面接で聞かれもしないのにこのSNSを自慢。選考？　もちろん、落とした。入社させたらうちのイメージが落ちそうで」（商社）

〈YouTuber気取り〉

「就活のYouTubeも多い、ということで見ていたら、どうも見覚えのある学生が就活について語っていた。調べてみると、うちのセミナーに何回か、参加していることが判明。内容は、どこかから聞いた話と、就活がうまく行かない感情論のミックス。うちのセミナーも実名こそ挙げないものの、古くさい、と批判していた。この学生はその後、うちの選考は受けなかったが、受けていても、書類選考の段階で落としていたはず。こういうタイプの就活生が今後、増えていくのか、と考えると、怖い面がある」（IT）

それでどうする？

- SNSでの情報収集は悪くない
- SNSでの選考中の愚痴などは本名・裏アカともに控えた方が無難
- 選考内容などは社外秘と考える企業が圧倒的多数

ユーザックシステム：IT企業でオリジナルソフト開発が主力。『会社四季報業界地図』2020年版に掲載されるも翌年、業績好調であるにもかかわらず2021年版の分類整理で未掲載扱いに。

「自然とできてしまう」学生が苦しい理由

石渡嶺司

著者・石渡

本書著者／プロフィールは巻末記載のものと同じ

　エントリーシートの添削や就活相談に乗ると、学生からよく出てくるのが「え？内定が取れる、と聞いていたパターンと違うのですけど」というものだ。定型パターンのある項目もなくはないが（どこかは本書を熟読すること）、自己PR・ガクチカはそこまでではない。文章の基本については第7章で解説した通り。学生に話を聞くと多いのが、「ガクチカは、最初うまくいかずに、どうすればいいか改善していってそれで結果を残した、という流れにする」というものだ。

　確かにストーリーがあって分かりやすくはある。現実にあった話ならそれでもいいだろう。問題は、自然とできてしまう、能力の高い学生だ。こうした学生は「最初うまくいかずに」の部分がないのでエントリーシートをまとめようとしても、うまく書けない。

　それで、どうすればいいか悩んだ挙げ句、自分の能力を低く見せようとしたり、あるいは、パターンに無理に押し込める書き方をしてしまう。

　著者がエントリーシートの添削依頼があればメールではなく、Zoomで時間をかけるのは、こうした学生が多いからだ。ちょっとヒアリングしていけば、最初の原文は大ウソで、実は能力の高さが真実であることが明らかになる。

　学生全員の添削依頼を引き受けるわけにはいかないのでヒントを書いておくと、自然とできてしまう、能力が高い、ということであれば、それはそれで問題ない。

「最初はうまくいかなかったけど」パターンに押し込めるのではなく、その能力の高さを中心にまとめるべきだ。その能力の高さはどのようにして活かされているのか、あるいは、なぜ、その能力が身に付いたのか、それから周囲はどのように評価しているのか。その能力をさらに伸ばすためにしている努力は何か。これら全部でなくても、いくつかをまとめていけば、それで十分なエントリーシートができる。

自然とできる学生に話を聞くと「上には上がいるし」。確かにそうだが数値化しづらい能力なら他者評価が高ければ十分にエントリーシートのネタになる。この点でも他己分析を。

第二特集　お金の話
平均年収の高い企業が良い企業

> ### ホント
> 平均年収の高さが全てではない

> ### 関連データ
> **就職活動時に関心を寄せていた企業の情報、見聞きした情報（入社先を決める上で志望度に影響があった情報）**
> 昇進やボーナスの方針や慣行に関する情報　14.8％（6位）
> ※リクルート「就職白書2023」（2023年）

解説

就活生からすれば、企業の良し悪しを判断するうえでもっとも気になるのが初任給や福利厚生なども含めた、いわゆるお金だろう。お金が全てではない？いやいや、それはウソ。順番はどうあれ、お金を気にしない学生など、まずいない。

時給100円・社会保障なしでもいい、なんて言うわけがないではないか。

〈お金は大事、お金以外も〉

低い条件をどこまで許容できるかは人にもよるが、それでも働く以上、お金と無関係であることはまずない。

もちろん、お金が全てではない。2023年に会社ぐるみの不正が発覚した某自動車販売会社の工場長クラスの年収は約5000万円。同業他社の10倍だった。その代わり、様々な不正行為から企業全体も、個々の社員も大きく信用を落としてしまった。

それは極端な例、とあなたは思うかもしれない。

では、仕事のやりがい、プライベート、そしてお金、どうしたらバランスが取れるだろうか。

そう簡単には答えの出ない問題だ。

これは就活生だけではない。20代だろうと、30代だろうと、40代だろうと、

著者を含めて著作のある人間に対して学生が無邪気に「今度、図書館で探してみますね」。これ、地味に傷つくのでやめてほしい。古本ならまだしも新刊だとこちらにも生活があるわけで。

平均年収		
A産業ホールディングス 平均年収1000万円	→従業員数（単独）150人・平均年齢42歳	
Bサービス商事 平均年収700万円	→従業員数（単独）800人・平均35歳	
C製造 平均年収500万円	→従業員数（単独）1万人・平均40歳	

どの年代でも迷う問題でもある。

かくいう私もその一人である。

だからこそ、あえて言いたい。お金は大事だし、お金以外も大事。

お金が全てではないが、お金を無視することもできない。

ゆえに、お金の問題に無関心を装う偽善的な態度を取るべきではない。

むしろ、もっとお金の問題に関心を持つべきではないだろうか。

そこで、本書では就職とお金の関係について、「平均年収」「固定残業代」「家賃補助」「福利厚生」「株」「奨学金返還支援制度」の6点について解説したい。

平均年収は株式上場企業であれば有価証券報告書に記載している。その数値はYahoo!ファイナンスの企業情報欄などにも転載されている。

それから、『就職四季報』などの企業情報本には非上場企業のものも掲載されている。

さて、それではこの平均年収、そのまま信じていいか、というと、実は若干、危なっかしい数値だ。

上記のA産業ホールディングス、Bサービス商事、C製造の3社、平均年収の高い順は「A産業ホールディングス＞Bサービス商事＞C製造」。ところが大卒総合職の平均年収に限定すると、「A産業ホールディングス＜Bサービス商事＜C製造」と逆転することがある。

〈管理職しかいないから高くて当たり前〉

まず、A産業ホールディングスのパターンから。

これは、誰もが知っている大企業に多い。こうした企業は管理部門を独立させてホールディングス全体を統括している。その管理部門の企業はホールディングス全体に比べて明らかに従業員数が少ないし、在籍社員の平均年齢が40代以上で高め。

これは、管理部門の統括企業は、いわゆる管理職が大半であり、他の企業のように若手社員が含まれていない。だから、平均年収が高めに出るのだ。

日本航空は2010年代までは有価証券報告書の平均年収の項目でパイロット職や客室乗務員職、事務職を区別して出していた。最近はひとまとめにしている模様。

A産業ホールディングスの場合、若手社員が在籍しているA産業とは別。そのため、A産業ホールディングスの平均年収＝A産業の平均年収ではない。

では、Bサービス商事はなぜ、C製造より高く出ているのか。

〈高年収の一部社員が引き上げる〉

これは、Bサービス商事が大卒総合職より平均年収の高い専門職を含めての数値、C製造は大卒総合職より平均年収の低い高卒従業員を含めての数値だからだ。Bサービス商事のパターンは航空や金融・ITの一部など専門職を含む業界、C製造のパターンはメーカーや商社に多い。

大学生には意外かもしれないが、有価証券報告書に記載する平均年収、この数値の計算式は特に決められていない。つまり、どのような数値を出すかは企業次第。

Bサービス商事のパターンだと、大卒総合職（事務系）とは別に専門性の高い職種の社員が一定数いる。専門職なので総合職に比べて待遇は良い。

それをまとめて平均年収と記しているので、見た目は高く出るに決まっている。

〈あえて低く見せる企業も〉

一方、C製造は大卒総合職よりも平均年収の低い高卒従業員を含めて企業全体の平均年収を記載している。低く出るのも無理はない。

それから、商社などに多いのが、あえて低いようにする、というものだ。

これは、取引先への遠慮（社員の平均年収が高いと何か言われそう、という忖度）、長年の慣習など、複数の理由による。

このように、平均年収は単純に比較できるものではない。従業員数や平均年齢、あるいは有価証券報告書にある、細かい条件等も合わせて確認する必要がある。

〈平均年収が不明な企業は？〉

非上場企業を中心に、平均年収が不明な企業は多い。

そうした企業でも、近い数値を推定することは可能だ。

具体的には、『就職四季報』、親会社、同業他社の3点。

1点目の『就職四季報』には非上場企業でも掲載されていることがある。ただし、同書は基本的には企業が回答するアンケートで成立しており、答えない企業はとことん非公表としている。

2点目の親会社、これは商社やメーカーなどの子会社に当てはまる。親会社が上場企業であれば、その企業の平均年収を見れば良い。子会社は部署の一つのようなもの。仙台本社で東北地区を統括する企業なら、親会社の東北支社のようなものである。ただし、親会社の平均年収とほぼ同じ、という企業もあれば、相当離れている企業もあるので、あくまでも推定できる、というだけにすぎない。

3点目の同業他社、これは、平均年収を知りたい企業の同業他社を調べる手法だ。企業規模や業態が似ている同業他社を調べれば、実際の平均年収に近い数値を推定することができる。

平均年収、出しておいて言うのも何だが、あくまでもその企業の現在位置でしかない。業績が上がればその分だけ年収も上がっていく（逆もあり）わけで未来永劫、同じではない。

固定残業代に対する誤解

導入している企業はブラック企業

就活生

固定残業代の導入企業は残業が多い

それは誤解

就活生

石渡

固定残業代とは、企業が一定時間の残業をあらかじめ想定し、給料に含めて労働者に支払う金額のことだ。みなし残業代とも言う。

この固定残業代を導入している企業はトヨタ自動車など多くある。

一方、上記のように固定残業代についての誤解は就活生だけでなく社会人側にも強くある。

まず、導入企業がブラック企業、というのはとんでもない誤解だ。固定残業代について、企業側が誤解しており、そこから雇用トラブルが生まれていることは事実である。ただ、そうした雇用トラブルの有無でブラック企業かどうかを判断するのは無理がないだろうか。

同じく、「固定残業代の導入企業は残業が多い」、これも誤解だ。固定残業代は一定の残業時間が発生することを見込んでのもの。ただし、その想定の残業時間の上限まで行くとは限らない。なお、想定する上限時間に到達しなくても、固定残業代は事前提示額を支払うことになっている。この点、中小企業を中心に雇用側が誤解し、それでトラブルになる。

逆に、上限時間を超えた場合は超過分の残業代支払いが企業には求められる。

厚生労働省や各都道府県労働局は固定残業代について企業側に「固定残業代を除いた基本給の額」「固定残業代に関する労働時間数と金額等の計算方法」「固定残業時間を超える時間外労働、休日労働および深夜労働に対して割増賃金を追加で支払う旨」この3点を求人票や募集要項などに明記することを求めている。

固定残業代については就活生や大学教職員ではなく、企業経営者・幹部が誤解しているケースも。当然ながら「働かせ放題」と誤解してしまい、ブラック企業と化すケースが多い。

企業により差のある家賃補助

A社：借り上げた社宅を斡旋、月1万円

B社：企業指定条件の物件で半額補助

C社：社員の任意物件を半額補助

家賃補助は就活生からすれば同じように見えるだろう。

ところが、実際は企業によって大きな差がある。

たとえば、家賃が月8万円の物件だった場合、A社（個人負担は1万円）とB社（個人負担は4万円）では、A社の方が得になる。

一方、A社の斡旋する物件がもともと安いところだったらどうだろうか。個人負担が月1万円と言われても、「学生時代に住んでいたアパートの方がまだよかった」と嘆きたくなる物件かもしれない。それから、借り上げ社宅の場合、「隠れブラック企業」が潜んでいることもある。すなわち、社員都合で期間内に転居する場合は期間分の家賃を負担せよ、などだ。

それでは、B社とC社はどうか。一見すると差はないように見える。が、「企業指定条件」の部分に相当な幅がある。たとえば、B社は上限8万円までだったとしよう。C社は任意なので、勤務先に近く、かつ、広い部屋を借ることができる（もちろん「任意」であって無制限ではないので、限度はあるが）。その点、B社は上限8万円、と決まっている以上、勤務先からの距離か広さ、どちらかを諦めなければならない。

このように、単なる家賃補助でも企業によって大きく異なる。

〈福利厚生は色々〉

この家賃補助を含めた福利厚生は企業説明会・セミナーで案内がある。企業によっては、3年生夏～秋の1日インターンシップ・セミナーで説明するところもある。2010年代から2020年代現在まで続く売り手市場の影響もあって、各社とも福利厚生の改善には力を入れるようになった。

たとえば、日本空調北陸（富山県富山市）は社員数が243人（2022年6月現在）の中小企業だが、「日本トップクラスの福利厚生」を喧伝している。毎年の海外旅行（費用は会社負担）、年3回のボーナス、年2回の帰省費用負担、インフルエンザの予防接種負担、スーパースポーツカーの貸し出しなど。

2023年には、インフレ手当（5万円）を支給し話題となった。

こうした福利厚生は、就活生も気になるはず。

この福利厚生は、社風を反映している部分もあるし、自分に必要かどうか、その見極めも必要だ。

たとえば、日本空調北陸だと、海外旅行と新春の集いは会社負担となる。逆に言えば、社員はほぼ全員参加となるわけで、仕事外での拘束を嫌う学生にとっ

家賃補助は企業が一定規模を超えてくると手厚くなっていく。ただし、補助に対する考え方によっても差が出るので企業規模との関連性はあまりない、との見方も。

ては微妙な施策だろう。

同じく、スーパースポーツカー（ニッサンGTRニスモ）の無料貸し出しは車好きにはたまらないだろう。だが、車に興味のない学生からすれば無意味だろう。

このように、福利厚生策はどのようなものか、見ていくと結構、面白い。

〈福利厚生を気にする時期は〉

就活生が気になる福利厚生には実は否定的な見方もある。つまり、面接などの自由質問の際に質問すると、細かいことを気にしすぎる、として否定的に見られる、というものだ。実際、これと同じことを話すキャリアセンター職員や採用担当者は少なからずいる。そう言われても気になるのが福利厚生で、入社後のお金にもつながる重要な問題だ。

では、福利厚生はどの時期に聞くのがいいだろうか？

著者は就活中盤から終盤にかけてがいい、と考える。

就活序盤のインターンシップやセミナーはそもそも、企業説明の時間がない。そこで福利厚生について質問しても無意味だろう。それによほど特徴のある制度（奨学金返還支援制度など）であれば、質問せずとも採用サイトなどに掲載しているはずだ。

企業説明会・セミナーで企業の概要などを説明する機会であれば福利厚生についても説明がある。その際に質問するのは悪くない。

就活の中盤時期、具体的には、選考中の社員面談、OB・OG面談（訪問）や面接選考後の逆質問は明暗が分かれる。

まず、選考中の社員面談、OB・OG面談（訪問）だと福利厚生については「利用する側」という前提になる。制度設計をする総務部や人事部担当ならともかく、それ以外の部署の社員に福利厚生の細かい話を聞いても相手は答えようがない。それから、面接選考後の逆質問、この機会では「何でも答えますから」と促されても質問することはお勧めできない。面接選考という場で福利厚生を質問するのは相応しくない、と私は考える。

就活中盤でどうしても福利厚生について質問したいのであれば、採用担当者に非公式な場で聞いてみること。ただ、就活中盤は就活生にとって活動のピーク時期。福利厚生について、あれこれ気にする余裕はないはず。

就活終盤、特に内定が複数、出てからはむしろ色々と質問した方がいい。質問された採用担当者も色々と答えるに違いない。そのうえで、どの企業に入社するか、考えてみるといいだろう。

企業説明のない就職支援型のインターンシップ・セミナーや就活交流会などでは福利厚生の質問自体、意味がない。それでも質問する猛者がときどきいて空気を読め、との意見も。

会社の株

就活生

株って、株式投資のこと？　興味ないな〜

入社してから数百万円以上の
ボーナスになることも

石渡

就活とお金の関連で言えば、株も見逃せない。

株と言うと、株式投資をすでにしている大学生を除けば、無関係と思うかもしれない。

大企業はもちろんのこと、社員数人の零細企業であっても実は関係がある。

株は具体的には、株式公開と従業員持ち株制度がある。

まず、株式公開だが、これは、企業が株式上場をすることだ。株式を公開すると、それだけ知名度も上がるし、社会的な信用も大きく変わる。何よりも、株式公開をできるほど利益を出していることを意味する。

さて、この株式公開をすると、社長以下の経営幹部だけでなくその企業の株を所有する社員にも大きな影響がある。株式を公開していない時点では無価値だった株が、公開により価格が付けられることになる。社員が保有する株を保有し続けるか、売却するかは本人次第。もしも、その企業の株が株式市場で高く評価されていれば、数百万円以上のボーナスが入ることになる。

次に、従業員持ち株制度について。上場企業はもちろんのこと、株式未公開の企業でも従業員持ち株制度を導入しているところがある。

上場企業だと、社員の持ち株会は安定株主となり、経営が安定する。そのため、上場企業で従業員持ち株制度を導入しているところの多くが株式購入には補助（購入額の10〜20％程度・上限あり）を出している。なお、株を購入したくない、という社員は無理に購入する必要はない。

この制度がいい点は、その企業の単元単位（現在は100株が多い）ではなく、単元未満でも社員が指定した金額で毎月、購入できる。たとえば、1株3000円の企業だと一般には、100株で30万円が購入の最低単位となる。その点、従業員持ち株制度だと、この30万円未満であっても購入が可能だ。

転職などで退社する場合、上場企業だと、自分の証券会社に預けるか、時価での売却となる。非上場企業だと、従業員持ち株会が強制的に買い取り、現金で

似たところだとストックオプション制度もある。これは時価とは無関係にあらかじめ決められた価格で自社の株を購入できる。その価格より時価が高ければその分だけ利益に。

の精算となる。就職を考えている企業が上場を目指すベンチャー企業、あるいは業績を伸ばしている企業であれば、こうした株も社員に関連してくることは覚えておくといいだろう。

奨学金の支援制度も色々	
代理返還制度	→企業側が日本学生支援機構に代理で所定額を振り込む
手当の給付型	→企業が奨学金支援の金額を社員に手当として支給
一括返済制度	→企業が奨学金の利用総額をまとめて返済。その後、毎月の所定額を社員が企業に振り込む

奨学金返還支援制度が各企業で広がりを見せている。
制度については第4章10（102ページ）でも説明しているのでそちらをお読みいただきたい。
さて、この奨学金返還支援制度だが、企業により、微妙な差がある。
圧倒的に多いのが、代理返還制度だ。これは企業が社員に代わり、日本学生支援機構に対して所定額（返済支援の金額）を振り込む、というものだ。2021年にこの制度が始まり、導入企業は損金として計上できるため税制上のメリットがある。
一方、少数ながら残るのが、手当給付型だ。こちらは返済支援額に相当する金額を企業が社員に手当として支給。日本学生支援機構への返済は社員本人が行うことになる。
ただ、この手当給付型、企業・社員とも、実は損をする。企業は代理返還制度に比べて税制上のメリットがない。社員は、と言えば、こちらもデメリットがある。つまり、手当である以上、税制上の所得も変わってしまう。
3点目の一括返済支援制度は、大和証券グループや静岡銀行、西濃運輸などで導入されている。
まず、入社した社員の奨学金全額を企業側が一括で返済。収入が低い若手社員時代の一定期間は返済が猶予され、その後、奨学金利用額を分割で企業（正確には企業の共済会など）に返済していく、というものだ。各社とも利子は企業（または企業の共済会など）が負担するので、利子分は負担が減る。
この方式だと、利子分は企業側が負担するのでそれだけ社員側の負担も減る。
一方、途中退社した場合、肩代わり分の返還を求められるかどうかは企業によって変わる。代理返還制度だと、途中退社した場合はあくまでも福利厚生の一環であり、返還は求められない。
同じ奨学金返還支援の制度でもこのように違いがあるので利用する予定の学生はそれぞれ確認しておく必要がある。

奨学金返還支援制度は支援総額が高めの企業だと採用サイトやナビサイトなどで総額をいくらまで出すのか、告知。数十万円以下の企業は単に「制度がある」くらいの記載しかない。

第 6 章

就活の軸・自己分析の誤解

1 自己分析はがっつり 進める必要がある

ホント 自己分析はほどほどで十分

関連データ 就職活動準備で2月までに行ったこと・自己分析

76.5%（2017年卒）
→80.3%（2020年卒）
→88.9%（2022年卒）

※ディスコ「キャリタス就活学生モニター調査（2月1日時点の就職意識調査）」（2016〜2021年／各年度1位）

解説

自己分析は自己PRの作成、志望企業の決定などに必要とされている。2000年代には就活市場に定着した。

自己分析の具体的な手法は大学の就職ガイダンスや他の本・ネット記事などに詳しいのでそちらに譲る。どの手法が一番効果があるのか、科学的な立証はない以上、著者としては「好きな手法で頑張ってください」としか、言いようがない。

自己分析をするのであれば、ポイントは3点。「深度と頻度」「時間」「複眼思考」だ。この項では「深度と頻度」について解説する。

〈自己分析の欠点〉

自己分析の欠点は、自己肯定感の低い就活生が無理に進めると暗い思いをしやすい。

そうなるのも、無理はない。よほど、学生時代に高い実績を残している就活生ならいいだろう。だが、そんな就活生は日本全国を探しても10％もいない（著者の推定値）。残りの90％の就活生は、そんな凄い実績などない。一人でやっていけば、「ああ、自分は大したことないなあ」と、どんどん暗くなっていく。

自己分析は学生のポテンシャル、自己肯定感、就活の情報量など外的要因に相当左右される。なので個人差が大きく、どの自己分析手法がいいかは判断しづらいのが正直な感想。

〈ポイントは深度／あえて適当に〉

ではどうすればいいか。まず「深度」。就活序盤はそこまで深くやらなくていい。適当なところで切り上げて、空いた時間をセミナー・選考参加なり、適性検査対策なり、新聞・ネット記事なりに使った方がいい。

なぜ、深くやらずに、適当にやるのか。多くの就活生は途中で志望業界などを変える可能性が高い。総合職志望であればなおさらで、大半の企業は出身の学部・専攻などは無関係に受け入れる。就活を進めていけば、関連の情報量が増えていく。その情報の中から、志望業界や企業が変わっていくのはよくあることだ。

試しに、幼稚園から大学生まで、その時々でどんなことに関心が高かったか、思い出してみてほしい。別に、なりたい職業でなくても、遊びでもゲームでもテレビ番組でも部活でも、何でもいい。おそらく、ほとんどの人は10個くらいは簡単に出てくるはずだ。それくらい、その時々で、興味・関心は変わっていく。就活ではごく短期間のあいだに、この興味・関心の移行が進みやすい。そうなると、いくら就活序盤で自己分析を深くやっても意味がない。この例外は、大学3年生4月時点（または大学入学以前）に、専門的な職種・業界を志望、その準備を進めている（しかも、その能力を周囲から評価されている）学生だ。そうした学生のほとんどは、すでに準備を進めており、専門的な職種・業界で働く覚悟も決めている。周囲からも能力を評価されているほどであれば、興味・関心が移っていく可能性は相当低い。

〈1回やって終わり、ではない〉

そして、他の自己分析本にはなぜか書いていない点が「頻度」だ。

すなわち、1回やって終わりにしない。たとえば、3年生の秋なり、冬なりに1度やったとしよう。その1カ月後（別に2週間後でも2カ月後でも時期はいつでもいい）に改めて自己分析をしてみる。これが頻度、という意味だ。

就活を進めれば、情報がいろいろと入り、蓄積されていく。総合職志望、かつ学生時代の実績が凄いものではない就活生であれば、情報が増えていくにつれて、視点も変わってくる。それに対応するためにも、自己分析は浅くてもいいので、頻度を上げた方がいい。

そのうえで、最新の自己分析に基づいて、志望企業を判断した方がより良い結果を生むだろう。

それでどうする？

・自己分析の方法は様々、どれがいいかは趣味の問題

・がっつりやろうとすると暗くなるだけ

・ほどほど・ぼちぼちの深度、何回かやる頻度が大事

個人的な印象として自己分析の積極派ほど自身の手法を絶対視する傾向が強くてウンザリ。以前、色で自己分析できるという某大学職員がいて、イベントでゴリ押ししようとするも著者が粉砕。

2 自己分析しても 何もなかった

ホント　経過中心に自己分析すれば見えてくるものがある

関連データ　今、抱えている悩み（不安）は何ですか？
自分に何が出来るか分からない　21.1％（6位）
自己PRするものがない　19.6％（7位）

※ダイヤモンド・ヒューマンリソース「ダイヤモンド就活ナビ2023モニターレポート4月調査」（2022年）／2項目合算だと2位

解説

自己分析をしてもアピールするものが何もない。

そう嘆く就活生は毎年、しかも、相当数いる。ダイヤモンド就活ナビ調査によると、「自分に何が出来るか分からない」「自己PRするものがない」の2項目合算では、就活の不安に関する項目で2位となっている。

この悩みは「実績重視」と「経過重視」の勘違いから来ている。

〈実績重視から来る勘違い〉

日本における新卒採用、それも総合職採用は実績重視ではなく、経過重視だ。それを少数の企業と少数の内定学生による「就活では即戦力が勝つ（＝実績重視）」を信じてしまい、かつ、自分に当てはめようとするとどうなるか。実績ある就活生ならそれもいいだろうが、おそらくは10％もいないだろう。大半は実績がなく、それで実績に基づいた自己分析をしても「何もない」と落ち込むだけだ。その状態で無理に自己PRをまとめても、実態と乖離しているだけ。当然ながら就活はうまく行くわけがない。

〈経過重視は実績がしょぼい就活生向き〉

その点、経過重視という前提で自己分析を進めるとどうなるか。自身の特性やこだわりなどが見えてくるに違いない。

シークス：電子・機械部品の商社で、電子機器製造受託サービス大手。売上高の約60％を車載関連機器が占める。海外売上比率が高い（読売新聞2023年8月23日／84ページ参照）。

ありきたり、とされるサークル・部活であれ、アルバイトであれ、勉強・ゼミであれ、これは変わらない。

部活であれば、全国大会に優勝した、などの分かりやすい実績はない就活生がほとんどだろう。

アルバイトでも、「伝説の学生バイト」と称されて、東京本社からスカウトが来た、などの分かりやすい実績を残した就活生はまずいないだろう。

勉強・ゼミでも、その研究によって、起業できるほど(あるいは世界中から評価されるほど)分かりやすい実績を残した就活生はほぼ皆無のはず。

要するに、大半の就活生はいくら実績重視で考えたところで、しょぼい実績しかない。しょぼい実績しかない就活生が、いくら実績重視の自己分析をしても、しんどい思いをするだけ。仮に無理に進めたところで、就活中には、本当に実績ある就活生に遭遇することになる。当然ながら、そうした就活生に負けて、さらにしんどい思いをすることになる。

ところが、しょぼい実績だったとしても、就活生が学生時代に頑張ってきたことはかけがえのないものである。そして、そこには、就活生なりにこだわってきたことや特性などがあるはず。これらを振り返っていくのが、経過重視の自己分析だ。そして、就活生からすれば意外だろうが、しょぼい実績だったとしても、採用担当者は、その経過には興味を持つ。その経過から見えてくる再現性があり、そこから選考や採用の是非を決めるからだ。

〈経過重視の自己分析の後に〉

一方、この経過重視で自己分析を進めていくと、「特性は分かった。でも、それって大体の業界・企業に当てはまるのではないか?」という壁にぶつかる。

業界は無理に絞る必要はないが(26〜27ページ参照)、それでも選考参加の企業には限りがある。対策というか、結論としては「セミナー・選考参加の企業数を増やす」、これに尽きる。セミナー等で良さそうな企業があれば選考に進む。違和感があればやめる。それで絞っていくしかない。

特に就活序盤は、すでに志望業界が決まっていたとしても、志望業界以外の企業セミナーや合同説明会(インターンシップ合同説明会などを含む)は参加した方がいい。話を聞くことで、別の視点が生まれることも多いからだ。

この「セミナー・選考参加の企業数を増やす」は、次項の他己分析にもつながるのでそちらも参照してほしい。

それでどうする?	・自己分析は実績重視の前提でやると何もまとまらない ・経過重視で特性やこだわりなどを自ら掘り下げていく ・実績重視でまとまりそうな少数の就活生はこの項目、スルーで

フジモリ産業:プラスチック・化成品とビル用煙突など建築・土木分野、両方が主力。商社だが自社工場もあるため、商社・メーカー両方の機能を持つ。

3 他己分析など必要ない

他己分析を合わせれば見えてくるものがある

インターンシップ・1day 仕事体験に応募したきっかけ
その会社、業界が自分に合っているかどうかを身をもって知るため　37.2%（5位）　　自己分析を進めるため　33.5%（6位）　　他の学生と接触して自分のレベルを確認するため　14.6%（10位）

※リクルートマネジメントソリューションズ「大学生の就職活動調査2021」（2021年）／3項目合算だと1位

解説

130ページで自己分析のポイントとして「複眼思考」を挙げた。それが自己分析の変化球となる他己分析だ。他己分析は自分以外の他者が自分の行動、振る舞いなどからどこがすぐれているのか、まとめるものだ。

上記の「大学生の就職活動調査」のインターンシップ等参加理由では、他己分析に関連する3項目合算だと1位となっている。

他己分析のすぐれている点は、自己分析では気づかなかった強みに気づける点だ。よく、「自分を分かっているのは他人」などと言われるが、これは本当。

自己PRをより良くするためには、自己分析だけでなく他己分析も合わせるといいだろう。

〈他己分析は実績重視よりも経過重視で〉

他己分析の問題はその精度にある。具体的には「遠慮して正確な内容を伝えない」「実績のみでの評価・未来志向が見えない」の2点だ。前者は特に同級生や後輩相手だと起きやすい。いくら本人が「正直に話して」と伝えても、言われた方は遠慮・忖度が生まれる。先輩学生や社会人などに依頼する方がいいだろう。後者の欠点は実績のみを評価して経過を評価しない場合に起こり得る。しか

専業主婦の母親には他己分析を依頼しない方がいい、との言説あり。これは我が子ゆえ何もできないという無遠慮が作用するのと実績重視が原因。ビジネス視点が持てるなら問題なし。

他己分析の良いパターン

就活生

自分は〜で
〜があって〜

君の特徴は
□□だな

社会人

就活生

自己分析では
出てなかったので想定外。
でも確かにしっくりくる

Good!

文章にしづらい経過を話していくと
意外な PR ポイントに気づくことも

も、自分が今後、どうしていきたいか、未来志向がほぼ入らないため、ネガティブな結論になることもある。

他己分析を依頼する際は経過（行動や振る舞い）などを見てもらう点が必要だ。

自己分析と他己分析はどちらが上でどちらが下、という話ではない。それぞれの良い部分を組み合わせていくといいだろう。

それで
どうする？

・他己分析をすると、自己分析では見えなかった PR ポイントが見えてくる
・他己分析にも欠点がある
・自己分析と他己分析、それぞれの良い部分を組み合わせて使うこと

ケミカルグラウト：建設大手・鹿島の技術開発部門が母体の土木エンジニアリング企業。都市土木の基礎工事ではトップクラスを誇る。理系採用が中心だが文系採用も例年数人あり。

4 就活で失敗したくない

ホント 就活は失敗することで前に進む

関連データ インターンシップ先を探す際（申し込む際）に重視したこと
意識の高い他の学生と交流できること　35.7%
（8位／「とても重視した」「やや重視した」の合算）

※ディスコ「キャリタス就活 2024 学生モニター／インターンシップ等に関する特別調査」（2023年）

解説

就活生の一部は序盤で「失敗したくない」と過剰に恐れている。経験上、こうした就活生は選考でも失敗しやすい。それどころか、14〜15ページで解説したセルフ氷河期にはまり込んでしまう。そもそも、選考に参加しなければ内定を貰えない。それなのに失敗を恐れ、ちょっと選考に落ちると就活をやめてしまう。これでは、いくら売り手市場でも内定を貰えるわけがない。

失敗をしたくない。それが、今まで一切の失敗経験がないほど、成功し続けているハイスペックな学生ならその言い分も理解できる。「自転車に乗るのも、九九を覚えるのも、中学・高校・大学の受験も、最初に料理したときも、全部、うまく行きました」。そういう学生なら、未知の失敗経験を恐れるのも理解できるが、そんな学生、日本には100人もいないだろう。ほとんどの就活生は過去の勉強や生活など、いずれも失敗だらけ。そのうえで成長してきた。就活もそれと同じだ。

〈失敗から自分が見えてくることも〉

それと、自己分析の変化球として失敗分析というものがある。これは就活で失敗した、あるいは、セミナーやインターンシップ等で他大学の凄い就活生を見たとしよう。そのときに失敗原因は何か、あるいは他大生に比べて自分の何が

失敗を敬遠する学生、背景には極端なコスパ・タイパ重視あり説。大学受験までならそれでいいかもしれないけれど、就活・社会人以降はあえてムダ・失敗をすることも大事だと思うけれど。

失敗分析でよくある話

セミナーで

> B さんは凄い。
> それにひきかえ、
> 自分はダメだ……

就活生 A　　　　　　　　　　　　　就活生 B

1カ月後のセミナーで

> A 君は凄い。
> それにひきかえ、
> 自分はダメだ……

就活生 C　　　　　　　　　　　　　就活生 A

足りないのか、などを考察することだ。ディスコ調査によると、この失敗分析を目的としてインターンシップに参加する学生は一定数いる。

この失敗分析、著者の取材経験から言えば、難関大を中心に多い。就活感度が高いため、セミナーやインターンシップなどへの参加に積極的だ。あるいは、卒業生との結びつきが強い大学だと卒業生との交流イベントなどで、見通しの甘さなどを指摘される機会がある。そのときに失敗分析をして、結果論として成長していく。その分だけ就活もうまく行く。それを見た他大学の就活生は「×大、すげえ」と落ち込む。何のことはない、失敗を経験して失敗分析をしたかどうか、その違いがあるだけだ。失敗分析は難関大生だけの特権ではない。どの大学の就活生でもやろうと思えばいくらでもできる。失敗分析のためにもセミナーや選考の参加企業数は増やした方がいい。

それでどうする？

・失敗を恐れすぎても就活が余計にうまく行かなくなるだけ

・就活巧者ほど失敗を経験し、分析している

・失敗分析を進めるためにも、セミナー・選考の参加企業数は増やすべき

大学も成長中の企業に対して色々失敗あり。飲料メーカーに対し「お茶屋風情が」、メガベンチャーに対して「あの程度の企業なら君らでも入れるから」。その後、10年以上、採用実績が低迷したのは秘密。

5 就活の軸は決めたら 変えない方が良い

ホント	就活の軸は途中で変えても問題ない

関連データ	就活を進める上で、「就活の軸」を考えておくことは必要だと思いますか？ **はい　67.2%** ※リクルート調査(2019年)

解説

「就活では軸を決めておいた方が良い」。これは、内定学生や就職ガイダンスなどでよく出てくるアドバイスだ。なお、この「就活の軸」は業界・企業選択のためのもの、それから、自己PRのためのもの、それぞれある。本書では両方を含む。

〈就活の軸を説く行動経済学〉

さて、「就活の軸」については著者も同感である。就活本でユニークな本として『なんで？を解き明かす行動経済学が導く納得就活』(橋本之克、宣伝会議、2022年)がある。同書の中で、この「就活の軸」について述べられており、軸がないと「決定麻痺」という状態になる、と説く。

同書では、マクドナルドの過去の失敗例を紹介している。ファーストフードであるマクドナルドは、2015年に多くの顧客にアピールできるよう、注文時に1000通りの選択肢を用意した。ところが、それが「決定麻痺」を生み、このキャンペーンは失敗した。同書の著者は、この事例から就活の軸の必要性について説いている。

確かにその状態に陥った就活生を著者はこれまでに何人も見てきた。

〈就活の軸＝業界絞りは危険〉

「就活の軸」で注意してほしいのは、業界を絞るかどうかではない、途中変更も

イシダ：計量包装機器でトップの老舗メーカー。京都本社だが全国に展開。東京・新橋に大きな看板を出しており新幹線からも見える。著者が九州私大で講演する際は子会社の西日本イシダをネタに起用。

あり、この2点だ。前者については26〜27ページで解説している。

後者について、特に自己PRという点での「就活の軸」だと、就活に苦戦した場合はその軸・自己PR自体を変えた方が良い。

志望業界の選定が間違えていた、あるいは、自己PRがピント外れだった、などが苦戦の理由として考えられるからだ。そうしたリスクを軽減するためにも、就活中にも自己分析を浅くやってみることを勧めている（131ページ）。

〈「就活の軸を変えるとブレる」でさらに苦境に〉

ところが、苦戦した就活生の一部は「軸を途中で変えるとブレてしまう」「自己PR作成に費やした時間がもったいない」などの理由で変更しない。

これは『納得就活』によると、「サンクコスト効果」というものだ。「コンコルド効果」などとも言い、それまでの労力を惜しんだ結果、よりムダが増える、失敗することを指す。日本でも、ムダになることが分かり切っているのに、「すでに計画したから」「これまでにかけた費用がもったいないから」などの理由で、進められる公共事業がたくさんある。就活の軸を変えない就活生も、こうした無能な官僚や自治体と大差ない。

就活生は、官僚や自治体などと異なり、一個人である以上、社会から批判されることはまずない。ただし、就活で苦戦する、という結果は変わるところがない。しかも、就活の軸を変えないと、苦戦という現状が続くだけだ。著者は、就活中盤以降で、「軸を変えたらブレる」説を頑ななまでに信じ込んで、結果、苦戦が続く就活生を数多く見てきた。

そもそも、軸がブレたから就活がうまくいかない、とするデータはどこにも存在しない。

〈軸を決めても柔軟に〉

それでは、就活の軸はどうすればいいだろうか。

著者としては業界によるものではなく、自己分析によるものをお勧めしたい。自己分析をしたうえで、就活には様々な要素がある。

年収、企業の成長度、勤務地、仕事の内容、やりがい、福利厚生、就活生の性格、などだ。その中で、どの要素を優先させ、どの要素を優先させないのか、それは就活生の判断で変わる。この判断こそが就活の軸となる。そして、その軸は就活中に変わることもあり得る、という前提で進めるといいだろう。

それでどうする？
・就活の軸は決めた方が良い
・就活の軸は業界を絞るかどうかではなく柔軟に
・就活の軸はうまく行かなかったら再検討を

給料や福利厚生を軸とすることについては賛否両論。就活生として自然という意見もあれば「お金事情を分かっていないだけ」との評も。軸にするにしても面接等では黙っているのが無難か。

Ｆランク大学の価値

著者・石渡

石渡嶺司

本書著者／プロフィールは巻末記載のものと同じ

　本書の前年度版（2025年度版）では、第二特集で「学歴フィルターは今でも存在するのか？」を掲載した。就活マニュアル本で学歴フィルターについて、8ページも掲載したのは本書が初だろう。

　案の定というか、この章についての反響は大きかった。

　その関連でお伝えしたいのが「Ｆランク大学」である。本書執筆中にも、「Ｆランク大学より高卒就職の方が価値はある」とのコラムが話題となっていた。

　中堅クラスの大学学生の中には「どうせ、うちはＦランク大学だから」と自虐的になっている人もいる。そもそも、Ｆランク大学とは予備校・河合塾が一般入試の合否判定で偏差値を算出できない大学について「BF」（ボーダーフリー）と呼称したのが始まりである。現在、ネット上では「偏差値の低い大学」のスラングにも転化している。

　本書前年度版刊行後に就活相談をされた専修大学の学生に話を聞くと「専修はＦランだから就活もダメですよね？」。専修大学職員でもないのに、なぜ就職できるのか、延々と説明することになった。Ｆランク大学と言っても、実態は相当に幅が広い。自校が客観的にダメな大学なのかどうかはよく確認するべきだ。大学取材が長い著者からすれば、2024年現在、地方私大は半数以上が偏差値は BF ないし、40未満である。ただし、これは一般入試ではなく、総合型選抜・学校推薦型選抜で学生が集まり、一般入試対象の偏差値では低くなりがち、という数字のトリックにすぎない。

　ダメな大学という意味でのＦランク大学は、日本全国の大学810校中、100校もない。いや、そうした大学だったとしても、だ。就活は本人の能力と意欲でいくらでも変わる。東大早慶と同じ大企業に、とまでは言わないが、少なくとも高卒就職よりは条件のいい企業への就職が可能だ。

　Ｆランク大学進学の価値を高いものにするのか、低いものにするか。それは学生によって変わる話である。

Ｆランと似たところでは「偏差値が×大よりも低い」という自虐。地方私大どころか立命館など難関大でもこう話す学生が存在。そんな自虐、すぐ、燃えるゴミの日に捨てるように。

第7章

エントリーシート・
履歴書の誤解

1 エントリーシートはその企業への熱意を示すべき

ホント エントリーシートは設問の指示に従って自分の話を書くべき

関連データ 「年内にやっておけばよかった、もっと時間をかければよかった」と思う就活準備
エントリーシート対策　34.5%（4位）
※マイナビ「2024年卒大学生インターンシップ・就職活動準備実態調査（12月）」（2023年）

解説

エントリーシート（ES）・履歴書は選考序盤に企業が就活生に提出を求める応募書類だ。履歴書は1956年ごろに現在のペン字履歴書が定着した。記載内容は学歴、賞罰などでPR欄などはそれほど大きくはない。この履歴書の変化球ないし進化系がESだ。1990年代に、企業側の採用コストの引き下げやPR内容重視などの理由から就活市場に定着、現在に至る。

〈ESの大原則とは〉
ESの設問は、志望動機、自己PR、ガクチカ（学生時代に

履歴書とエントリーシートの違い

履歴書
・中小企業中心、面接重視の企業も履歴書のみ
・内容はほぼ固定
・ES利用の企業も内定後に提出を要求

エントリーシート
・大企業中心
・志望動機、自己PR、ガクチカが中心
・お題は企業により微妙に異なる

シキボウ：紡績業界の名門で繊維部門は原糸・素材からアパレル製品まで。フィルタークロスや化成品の産業材部門、商業施設・マンションの不動産部門も（読売新聞2023年8月22日／84ページ参照）。

力を入れたこと、の略)の3点。

なお、ESはお題を企業側が自由に設定できる。そのため、同じ設問でも企業により微妙に異なる。

ESの基本は「設問の指示に従う」「分かりやすく書く」「学生個人の話を書く」の3点。

「企業への熱意をアピールすべき」「仕事につながるような活動を中心に」「成功体験を中心に」などと書いてある就活マニュアル本がある。100％不正解とまでは言わないが、このマニュアルを妄信した結果、先の3点を無視したESにしてしまう就活生が実に多い。

〈設問指示の無視はNG〉

本項ではESの基本のうち、「設問の指示に従う」について、解説したい。

「あなたの弱みは何ですか?」との設問があった、としよう。

この設問に対して、

「私の弱みは～です。しかし、～をした結果、今では私の強みになりました」

と、書く就活生は多い。こうしたまとめ方をするよう、指導するマニュアルもあるからだ。

それでは、この書き方でES選考を突破できるか、と言えばきわめて難しい。内容の良し悪しではない。過去の弱点と現在の強みを回答しており、設問の指示を無視している。

〈たかが設問、されど設問〉

日本の就活において、企業側は再現性の有無を気にする。そのために、ES・履歴書や面接が存在する。

それでは、上記のような設問の指示を無視した回答を提出したらどうなるか。企業側は「ESの設問の指示を守れないのなら、入社後も上司や先輩社員の指示を守れないだろう」と悪い再現性を見てしまう。企業からすれば好ましくない以上、落とすことになるわけだ。

もしも、設問の指示が「あなたの過去の弱みは何ですか?　また、それをどのように克服しましたか?」であれば問題ない。このように、たかが設問、されど設問である。ESだけでなく、面接の大原則として留意する必要がある。

それでどうする?

・設問の指示は絶対に守る

・相手に分かりやすく書く

・凄い学生も平凡な学生も自分の話を書く

ライフドリンク カンパニー:飲料メーカー。容器から内製化、少品種多量生産と価格競争力を高めて量販店やネット経由で販売(読売新聞2023年8月18日／84ページ参照)。

2 文体は常体の方が 文字数は少なくて済む

文体は敬体の方が柔らかく好印象

関連データ

全体　敬体の方が良い　66.6%
常体の方が良い　9.8%
20代　敬体　55.2%　常体　22.4%

官公庁などが示す文書を読む場合、「です・ます」体と「だ・である」体とどちらが良いか

※文化庁「平成30年度　国語に関する世論調査」（2019年）

解説

文体とは文章の様式のこと。

日本語で文章を書く際には文体を統一する必要がある。

敬体は「です・ます」調とも呼ばれ、丁寧語で構成される。

柔らかい印象を与えやすく、そのため、企業の消費者向けの説明書・PR文などでは敬体利用が多い。

文末は常体よりもバラエティに富み、変えやすいのも長所だろう。

常体は普通の言葉（文部科学省・学習指導要領）、要するに「だ・である」調だ。なお、本書もこの常体を採用している。

文字数が少なく、その分だけ情報を詰め込める長所がある。

逆に欠点は文末が単調になりやすく、堅い印象を与えやすい。

敬体と常体の違い

敬体＝です・ます調
・～です、～ます、～でした、～ました
・丁寧語で構成
・教科書や消費者向けのPR・説明書など
・文末がバラエティに富む

常体＝だ・である調
・～だ、～である、～だった、～であった
・「普通の言葉」（文部科学省・学習指導要領）で構成
・公的な文書、学術論文、新聞など
・文末が単調になりやすい

文体の統一、例外は詩や歌詞など。Ado「うっせぇわ」だと「あなたが思うより健康です」など敬体が混ざる。もっともビジネス文書に準じるES作成の際は無関係ということで。

〈敬体・常体に関連する就活調査はないが〉
就活において、敬体・常体、どちらが多いかをまとめた調査はなかった。文化庁調査だと、「官公庁向け文書なら」という条件付きながら、敬体が圧勝。ただし、20代では常体支持が22.4％。
大学生は学術論文やそれに準じる専門書などを読む機会が多い。レポート・論文も常体が中心となる。その影響ではないだろうか。
〈就活では敬体支持が多数となる理由〉
著者のES添削や就活相談などの事例を振り返ると、敬体7割・常体3割。ただし、地方国公立大や理工系学部だと、半々くらいのイメージだ。
採用担当者に取材すると、「どちらでも構わない」とする意見が多数だった。
ただ、そこから、あえて、どちらか、と問うと、敬体支持が多かった。
「常体だと、論文を読んでいる気になるので疲れる」
「常体だと、唐突感があるような印象がある」
「敬体の方が柔らかい感じが出て印象が良くなる」
などの意見だった。
さらに、常体に否定的な意見が一定数ある一方、敬体に否定的な意見はほぼゼロだった。
〈敬体の方が文末表現は豊か〉
著者としては、敬体の方をお勧めしたい。常体だと、文末表現が単調になりやすい。その点、敬体だと、常体よりも文末表現は多い。そのため、文章を読みやすくする効果がある。
それから、上記の採用担当者のコメントのうち、「柔らかい感じ」をもう少し解説すると、常体は「上から目線」を感じるからだそうだ。敬体だと、はっきり書いていなくても、就活生のへりくだった感じがする、と回答する採用担当者もいた。単なる印象論ではあるが、こうした意見が複数出ている点は注目したい。

それでどうする？
・文体はどちらかに統一する
・敬体の方が柔らかさを出せる
・常体だと文末が単調になりやすい

八洲電機：日立系商社。工場や鉄道向けなどに機器納入、設置工事まで一括提供。プラント事業は大型案件が順調（読売新聞2023年8月10日／84ページ参照）。

3 文章の長さは気にしなくてもいい

文章は適度に短くした方が読みやすい

官公庁などが示す「お知らせ」や広報等の文書を読む場合、どのようなことを望むか

伝えたい用件や結論が最初に書いてあること　45.6%（4位）　一つ一つの文章が短いこと　35.2%（6位）

※文化庁「平成30年度　国語に関する世論調査」（2019年）

ESの選考通過率を上げるために誰にでもできること、その1は文章を読みやすくすることである。まずは下記の例をご覧いただきたい。

就活生のES原文（一文が長い）

私達の代がサークルの運営代になった際、今後サークルをよりよくしていくために現状の課題や今後の指針について話し合う機会が何度もありました。話し合いの中では議論が白熱し、初めに定めたテーマから脱線してしまう時があり、そこで私は周りに流されず冷静さを保ち「議論の論点がずれているから戻そう」「さっき流れてしまったけれど、この問題はどうする？」といった風に呼びかけるようにしました。また思うように解決策が浮かばず、議論がなかなか進まない時もありましたが、その時は自ら率先して意見を出すなど、意見を交わし合ううちに見えてこなかった視点を発見し課題解決に繋がりました。

この項目から文章の基本を解説。と言っても、この基本、小学校の国語で教えている内容。なぜか大学生や若手社会人となると、この基本を忘れる人が多くなる模様。

サークルの討論をリードしたことは何となくは理解できるが、一文が長すぎる。68字・119字・91字。特に2文目は「話し合いが脱線した」「冷静さを保つようにした」「〜と呼びかけた」と内容を詰め込み過ぎている。

そこで、内容はほぼそのままで、文章を適度に短く変えたのが下記の例である。大幅に読みやすく、伝わる濃度も変わったのではないだろうか。

〈一文あたりの文字数の目安は？〉

それでは、一文につき、文字数はどれくらいにするべきか。

明確なルールはない。ただし、制限文字数が400字以内の場合、40字程度を一つの目安としてほしい。そのうえで、全文の短縮が難しいなら1項目につき、2文か3文程度はやや長めのものも許容範囲。長めと言っても、60字程度がいいところだろう。

一文は適度に短く。これにこだわるだけでESはより良くなる。

第7章 エントリーシート・履歴書の誤解

就活生のES改造例（一文を適度に短くした）

私達の代がサークルの運営代になったときのことです。今後サークルをよりよくしていくために現状の課題や今後の指針について話し合う機会が何度もありました。話し合いの中では議論が白熱し、初めに定めたテーマから脱線してしまう時があります。そこで私は周りに流されず冷静さを保つようにしました。そのうえで、「議論の論点がずれているから戻そう」「さっき流れてしまったけれど、この問題はどうする？」などと呼びかけるようにしました。思うように解決策が浮かばず、議論がなかなか進まない時もあります。その時は自ら率先して意見を出すようにします。意見を交わし合ううちに見えてこなかった視点を発見し課題解決に繋がりました。

それでどうする？

・長すぎる文章は読む気がなくなる

・ESの文章は適度に短くする

・1文40字程度、長いものは2〜3文で60字程度

三菱鉛筆：文具メーカー大手。なお、三菱グループとは無関係。三菱マークは三菱財閥より先に商標登録。2010年代、三菱系との勘違いから不買運動を呼び掛けた人物が炎上したことも。

4 文末表現は気にしなくてもいい

ホント　文末は適度に変えると読みやすい

関連データ
学術論文　　1位：〜と考えられる
2位：〜と言える　　3位：〜だろう

学術論文・
レポートで
の文末表現

※酒井晴香・関玲(筑波大学)「文末モダリティ表現に焦点を当てた大学生レポートの問題――コーパスを用いた実態調査より――」(2020年／研究論文)

解説

文章表現の基本ルール、その2は「文末表現は適度に変える」。

就活生のES原文(文末が単調)

私が学生時代に頑張ったことは動物病院のアルバイトです。ここでは動物看護を専門としない学生のアルバイト採用はこの動物病院では初めてでした。実際に動物病院で一緒に働く方は学生ではなく動物看護について学んでいる看護師であり、初め出来る事は限られていました。 また、来院された飼い主の方から処方箋やペットの状態、例えば薬とご飯の飲み合わせについて聞かれたときに対応することができませんでした。その原因は自身の勉強不足にあり、そこで、知識がなくてもできることを徹底しようと考えました。例えば、看護師さんの手が回らない所の掃除などでした。私は常に「今自分にできること」を考え、それを行動に移しました。

専門知識については本を借りて学び、分からないことや疑問点はその都度看護師さんや先生に質問しました。他にも、動物院の代表として看護師の集まるセミナーにも参加しました。保定は動物病院で飼っている犬で練習し、身につけました。また、実家に帰ったら必ず飼っている犬で爪切りの練習も行いました。その結果、今では看護師さんとほぼ同じ仕事を任せていただいております。

日清医療食品：病院・医療施設・福祉施設などに提供する食事サービスでトップシェアの企業。なお、日清食品とは無関係。社名の由来は初代社長の名前と日本一を目指すの「日」の掛け合わせ。

文末表現の繰り返しは何回までなら許容範囲か。

こちらも明確なルールはない。

ただし、目安としては、「〜でした」「〜ました」は2回まで、と考えてみてはどうだろうか。3回、繰り返しそうになるのであれば、その行の文末は他の表現に変えた方が良い。

〈「でした」「ました」以外の文末表現を使おう〉

「過去の話だから『でした』『ました』になるじゃないですか」と考える就活生もいる。エントリーシート提出前に、小学校国語の教科書を読むか、小学校入学願書の提出をお勧めしたい。

「〜だったのです」「〜したこともあります」などでも十分、過去を表現できる。体言止めも有効だ。

ただし、体言止めの多用はこれも幼稚すぎる。1項目につき1回か2回程度だろう。

ESであっても、人が読むものである。読みやすくするためにも、文末は適度に変えるようにしてほしい。

就活生のES改造例（文末を適度に変えた）

大学入学後から3年間、動物病院のアルバイトをしています。動物看護を専門としない学生のアルバイト採用はこの病院では初めてでした。他のアルバイトは動物看護師の資格を持つ方ばかりです。そのため、来院された飼い主の方から患畜の症状など細かいことを聞かれても回答できませんでした。そこで私は自ら勉強することにしました。まず、動物関連の専門雑誌等をできるだけ読むことから始めたのです。そのうえで、分からないことは先生や動物看護師に質問するようにしました。動物看護師の勉強会に志願して参加したこともあります。爪切りの練習も継続。その結果、今では動物看護師とほぼ同等の仕事を任せていただいております。

それでどうする？

・ESの文章の文末は適度に変える

・「でした」「ました」は2回が限度

・体言止めを含め、過去表現の文末を利用する

日清製粉グループ：製粉分野で国内トップ。なお、日清食品とは無関係。ただし、原材料の仕入れなどから株式は相互保有。スタジオジブリ制作のキャラクターがCMに起用されている。

5 接続詞表現は気にしなくてもいい

ホント	接続詞の繰り返しは読みづらくなるだけ

関連データ	1位：また　2位：しかし 3位：および　4位：一方 5位：そして	研究論文で頻出の接続詞

※徐衛（蘇州大学交換教員）「日本語母語話者と学習者の学術論文における接続詞の調査」（2020年／『花園大学文学部研究紀要第52号』）

解説

文章表現の基本ルール、その3は「接続詞表現の繰り返しに注意」。
特に、「また〜」「あと〜」を繰り返すと、それだけで幼稚な内容と化してしまう。
下記の例を見ていただきたい。
1項目400字以内のESで「また」「あと」を4回も使っている。
なお、この「また」「あと」の多用は就活生だけではない。社会人でもそこそこいる。
その多くは自分の考えがまとまっていない、言われたことしかやらない、あれもこれも伝えようとして結局は伝わらない、などの傾向がある。

就活生のES原文（接続詞がくどい）

あと、長く続けていくうちに、どのようにしたらお店が効率よく回るのかということや、売り上げが上がるのかということを考えられるようになりました。**また**、人とのコミュニケーション力や、人を指導する力などを学ぶことができました。**また**、新しい店舗がオープンした際には、オープニングスタッフとして、慣れないことも多かったですが、働くことができました。**あと**、そこにおいても、リーダーシップや臨機応変な対応力など多くのことを身につけることができました。

接続詞表現を分かりやすくまとめた新書が『文章は接続詞で決まる』（石黒圭、光文社、2008年）。
小説・詩や実用本などの例から接続詞の使い方を分かりやすく解説した名著。

では、この接続詞表現はESではどうすればいいか。

これも明確なルールが存在するわけではない。ポイントとなるのは各項目の文字数制限だ。

大半のESは各項目とも400字以内とする企業が多い。400字でなくても、200〜500字程度であろう。

それくらい少ないのであれば「接続詞は使用しない」「接続詞は使っても1回が限度」のどちらかが良いだろう。

〈接続詞をうまく使えば読みやすくなる〉

この就活生のESを添削した際に、まず、くどい内容や接続詞をひたすらカットしたものが下記の改造例1である。

一方、改造例2では、「ベテランアルバイトとして期待され」の部分を補強するために、「それから」を入れた。どちらがいいかは就活生のご判断にお任せしたい。

このように、接続詞の使い方を間違えれば、悪文となり、読みづらい文章となる。逆に、接続詞をうまく使えば読みやすい文章となる。ESや就活だけでなく、社会人以降も使える文章術なので覚えておくと得をする。

就活生のES改造例（接続詞を少なくした）

改造例1

長く働いているうちに、効率、指導力なども学ぶことができました。新店舗をオープンするときにはベテランアルバイトとして期待され、オープニングスタッフとして派遣されたこともあります。

改造例2

長く働いているうちに、効率、指導力なども学ぶことができました。それから、新店舗をオープンするときにはベテランアルバイトとして期待され、オープニングスタッフとして派遣されたこともあります。

それでどうする？

・ESで接続詞は使わないか、同じ表現は1回のみ

・「また」「あと」の多用は幼稚化するだけ

・接続詞をうまく使えば読みやすくなる

日清オイリオグループ：食用油のトップシェアを持つ油脂・調味料メーカー。なお、日清食品とは無関係。社名の由来は日本の「日」と当時の中国の「清」から。「夏（暮れ）の元気なご挨拶」は同社CM。

6 箇条書き・見出しで読みやすくした方がいい

ホント	箇条書き・見出しの使用で中身が薄れてしまう

関連データ	1位：また　2位：しかし 3位：および　4位：一方 5位：そして	研究論文で頻出の接続詞

※徐衛（蘇州大学交換教員）「日本語母語話者と学習者の学術論文における接続詞の調査」（2020年／『花園大学文学部研究紀要第52号』）

解説

「箇条書きや見出しを付けることでESを読みやすくしよう」

こんな就活マニュアル本が存在する。心なしか、新聞・出版業界出身の講師に主張する方が多い印象がある。新聞にしろ、出版にしろ、見出しをどう付けるか、どのように分かりやすくまとめるか、関係者は皆、心血を注いでいる。

就活生のES原文（見出しあり・箇条書き）

【ガソリンスタンドでの売り上げ増加への貢献】

アルバイトで頑張ったことはアルバイト先のガソリンスタンドで売り上げを立てようと努力したことです。その背景には3つの理由がありました。

①もらっている給料に見合った仕事ができているのかと感じたこと

②ガソリンスタンドの売り上げ低迷

③社員さんから売り上げが立っていなくて困っていると聞いたこと

そこで私は〜（以下省略）

日立造船：環境設備や産業機械などのメーカー。なお、日立製作所は無関係。戦前は日立製作所傘下だった。2002年に造船部門を手放した。関西財界では名門。2024年秋にカナデビアに改称予定。

著者も出版業界の片隅にいる人間なので、その心境はよく理解できる。

だが、ESで制限文字数が200～500字程度であれば、著者は箇条書きも見出し付けも無意味、と考える。

左ページ下の就活生の原文を読んでいただきたい。お題は「学生時代に頑張ったこと」。

お題ですでに主語は明らかなはず。それが、見出し付けと冒頭でも同じ話を繰り返している。さらに、②と③はほぼ同一。そのうえ、②は短文であり、改行している分だけ、空白が生まれる。読みやすいと言えなくもない。その反面、就活生がアピールできる内容は空白の分だけ薄れてしまう。

〈箇条書きは無理に使う必要はないが〉

箇条書きをどうしてもしたいのであれば、文章による箇条書き表現がある。下記の改造例は、②と③を一つにまとめた。そのうえで、改造例1は「さらに」という接続詞を使用した。改造例2は「第一に～。第二に～」。

いずれも、すっきりとまとまっている。

なお、長文のESであれば話は変わり、箇条書きや見出しをうまく使用すると良い。その方が読みやすくなるからだ。

箇条書きや見出しは、ESの制限文字数によって変えていくといいだろう。

就活生のES改造例（箇条書き・見出しを整理）

改造例1

その理由としては、給料に見合った仕事ができているのかと感じたからです。さらに店舗の売り上げも低迷していました。アルバイトであっても貢献したいと考えた私は～。

改造例2

その理由としては2点。1点目は給料に見合った仕事ができていないのでは、と感じたからです。2点目は店舗の売り上げの低迷です。アルバイトであっても貢献したいと考えた私は～。

それでどうする？

・箇条書き・見出しは文字数を削る分だけもったいない

・接続詞など文章表現による箇条書きでまとめる

・ESの制限文字数によっては箇条書き・見出しを使用する

富士フイルム：精密化学メーカーの大手。「フィルム」ではなく「フイルム」。元は写真フィルム中心だったが現在は大幅に縮小。代わりにヘルスケア関連や高機能材料などが中心。

7 事実を丁寧に書いた方がいい

ホント	事実を相手に分かりやすく「翻訳」する

関連データ	親しみやすい表現が使われていること　59.9%(2位) 難しく堅苦しい漢字や語句が使われていないこと　46.6%(3位) ※文化庁「平成30年度　国語に関する世論調査」(2019年)	官公庁などが示す「お知らせ」や広報等の文書を読む場合、どのようなことを望むか

解説

「就活翻訳」は著者の造語で、「学生の個人経験を、知らない人にも伝わるように分かりやすくしよう」、これだけだ。

ところが、これができない就活生が多い。就活生によっては「正しい情報を伝

就活生のES原文(就活翻訳なし)

原文1：体育会系の役職
私は柔道部の渉外担当副部長でした。渉外として活動したところ、練習試合の運営が円滑になりました。

原文2：マイナーな競技
私が学生時代に力を注いでいたことは、「アルティメット」というスポーツサークルです。

原文3：多すぎる情報
私は中華料理店でアルバイトをしていました。四川料理が名物で〜、当初は日本語が通じず苦労しました。

キヤノン：精密機器メーカーの大手。「キャノン」ではなく「キヤノン」。「ヤ」が大文字の理由は「全体の見た目の文字のバランスを考え、きれいに見えるようにしたから」(同社サイト)。

えた方が盛るよりもいいのではないでしょうか？」と質問してくる。ウソをつく、盛る、これが良くないことは28～29ページで解説した通りだ。

〈身内以外にも分かる「翻訳」を〉

就活翻訳は、この「盛る」とは方向性が逆になる。正確さよりも分かりやすさを優先するからだ。採用担当者からすれば、ウソをつかれるのは困る。だが、正確であっても分かりにくければそれはそれで困る。

多すぎる情報は整理しないと伝わらない。それが曲解されて「サークル・部活・アルバイトはありきたり」「マイナーな競技やアルバイトはダメ」などと間違ったマニュアルに転化することがある。

メジャーであろうとマイナーであろうと、相手（採用担当者）に分かりやすく伝わればそれで十分。下記の改造例の1は「渉外担当副部長→OB会の担当」に。2はマイナー競技を補足した。3は「四川料理」がどうでもいいのでカット。代わりに、なぜ、日本語が通じなかったのか、補足した。

就活翻訳、もし、一人でできないようであれば、キャリアセンター職員などに相談してみるといいだろう。

就活生のES改造例（就活翻訳）

改造例1：体育会系の役職

私は柔道部でOB会を担当していました。卒業生に練習試合等の審判を依頼することが主な仕事です。

改造例2：マイナーな競技

アルティメットのサークル活動です。アルティメットとはフリスビーを使用するグループ競技で～。

改造例3：多すぎる情報

個人経営の中華料理店でのアルバイトです。私以外のアルバイトは中国人留学生で、中国語が飛び交う店でした。

それでどうする？

・就活翻訳をすることで分かりやすくなる
・内輪受けでは通用しない、という前提でESを作成する
・就活翻訳とは、表現の言い換え、補足説明、大幅な削除を指す

キユーピー：食品メーカー大手。「キューピー」ではなく「キユーピー」。キヤノンと同じくデザイン上の理由から大文字に。ロゴマークのキユーピー人形はイスラム圏では羽がない。

8 期間の長さは書く必要がない

ホント	期間の長さを書けば説得力が増す

関連データ	アピールできそうなこと 「アルバイト経験」60.0%、「学業・研究活動・ゼミ活動」56.5%、「サークル・部活動」(合算)36.9% ※マイナビ「2024年卒大学生活動実態調査(3月1日)」(2023年)

解説

自己PRやガクチカでアピール材料としたものは、どれくらいの時間をかけたか、明記した方がいい。

この点に無自覚な就活生が実に多い。

学生からすれば、就活前は同じ授業を受け、同じ特性を持った環境で過ごしている。狭い世界なので外に細かく説明する義務などどこにもない。

就活生のES原文（期間の明示なし）

原文：私は留学に力をいれました。留学では〜という経験があり〜。

就活生A「留学は半年間でいい経験だった。英語力も上がったし、その話を書こう」

就活生B「留学、本当は1週間の短期語学研修だけど、別にいいよね。いい経験だったし」

ブリヂストン：タイヤメーカー大手。「ブリジストン」ではなく「ブリヂストン」。創業者の石橋正二郎の名前から「bridge」「stone」を組み合わせたもの。直訳だと語呂が悪いので逆に。

ところが、就活となると、企業側は学生のことを知らないことが前提となる。その説明義務は就活生側にある。このシフトチェンジに気づかず、無自覚のうちに専門用語を使う、あるいは期間を明示しない就活生が存在する。

その結果、いい経験をしてアピール材料になるのに、誤解されて選考落ちとなるケースが就活では多い。

左ページのES原文は留学経験者によるものだ。就活生A・Bとも同じ内容となっている。留学期間は就活生Aが半年間、就活生Bは1週間しかない。もっと言えば、就活生Bの留学は、正確には短期語学研修である。

誰がどう考えても、留学経験で重みがあるのは就活生Aの方であり、就活生Bの方は軽すぎる。

しかし、留学期間を明示していないと、いい経験をしたはずの就活生Aと、大した経験をしていない就活生Bの内容は同一となってしまう。

その結果、採用担当者は就活生Aと就活生B、どちらが良いのか判断できない。あるいは、「期間を書いていない、ということは大した経験ではなかった」と判断し、就活生A、Bとも、書類選考で落とすこともある。

〈期間を書かないだけで選考落ちも〉

就活生Aからすれば、半年間の留学経験で就活を乗り切れる、と思いきや、書類選考落ちとなり、ショックを受けるだろう。しかも、外国語・国際系学部の学生は半年や1年の長期留学者が多い。学内では「留学＝長期」が常識であり、まさか、1週間の短期語学研修で留学と言い張る就活生がいるとは想像すらしていない。その留学ネタが不発に終わるため、大学・学部によっては「留学はありきたりでアピール材料にならない」と誤解して広まることすらある。

その点、留学期間を「半年間」と入れるとどうなるか。採用担当者の無用の誤解を避けることが可能となるのだ。なお、これは留学以外でも同じである。

アピール材料とする内容について期間が長ければ長いほど、説得力が出てくる。とは言え、ガクチカであれば「学生時代」と条件が付いている以上、最長で3年。目安としては半年くらいだろうか。

留学以外でも、サークル・アルバイトなど、具体的な実績がなくても長く続けたものをアピール材料として選択した方が良い。そのうえで、期間を明記すると、選考の通過率も上がるだろう。

それでどうする？

・かけた期間の明記は就活翻訳の一つ

・アルバイト・サークルその他何でも半年が目安

・期間を明記しないと、それだけで有効性が疑われる

自己PRだとガクチカと違い「学生時代」という条件がない。その分だけ、大学以前から続けているスポーツなどもアピール材料に。長く続けたものがあれば検討を。

9 志望動機が最重要

ホント	志望動機の優先順位を下げる企業が増加中

関連データ

内(々)定企業への志望度向上に特に影響が大きかったこと(17年卒→22年卒)
自分がこの企業で働くイメージを持つことができた　37.5%→36.0%
自分のことをよく理解しようとしてくれた　25.0%→32.0%
自分自身のために十分な時間を割いてくれた　14.8%→19.3%

※リクルートマネジメントソリューションズ「大学生の就職活動調査2021」(2021年)

解説

では、ここからESの主要3テーマ(志望動機、自己PR、ガクチカ)について解説していく。まずは志望動機から。ネットに出ている話を元に適当に書け。以上。

ふざけるな、と就活生諸君からSNSで袋叩きにあいそうだが、まずは最後まで読んでいただきたい。確かにネットや多くの就活マニュアル本では志望動機を最重要とするものが多い。2000年代までは多くの企業で該当していた。当然ながら、志望動機対策の記事やマニュアル本が多数、出回る。

〈志望動機は似て当然〉

その結果、2010年代に入り、「志望動機はそこまで重視するほどではない」との見方が大企業などで一般的となる。2012年には志望動機について、似たものになるのは仕方ない、とする採用担当者のコメントが

> **日本経済新聞電子版「お悩み解決！就活探偵団」(2012年1月25日公開)記事より**
>
> グンゼの人財開発室の姫田拓也さんは、そもそも学生が面接官に強い印象を与える志望理由を言うのは難しいと見る。「(社会経験のない学生が)もともと当社を深く知っているとも思えない。どの学生も似たような志望理由を言うのは、ある程度仕方がない」という。これは各社共通のようだ。

ビックカメラ：大手家電販売チェーン。「ビッグカメラ」ではなく「ビックカメラ」。創業者がインドネシアで聞いた「big」のスラングが由来。「大きい」以外に「中身を伴った大きさ」の意味もあり。

日本経済新聞に掲載される。

さらに売り手市場の長期化により、「志望度を上げるのは学生側ではなく企業側」「志望動機をしっかり見るのは選考中盤以降で十分ではないか」との見方が大企業だけでなく中堅規模の企業、あるいは採用対策に熱心な中小企業などに広がる。その証左が左ページ上の調査だ。企業側が志望度を上げようとする内容は2017年卒と2022年卒を比較すると、それぞれ上昇している。

〈志望動機より自己PR・ガクチカ重視の時代へ〉

著者が取材したところ、2024年現在、志望動機を重視しているのは中小企業が多い。他は下記にあるように、選考序盤ではそこまで重視していない。従業員数が300人を分水嶺として下回ると心なしか、志望動機重視派が極端に増える。重視している企業も、結局のところ、その企業への入社意欲を伝えることに尽きる。それで他の就活生と差別化できない？　そう、差別化のしようがないのが志望動機だ。そのバカバカしさに気づいた企業はだからこそ、志望動機の優先順位を下げている。

そうでない企業に対しても、就活生側が付き合うしかない。すでにネットなどに散々出ている話を長々書く必要がない以上、「ネットに出ている話などを元に適当に書け」としか言いようがないのだ。

志望動機をどう見るか採用担当者に聞いてみた

「エントリーシートはOpenES（リクナビ）を利用。自由設定の項目で志望動機を入れることもできるが、あえて入れない」（機械）

「エントリーシートは、志望動機が200字に対して、自己PR・ガクチカは各400字で差を付けている」（食品）

「エントリーシートに志望動機の欄は設けているが、実は読んでいない。ちゃんと読むのは自己PRとガクチカ」（商社）

それでどうする？

・志望動機の優先順位は下がっている
・他の学生と同じ内容になる確率が高い、と割り切ってまとめるしかない
・志望動機より自己PRやガクチカの方が重要

いすゞ自動車：トラック・バスなどを中心とするメーカー。「いすず」ではなく「いすゞ」。社名の由来は伊勢神宮に流れる五十鈴川から。戦前に車名の商標で使用し、戦後に商標と社名を統一。

10 志望動機は企業への 熱意を出すことが重要

ホント　志望動機で自己PRを混ぜる 手法もあり

関連データ　内(々)定企業への志望度向上に特に影響が大きかったこと(17年卒→22年卒)
自分がこの企業で働くイメージを持つことができた　37.5%→36.0%
自分のことをよく理解しようとしてくれた　25.0%→32.0%
自分自身のために十分な時間を割いてくれた　14.8%→19.3%
※リクルートマネジメントソリューションズ「大学生の就職活動調査2021」(2021年)

解説

志望動機の続き。志望動機は、その企業を志望した動機や意欲を書いていく。これはほぼパターンが決まっており、しかもネット等にすでに出ている。それを真似れば十分、というのが前項だった。もちろん、この書き方では就活生個人のカラーが出るわけがない。出そうとしたところで無駄に時間がかかり、しかも文章として破綻するのが就活序盤でよくあるパターンだ。

だからこそ、無理にカラーを出そうとせず、どうせ他の就活生も同じことを書いているのだろう、と割り切って書くしかない。

ただし、どうしても、というのであれば、自己PRを混ぜる志望動機という書き方がある。具体的には2パターンあり、自己PR中心型と自己PR混合型だ。

志望動機・自己PR中心型のまとめ方パターン

私の強みは××です。【書き出し】

その強みは～。【自己PRについて具体例をもって説明】

私の××という強みは貴社に貢献できると考えて志望しました。【志望動機と結びつける】

イトーヨーカ堂：スーパーチェーンの運営企業。「イトーヨーカドー」ではなく「イトーヨーカ堂」。当初は羊華堂だった。店舗は「イトーヨーカドー」。

〈自己PR中心型だと使い回し可能だが〉

自己PR中心型だと大半の業界・企業に対して使い回すことができる。労力はかからないので、空いた時間を他のことに振り分けられる点がメリットだ。反面、就活序盤で評価を下げる可能性は混合型よりもやや高い（特に志望動機重視の中小企業）。また、選考が通過しても中盤以降の選考では改めてその企業になぜ入社したいのか、別の志望動機を話せる準備が必要となる。

余談だが、かつて、著者が志望動機の添削も引き受けていたときのことだ。この自己PR中心型で添削、就活生はある中小企業にそのまま提出した。すると、その社から連絡が来たそうだ。いわく、「この志望動機だと、弊社以外にも当てはまるような印象があります。ただ、××さんと一緒に働きたい思いがあり、可能であれば再提出していただけないでしょうか」。そこでベタな書き方で再添削。就活生が再提出したところ、あっさりと内定まで至った。このように、自己PR中心型は中小企業だと、途端に受けが悪くなる。

〈自己PR混合型だと企業の話も入る〉

混合型は自己PRと企業理念などを結びつける手法となる。こちらは就活序盤で企業ごとに企業理念などを調べる手間がかかる。一方、中心型よりも選考序盤で落とされるリスクは志望動機重視の中小企業を含めてやや低いこと、中盤以降の面接で改めて志望動機作成に取り組まなくても済むことなどはメリットだろう。なお、中心型・混合型ともに志望動機で自己PRとして使うネタは自己PR・ガクチカとは別にした方が良い。

ベタな書き方、自己PR中心型・混合型、それぞれ、企業に合わせて使い分けてみてはどうだろうか。

志望動機・自己PR混合型のまとめ方パターン

私の強みは××です。【書き出し】
その強みは〜で〜。【具体例説明】
貴社の企業理念には〜という部分があります。【企業理念など】
私の××は貴社の〜と同じです。この点で私は貴社に貢献できる、と考えて志望しました。【企業理念などと自己PRのリンク】

それでどうする？

・志望動機に自己PRを混ぜる手法がある

・志望動機に自己PRを混ぜる際は他項目とは書き分ける

・企業により志望動機の書き方を変える

大平洋金属：フェロニッケル専業メーカー。「太平洋」ではなく「大平洋」。1970年の社名変更の際、「国内のみならず、広く海外に発展していくことを希望を込めて命名」（同社サイトより）。

11 自己PRは冒頭から 個性を出すべき

ホント	自己PRの冒頭は短く無個性に

関連データ	官公庁などが示す「お知らせ」や広報等の文書を読む場合、どのようなことを望むか **伝えたい用件や結論が最初に書いてあること　45.6%** **（4位）　　一つ一つの文が短いこと　35.2%（6位）** ※文化庁「平成30年度　国語に関する世論調査」（2019年）

解説

自己PRをまとめるコツ、その1は「冒頭は短く、無個性に」だ。

「私の強みは〜です」「私の長所は〜です」など定型文で十分。そして、「〜」は1フレーズに絞り込むこと。

こうアドバイスすると、就活生からはいつも抗議される。

〈2つのマニュアルが混ざると悪文に〉

「え？　1行目にまず結論を書くべき、と言われた」「ESは個性を出すべき」

結論から先に書く、ESは個性を出すべき。

この2つのマニュアルはそれぞれ正しい。

では、この2つが合わさるとどうなるか。自己PRでは多くの就活生が長々と書いてしまう。その結果、何をアピールしたいのかよく分からない長文の自己PRが大量生産されることになる。

冒頭が長すぎる自己PR・原文

私の強みはどんな困難があっても、負けない、くじけない、立ち上がることを信条として、状況を冷静に見ながら対応する行動力です。

「採用担当者は1行目しか読まないのでは？」との質問多数。これ、いわゆる俗流解釈ないし都市伝説。1行目が長文で意味不明であれば落とすか、読み飛ばしていくかどちらか。

左ページ下の自己PR原文をお読みいただきたい。あまりにも長すぎて、強み
が見えてこない。困難に負けない力なのか、冷静さなのか、それとも、行動力
なのか。

〈1行目はあえて無個性に1フレーズで〉

では、どうするか。簡単で、冒頭は簡潔にすること。どうしても、あれこれ言
いたいのであれば2行目以降にする。そうすれば同じ内容であっても伝わりや
すさが大きく変わる。

そもそも、冒頭を1フレーズだけでなく、長く書いたところで、他の就活生も
同じような書き方をしている。つまり、いくら本人が個性を出したつもりで
も、無個性であることには変わりない。

それに、冒頭が長すぎる自己PRがあまりにも増えた結果、採用担当者は冒頭
だけ読んで終わることはまずない。

確かに採用担当者からすれば全部読むのは物理的に不可能。ただし、慣れてく
れば、ある程度、読み飛ばしていくことができる。

それに、いくら冒頭で個性を出そうとしても、結局のところ、言葉と言葉の組
み合わせが増えただけにすぎない。就活生側がいくら個性を出した、と喜んで
も、それは自己満足だ。読み手である採用担当者からすれば、短文であろうと
長文であろうと、没個性であることには変わりない。大差がないのであれば、
冒頭で無理に個性を出そうとする必然性はどこにもない。

個性を出すべきは自己PRの具体的な内容である。その個性から採用担当者は
選考通過の是非を考える。自己PRをより良くするためにも、冒頭は短く無個
性にまとめるべきだ。

冒頭が短い自己PR・改造例

私の強みは行動力です。どんな困難があっても、負けない、くじけ
ない、立ち上がることを信条としています。そして、状況を冷静に
見ながら対応する行動力です。

それでどうする？

・自己PRの冒頭は短く1フレーズで

・長く書きたいのであれば、それは2行目以降に

・個性を出すのは2行目以降

セッツ：大阪本社の植物油・洗剤メーカー。日清オイリオグループの子会社。コロナ禍ではマルチク
リーナーがヒット。大阪の地元就職にこだわりたいなら同社が志望企業候補に。

12 自己PRは複数あれば それを書く

ホント

自己PRは基本1ネタ

関連データ

コロナの影響で自己PRに困りそうか（2022年卒→2023年卒）
とても困ると思う　11.5%→17.2%
やや困ると思う　26.5%→29.8%
あまり困らないと思う　34.3%→32.1%
まったく困らないと思う　22.9%→16.8%
※ディスコ「2023年卒・11月後半時点の就職意識調査」（2021年）

解説

自己PRをまとめるコツ、その2は「基本1ネタのみ」だ。

これまでの人生でいろいろなことを頑張った学生はどれをアピールすればいいか、迷う。

そこに「自分の個性を出そう」とするマニュアルを読んだ就活生は、「だったら複数書こう」と考えてしまう。

確かに複数のことを頑張ってきた自負があるのであれば、あれもこれも入れたくなる気持ちは分からないでもない。

ただし、自己PRで2ネタ出してしまう就活生は、どのネタをどのようにアピールするか、整理しきれていない傾向が強い。

〈2ネタ出すと薄まる不思議〉

前項でも説明したように「自分の個性を出そう」というマニュアル自体は正しい。

しかし、自己PRであれもこれも出そうとするとどうなるか。

大半のESは1項目当たり、200〜500字程度。400字以内とする企業が多い。

400字というのはあっという間で、1ネタでもどうまとめるかが大変だ。それを2ネタにすると、その分だけ内容が薄まり、読み手（採用担当者）への訴求力が落ちることになる。

関西日立：日立製作所の子会社。日立製作所及び日立関連会社の製造する物品の販売、工事の設計・施工管理、保守及び修理が事業内容。

就活生からすれば、頑張ってきた自分をアピールをするために、2ネタ出した。その意に反して、内容が薄まり、選考落ちの確率が高くなるのは皮肉としか言いようがない。

同じ400字でも自己PRの冒頭や説明などを考えると、実質的には300〜350字というところ。これを2ネタにすると、1ネタ当たり150〜200字しか書けない。

そこまで短い文で内容をきちんとまとめ、かつ、訴求力が落ちない内容とするのはハードルが高い。

参考までにお伝えすると、著者は年に300人近いエントリーシートを無償で添削している。そのうち、自己PRで2ネタ以上、書いてくる就活生は一定数いる。だが、これまでにきちんとまとまった内容を読んだことがない。文章で飯を食べている著者の経験（左ページ欄外）から言っても、少ない文字数で2ネタ以上をきちんとまとめるのは難しい。

〈1ネタなら内容は薄まらない〉

それよりも、1ネタでまとめれば、書ける文字数は300〜350字。2ネタ、3ネタと分割してしまう就活生よりも、きちんとまとめられる。当然ながら、こちらの方が訴求力が高く、選考通過率が高くなる。

どのネタを自己PRで使うのか、これは自己分析や他己分析などを通して考えた方がいいだろう。

〈2ネタ以上出した方がいい例外は〉

この項目の例外はESの長文パターンと設問指定の2つ。制限文字数が800字以上であれば、2ネタ出しても、中身はそう薄まらない（詳細は196〜197ページ）。長文パターンと似ているところで、フリー方式も同様だ。

ただし、長文パターンやフリー方式の場合、1ネタで通すか、それとも2ネタ以上出すかは就活生次第だ。もしも、1ネタをじっくりとアピールしたいのであれば、1ネタで通してもいい。いろいろとアピールしたいのであれば、2ネタ以上でもいいだろう。

目安は1ネタ当たり300〜400字程度、書けるかどうか。もちろん、この目安も絶対的なものではないことはお断りしたい。

それと、設問で「自己PRしたい内容を2点、教えてください」などと指定されていればそれに従うしかない。

それでどうする？

- 自己PRは基本1ネタで通す
- 2ネタ出すと中身が薄まり選考通過率が落ちる
- 2ネタ書けるのは長文パターンか設問指定のいずれか

いづよね：神戸市が本社の米穀業。地元の中小企業合説では常にトップの集客を誇る。インターンシップでは米の炊き方、米の食べ比べとノベルティ米デザイン。別の回ではなぜかChatGPT講座。

13 自己PRは過去のエピソードなら何でもいい

ホント

自己PRで出すエピソードは何でもいいことはない、限度がある

関連データ

学生生活が「充実している」（「充実している」＋「まあ充実している」）

88.8%（2019年）→74.2%（2020年）→87.5%（2023年）

「58回学生生活実態調査 概要報告」 全国大学生活協同組合連合会（2023年）

解説

自己PRをまとめるコツ、その3は「新旧とその期間」だ。

期間の長いものを出した方がいいことは156〜157ページで説明した。これは自己PRでも同じだ。

〈自己PRは時期を限定していないけれど〉

では、新旧とは何か。大学生であれば、自己PRのネタは大学時代、古くても高校時代のものが限度だろう。

著者の過去の添削事例、ならびに採用担当者の取材結果を合わせると、右ページの図のような実例があった。

たとえば、50代の社会人がいるとしよう。20年前となる30代の行動・実績を出しても、大きくは変わらないことが多い（もちろん、変わる人もいる）。

一方、20代の大学生はどうか。4年前は高校生、8年前は中学生、10年前は小学生だ。そのときと変わらない部分はあるだろう。それでも10代は大きく成長する年代である。それから20代も。

〈古すぎる自己PRを採用担当者が敬遠する理由〉

成長したはずの大学生が小中学生の古い話を出すとどうなるか。その後、成長した学生像を採用担当者は正確に見ることができない。

小中学生ネタを出してしまう就活生のパターンとしては実績・肩書に対する誤解も大きい。他ページでも述べているが、企業が求めるのは実績・肩書ではないから無理しないように。

それ以上のデメリットとしては自信のなさを見透かされてしまう点にある。
「大学や高校の話を出せるところ、小中学生の時のエピソードとは。よっぽど、その後の高校・大学で大したことがなかったからか」、と。
あまりにも古い話を自己PRのエピソードに使うとこうしたデメリットがある。できるだけ避けた方がいいだろう。

古すぎる自己PR

就活生A

私の強みはコミュニケーション能力です。小学生の時、友達のケンカを仲裁しました

私の強みはリーダーシップです。中学2年生の時、スポーツ大会の委員長を務めました

就活生B

採用担当者

自己PRのネタが古すぎ。大学でアピールできるネタはないということ？

それでどうする？

・自己PRでも期間の長さを示す

・古くても高校時代のものが限度

・小中学生の話を出すと誤解される可能性大

企業CM1・大成建設：2008年からアニメCMを開始。2011年・ボスポラス海峡編から新海誠を監督に起用。以降、スリランカ、ベトナム、シンガポール、ミャンマー編も。30秒でも名作。

14 自己PRは自己分析結果を元に構成する

ホント	自己PRは他己分析結果も反映すると良い

関連データ	インターンシップ・1day仕事体験に応募したきっかけ その会社、業界が自分に合っているかどうかを身を もって知るため　37.2%（5位）　　自己分析を進める ため　33.5%（6位）　　他の学生と接触して自分のレ ベルを確認するため　14.6%（10位） ※リクルートマネジメントソリューションズ「大学生の就職活動調査2021」（2021年）

解説

自己PRをまとめるコツ、その4は「他己分析を入れる」だ。

他己分析については134〜135ページに示した。

そこで、もし、就活生の周囲にいる人が就活生の人となりを語ってくれたのであれば、それを入れる。これが、自己PRに他己分析を活用する手法だ。なお、ガクチカでも同様の手法は使える。

この手法は必須、というわけではない。特にないようであれば無理に入れることはない。

〈他者の評価が信用度を高める〉

さて、就活生は自己PRで自分の良さを企業にアピールしなければならない。

それは社会人でも同じだ。ラーメン店であれば「うちのラーメンはうまい」と宣伝するし、スーパーやディスカウントショップに行けば「今日は安くてお得ですよ」と宣伝する。就活本であれば「この本こそ就活のノウハウが全て詰まっている」と宣伝するのが当然だ。

ところが、自分がいくら言ってもなかなか信用してもらえない。これは就活であれ、社会人であれ、同じだ。

何しろ、自分で言う分にはいくらでも言える。それで税金が余計にかかるわけで

企業CM2・SCSK：2022年から今田美桜を起用。「無いぞ、知名度。SCSK　あるぞ、ITの可能性」は自虐とアピールのミックスで分かりやすい。ITの超優良企業で子会社を含め受ける価値あり。

もない。自分以外の他者も同様であり、だからこそ、そう簡単には信用しない。そこで、学生でも社会人でも、他者がどう見ているのかを知ろうとする。飲食店であればぐるなびや食べログ、本であればAmazon、あるいはGoogleなどの口コミを見て参考にする。すなわち、当事者の宣伝（自己分析）だけでなく、利用者の口コミ（他己分析）の両方を判断材料としているのだ。

これは就活にも当てはまる。自己PRやガクチカで、就活生本人が自分をより良く見せようとすることはいくらでもできる。

その中に他己分析が入っていると、信頼度が上がることになる。

〈店長や先輩はどう評価したか〉

具体的には、アルバイトだと、そのアルバイト先の責任者である店長やエリアマネージャー、アルバイトチーフ、あるいは一緒に働いたアルバイトの同僚はどのように評価しただろうか？　もちろん、常連客などでもいい。

サークルや部活なら、先輩学生、部活顧問、出入りしているOB・OG、あるいは、同期生でもいい。

周囲にいる人は探していけばいろいろといるはずだ。そうした周囲の人から、肯定的な評価を受けていたとしたら、それが他者評価である。

就活における、ぐるなび、Amazonレビューであり、自己PRやガクチカで示す内容として適していることになる。

〈他者評価はウソをつける？〉

他己分析の結果もいくらでもウソをつける？　確かにその通り。書類選考は通過できるかもしれない。だが、面接ではどうか。いろいろ聞かれるだろうし、大半はウソかどうか判明する。

話をESに戻すと、もしも他己分析をして、その結果があるのであれば、自己PRに入れていくといいだろう。

〈なければ、諦める〉

この話を就活生にすると、思い出せる人はまだいい。問題は「ちょっと前のことなので」と思い出せない就活生で、こちらも一定数いる。

すでに辞めたアルバイトなどでも、連絡を取って話をしてくれそうであれば、聞いてみてはどうだろうか。

自己PRやガクチカに書くほどのネタであれば、やめた後でも話はしてくれるはずだ。

それでどうする？

・自己PRやガクチカにも他己分析を活用

・入れることで説得力が増す

・なくても気にしない

企業CM3・ニデック：日本電産が2023年に改称。川口春奈を起用し、「ニデックってなんなのさ？」。小型精密モーターの世界トップシェア企業。創業者の永守重信はカリスマ経営者として有名。

ホント	自己PRで「好きなこと」アピールは落ちる確率大

関連データ	趣味・特技　企業側 7.8%（18位）・学生側 25.6%（3位）	企業が採用基準で重視する項目／学生が面接等でアピールする項目

※リクルート就職みらい研究所「就職白書2023」（2023年）

解説

自己PRをまとめるコツ、その5は「『好きなことを頑張った』はNG」だ。
なお、これはガクチカも同様である。
自己PRで「好きなことは頑張った」とする就活生がたまにいる。こうした就活生はかなり高い確率で落ちる。
著者は、こういう就活マニュアル本を書いていながら、「こう書けば受かる」とか「このアピールは絶対に内定が取れる」という言い方が好きではない。本書でも実はあえて避けている。だが、採用担当者に取材していて、絶対とまでは言わなくても、高い確率で落ちる、と断言できるのが、この「好きなこと」アピールだ。
〈「好きなことは頑張る」の裏返しは？〉
「好きなことは頑張る（頑張った）」、それで、その詳細を自己PRに書いたとしよう。企業からすれば、見えてくる再現性は相当、評価が低い。
「好きなことを頑張る、ということは、嫌いなことは頑張らない、ということか」
どの企業でも、社員の希望する部署もあれば、そうではない部署もある。配属ガチャを気にする就活生も増えているが（242ページ参照）、総合職採用であれば、どの部署に配属するかは企業の人事権による。企業からすれば、社員の希

企業CM4・TOPPANホールディングス：凸版印刷が2023年10月に改称。大泉洋と成田凌を起用したCMはコメディタッチ。従来の印刷事業だけでなく生活・産業事業にエレクトロニクス事業と幅広い。

望を全て叶えることなど不可能で、不人気となる部署・部門などにもある程度、配属する必要がある。

「好きなことは頑張る」アピールの就活生は、当然ながら、この配属ガチャにも強い関心を示すだろう。もっと言えば、希望する部署に配属されなければすぐ退職する可能性が高いことを自ら示している。いくら働き方改革が進んでいるとは言え、日本の企業は総合職採用である程度、長い期間、働いてもらうことを想定している。そうでないと、新卒採用や新人育成にかかったコストを回収できないからだ。ところが、「好きなことは頑張る」就活生だと、希望部署以外ではすぐ辞めてしまう可能性が高い。企業からすれば、費用対効果が悪く、だったら、採用するのをやめよう、と考えてしまう。

〈希望部署でも嫌いな仕事が実は多数〉

仮に、就活生が内定後に、希望する部署に配属された、としよう。

そこで、好きな仕事に囲まれてさらに幸せになりましたとさ、めでたし、めでたし……。とはならない。なるわけがない。

希望する部署に配属されたとしても、その仕事は多岐にわたる。営業であれ、広報であれ、人事であれ、どの部署もそう大きくは変わらない。

そして、どんな仕事でも地味な作業は伴う。それが嫌いだ、と言われても、それが仕事だ。「好きなことは頑張る」就活生は、こうした地味な作業を敬遠してすぐ辞めてしまうかもしれない。

そんな就活生を入社させたい、と考える採用担当者は多くないだろう。

〈どうしても入れるなら一工夫〉

「好きなこと」アピールにはこのように嫌悪感を示す採用担当者も多い。

実際に就活生に対してここまでキレる採用担当者はまずいない（いたら、就活パワハラとして炎上しかねない）が、本音ではこれくらい、いら立っているのは取材で明らかだ。どうしても、好きなことを書くのであれば、わざわざ「好きだから頑張った」と入れる必要はない。そのネタを書くにしても、どこで苦労したのか、どう評価されたのか、などを中心にした方が無難だろう。

そもそも、自己PRやガクチカのほとんどは好きだから続けたネタになっているはずだ。そんなことは企業側もよく分かっている。それをわざわざ「好きなことは頑張る」と入れて評価を落とすのはもったいない話、と考える。

それでどうする？	・自己PRやガクチカで「好きなことを頑張った」はNG ・嫌いなことは頑張ることができない、と誤解される ・ネタ自体は良くても「好きなことで頑張った」とは入れない

「好きなこと」アピールで内定まで行った例も。採用側が「好きなこと」と仕事のつながりを見た、自己評価以上に嫌いでも頑張ることを見抜いた、など。ただし、本当にごく少数。

16 ガクチカでも受験や高校時代の話を出してOK

ガクチカは大学入学後の話が基本

関連データ

難関大の2023年新入生総数　3万6813人
北海道大学　2546人　東北大学2444人　東京大学3166人　東京工業大学1117人　一橋大学1006人　名古屋大学2149人　京都大学2938人　大阪大学3323人　九州大学2612人　慶應義塾大学　6375人　早稲田大学9137人

※旺文社『螢雪時代臨時増刊　全国大学内容案内号2024年入試対策用』（2023年）

解説

ここからガクチカをまとめるコツに入る。その1は「高校以前の話や大学受験の話はNG」だ。

理由は166〜167ページで説明した自己PRと同じ。「学生時代に頑張ったことを書いてください」とわざわざ「学生時代」と時期を限定している。それがガクチカだ。

この条件設定を無視して、高校時代の話を書く、大学受験の話を書くのはアウト。「高校も学生時代では？」と食い下がる就活生もいる。高校は生徒であり、学生ではない。学力の高さ、難関大入学は確かにアピール材料。

ただし、それを認めると、難関大生は全員、大学受験をエピソードとする。

〈対象者が多すぎて判別不能〉

上記のデータは旧帝大に東京工業大、一橋大に私立のトップである早慶の2023年新入生総数だ。11校で合計3万6813人もいる。これに、難関大と言われる19校の就活生も、大学受験を頑張った、と言えるだろう。全部足すと、30校累計で11万超となる。

医学部生や大学院進学者などが仮に半数いたとしても、約5万人が就活で「大学

受験ネタを出したがる就活生は自信が持てないタイプ多数。「序盤に修正できればいいが、そうでない就活生は難関大でも中盤から終盤の選考で落ちやすい」（商社）。

受験を頑張った」とアピールできてしまう。ほとんどみな、同じようなエピソードになるわけで、そうなると、企業からすれば、ガクチカを書かせる意味がない。

〈大学名だけで分かる話なのに〉

そもそも、現在の日本の新卒採用では多くの企業が就活生の個人情報である大学名を記載するようになっている。

難関大であれば、その大学名だけで大学受験を頑張ったか、高校以前の地頭が良かったか、あるいはその両方、ということが理解できる。

このように、ガクチカで大学受験ネタを書かなくても理解できる話を、わざわざ書くとどうなるか。よっぽど、大学時代に頑張った話がないか、それとも、高学歴自慢をしたいのか、などなど、余計な誤解を招くだけだ。

〈同じ難関大でも差が出てしまう〉

しかも、難関大出身者は全員、ガクチカに大学受験ネタを書くわけではない。仮に半数は大学受験以外のネタを書いた、としよう。サークル・部活でも、ゼミ活動でも、アルバイトでも何でもいい。

一方は、ガクチカに大学受験ネタ、一方は、大学受験以外のネタを書いている。さて、採用担当者はどちらを選ぶだろうか。

ほとんどの採用担当者は後者を選ぶだろう。

前者に対しては「大学名を見れば分かる話をガクチカでまたわざわざ書くなんて」と、むしろ、難関大の看板が悪い方に作用してしまう。その点、後者は「難関大で優秀そう。しかも、アルバイト（あるいは他のネタ）を頑張ってきたのか、面接でいろいろ話を聞いてみたい」となる。

しかも、難関大の就活生が志望する企業は大企業が中心で競合しやすい。その点でも、ガクチカに大学受験ネタを持ってくるのは損としか言いようがない。

〈設問の指示無視という点でもマイナス〉

日本の新卒・総合職採用はポテンシャル（見込み）採用であり、再現性の有無を重視する。

では、ガクチカで大学入学以降の話ではなく、高校以前の話や大学受験の話を書くとどうなるか。「入社しても上司や先輩社員の指示を無視しそうで怖い」との再現性が見え隠れしてしまう。そんなネガティブな再現性のありそうな就活生を選考に通すわけがない。

ガクチカはあくまでも大学入学以降の話を書くべきだ。

それでどうする？

・ガクチカで高校以前や大学受験ネタを出すのは NG

・再現性の視点から指示を無視しやすい、と誤解されるだけ

・「大学入学後だから就活は OK」という理屈は成立しない

企業 CM5・Sky：ICT のソフトウェア関連大手。藤原竜也を2015年から起用。CM キャッチフレーズは「まだ見ぬテクノロジーの空へ」。その後、中村勘九郎、吉田鋼太郎なども起用。

17 ガクチカはきちんと主語から始める

冒頭と後ろは簡潔に

官公庁などが示す「お知らせ」や広報等の文書を読む場合、どのようなことを望むか

**伝えたい用件や結論が最初に書いてあること
45.6%（4位）**
一つ一つの文が短いこと　35.2%（6位）

※文化庁「平成30年度　国語に関する世論調査」（2019年）

解説

ガクチカをまとめるコツ、その2は「冒頭と後ろは簡潔に」だ。具体的には2点。1点目は冒頭は「私が学生時代に頑張ったことは〜」を省略。サークルをネタにするなら「サークルです」などと言い切ること。それと、2点目は終盤の自己PR的なまとめをばっさり切るか、できるだけ少なくすることだ。

〈主語がなくても伝わる〉

1点目について。主語・述語をはっきりさせる場合、「私が学生時代に頑張ったことは〜です」となる。しかし、お題に「あなたが学生時代に頑張ったこと」と指定してあれば、わざわざ繰り返す必然性はない。ばっさり切っても十分に通じる。

例外は、ガクチカで指示が複数ある設問だ。

「あなたが学生時代に頑張ったことは何ですか？　また、そこから得られた思いは何ですか？」

など。この設問だと、「学生時代に頑張ったこと」「（学生時代に頑張ったことから）得られた思い」の2点を書かなければならない。冒頭の主語を省略してしまうと、どの問いに対する回答か、分からなくなる。この場合は、省略しない方がいいだろう。

ガクチカの冒頭、言い切らない方がいいケースも複数存在。たとえば「あなたが学生時代に頑張ったこと、そこから得られたもの」というお題。これも主語を明記した方がいい。

〈自己PR的なまとめ、必要？〉

2点目の終盤の自己PR的なまとめについて。「この経験から私は〜」など、ガクチカをPRにつなげるのが自己PR的なまとめだ。これを入れるよう、推奨するマニュアルもある。

長文が書けるなら入れてもいいだろう。しかし、制限文字数が200〜500字程度であれば無理に入れる必要性はない。

就活生によっては、この自己PR的なまとめを100字以上書いてしまう。

〈誰でも書けてしまい、再現性が見えない〉

この自己PR的なまとめ、問題は誰にでも書けてしまう点にある。その経験をしていなくても書ける。たとえば、接客系のアルバイトをしたとしよう。

「この経験からお客様を大切にする精神がいかに大事かを学びました」

などと、書く就活生は実に多い。

接客系のアルバイトをやっていて、客を大事にしよう、と考えるのはごく常識的なことだ。このように、誰でも書けてしまう以上、採用担当者はこの自己PR的なまとめから、再現性を見ることができず、書類選考で落とす確率が高くなってしまう。

〈文章の構成より内容重視で〉

そこで著者が就活生のESを添削するとき、この自己PR的なまとめはことごとくカットするようにしている。

すると、大半の就活生は「文章の構成がおかしい」「違和感がある」などと言い出す。確かに、起承転結、序破急などの文章の構成法を考えれば、何か一言を、という思いは理解できる。

そこで、ある年から、妥協策として、短めの自己PR的なまとめを用意した。

「この経験を社会に出てからも活かしたいです。」

句読点を入れると21字。これなら、それほど文字数を使わずに済む。

- ガクチカは冒頭は言い切る
- 終盤の自己PR的なまとめは不要
- 自己PR的なまとめを入れたいならできるだけ短くする

企業CM6・AGC：世界トップクラスのガラスメーカー。2021年から広瀬すずを起用、「素材でがんばるAGC」シリーズを開始。2018年に旭硝子から社名変更。フッ素化学製品も主力の一つ。

18 分かりやすい実績がない のでガクチカが書けない

ホント　実績はどうでもよく経過を書けば十分

関連データ　アピールできそうなこと
「アルバイト経験」60.0%、「学業・研究活動・ゼミ活動」56.5%、「サークル・部活動」(合算)36.9%
※マイナビ「2024年卒大学生 活動実態調査(3月1日)」(2023年)

解説

実績重視のガクチカ・原文

私が学生時代に頑張ったことはファミレスでのアルバイトです。私は高校生まで初対面の人と話すときに極度に緊張してしまい話すことができませんでした。そんな自分を変えたくて始めました。初めはお客様と話すことに毎回緊張してしまい、「いらっしゃいませ」を言うことさえも自分にとって勇気のいることでした。しかし続けていくうちに周囲をよく見るようになりました。その結果、お客様をよく見て話しかけるようになりました。例えば、お子様連れのお客様には積極的に必要なものがないか聞きに行ったり、また、妊婦さんには靴ベラを渡したり、あと、お茶は必ずなくなる前に聞くようにしました。お客様を思うことで緊張せずにでき、雑談もするようになりました。その結果、店舗が関西地区の売上優良店として表彰され私はそれに大きく貢献できることができました。この経験から私はお客様の大切さを知りました。社会に出てからはこの気持ちを忘れずに働きたいです。(400字)

三和交通：横浜本社のタクシー会社で首都圏に8営業所を擁する。2020年に現役社員2人のダンス動画をTikTokに投稿し大反響、採用にも反映。元々、タートルタクシー導入などサービス導入に積極的。

ガクチカのコツ、3点目は「実績よりも経過」だ。ESは実績重視と勘違いする就活生は実に多い。ところが実績重視で構成したESを提出すると書類選考で苦戦、というのがよくあるパターンだ。日本の総合職採用において、重視されるのは実績ではない。ありきたりなアルバイトやサークルネタでも、経過を書いていけば、それで十分なのだ。

〈どうでもいい実績より経過重視で〉

本項ではその一例をお見せしたい。左ページの原文では「その結果」が2度も出てくどい。マニュアルに書いてあると思しきことも出ていて疑問。関西地区の売上優良店という実績も学生個人とつながるか不明瞭であり、不要だろう。

下の改造例では優良店とかいう実績と自己PR的なまとめをばっさりカット。予測行動をできるようになった話を終盤に出した。このように、実績(それも、いわゆる「盛る」ネタ)よりも経過を書いていくことをお勧めしたい。

経過重視のガクチカ・改造例

ファミリーレストランでのアルバイトです。大学1年生から3年間、続けています。ターミナル駅ビルにあり、接待で利用する会社員から家族連れまで客層は広い店でした。私は高校生まで初対面の人と話すときに極度に緊張してしまいがちだったのです。そんな自分を変えたい、と考えてアルバイトを始めました。初めはお客様と話すことに毎回緊張してしまい、うまく話すことができなかったのです。お客様が話しかけてくれるのに返事しかできないことも何度もありました。店長からは「もう少し明るく対応しようか」と言われてしまいました。すぐに変えることはできなかったものの、慣れていくうちにお客様とも話せるようになっていったのです。現在では、相手が何を考え求めているかを予測し行動するようにもしています。細かい部分の清掃にもこだわり、店長からは「よく気が付いて助かる」と評価していただきました。この経験を社会に出てからも活かしたいです。(398字)

それでどうする?

・ガクチカは実績よりも経過

・就活生が思っている以上に再現性の見える経過が重要

・実績はなければ無理に書かない、書く必要がない

阪和興業：鉄鋼などの商社大手。優良企業であることが認知されてか、近年、就職人気企業ランキングでも30位以内に入ることが増える。なお、「興業」と言っても吉本も反社も無関係。

19 頑張ったことがないからガクチカが書けない

ホント	頑張ったと自覚していなくてもガクチカは書ける

| 関連データ | 「私は、自分自身に満足している」の問いに「そう思う」
日本　10.4%（7ヵ国中最下位）
アメリカ　57.9%（7ヵ国中1位）
※内閣府「我が国と諸外国の若者の意識に関する調査（平成30年度）」（2019年） |

解説

ガクチカのコツ、その4は「頑張っていなくても書ける」だ。

ガクチカが書けないとする就活生は多い。その理由は実績を書かなくてはならないとの思い込み、それから、本人が高スペックで努力している自覚がない、この2点が主なものだ。

前者は前項で示しているのでここでは省略する。

後者はガクチカのまとめかたパターンの一つ、「苦労したエピソード→乗り越えた」に当てはまらない、と悩むところからも来ている。本書ではこのパターンの解説をしていないが、別にダメ、というわけではない。

〈苦労乗り越えパターンを誤解して自滅〉

そもそも大半のガクチカは「苦労」とは指定していない。であれば、無理に苦労ネタを入れる必要はない。あくまでも苦労ネタでまとめるのはパターンの一つにすぎない。

もっと言えば、学生であれ、社会人であれ、人は何かの能力を持っている。その能力を活かして楽に進められることもある。その能力は先天的なものかもしれないし、高校以前にはそうではなく学生時代に苦労したことで成長した、という能力もある。

もし、ESの設問に「苦労したこと」と指定がなければ、先天的ないし高校以前

長瀬産業：化学専門商社の最大手。平均年収は1000万円超。バイオの林原を傘下に収めるなど、近年はメーカー機能も拡充。自社内に研究所も擁する。元は京都の染料を扱う企業だった。

に習得した能力の話を書いても特に問題はない。

仮に、「苦労したこと」と指定があって、かつ、就活生本人が「そんなに苦労していないけど」と思うのであれば、こだわったことを書いてみてはどうだろうか。

〈こだわったこと、他己分析がポイント〉

就活生によっては、この「頑張ったこと」「力を入れたこと」を過大に考えすぎてしまう。この対策としては、他己分析をお勧めしたい。特に大学キャリアセンター職員や採用担当者、大学OB・OGなどが参加するキャリア系イベントなどで自分の話をしてみてはどうだろうか。就活生自身が「自分は頑張ったわけではない」などと否定的に考えているネタでも、実は十分、アピールできる内容である可能性が高い。それを探るための他己分析だ。

苦労した、と言えるほどの
エピソードがない

就活生

 盛る、あきらめるはNG

能力が高いのであれば、
その話を書けば十分

・どんな能力か
・その能力を発揮したエピソード
・周囲からどう評価されたか

それでどうする？
・ガクチカは頑張っていなくても書ける
・就活生が高スペックなら、その話を書けば十分
・苦労パターンはあくまでもパターンの一つで絶対的なものではない

豊島：アパレル関連の専門商社。独立系の繊維商社としてはトップ。愛知県一宮市が本店で東京都千代田区が本社。海外出張多数らしい。

20 「普通」と言っておけば十分

ホント	就活生は具体的に説明する義務がある

関連データ	アピールできそうなこと 「アルバイト経験」60.0%、「学業・研究活動・ゼミ活動」56.5%、「サークル・部活動」(合算)36.9% ※マイナビ「2024年卒大学生 活動実態調査(3月1日)」(2023年)

解説

ガクチカのコツ、その5は「ざっくりとまとめず具体的に」だ。

選考通過率の低い就活生ほど、ガクチカでも自己PRでもその具体材料をざっくりとしか出さない。たとえば、アルバイトを「普通のアルバイト」「飲食のアルバイト」などとまとめてしまう。サークル・部活なら「体育会系部活」「スポーツのサークル」など。

当然ながら、これだけでは採用担当者には伝わらない。このざっくりとしたまとめ、ES・履歴書だけでなく、面接でも同様の就活生が一定数いる。

〈ざっくりとしたまとめでお互いに不幸〉

ざっくりとしたまとめの就活生が面接に臨んだとしよう。

就活生　　「普通のアルバイトを頑張りました」
採用担当者「えっと、アルバイトとは、具体的には何ですか?」
就活生　　「飲食のアルバイトです」
採用担当者「飲食も広いですよね?　もう少し、具体的にお願いできますか?」
就活生　　「……(何、この圧迫面接は?　それとも取り調べ?)」
採用担当者「……(最初からきちんと説明しろよなあ)」

アルバイトをざっくりとしか出せない遠因として「アルバイトはガクチカでありきたり」という言説も。実際にはありきたりとは考えない企業が多数。就活生は広い視野を持とう。

採用担当者に取材すると、このざっくりとしたまとめにはイライラしてくるらしい。一方、就活生は就活生で「圧迫面接だった」と誤解して、こちらもイライラしている。お互いに不幸としか、言いようがない。

〈就活生側の義務違反が原因〉

では、このやり取り、どちらが問題か、と言えば就活生側である。

就活生は、就活の選考に参加する以上、ガクチカや自己PRなどで個人情報を出して自らをアピールすることが義務となる。そのうえで、企業側はES・履歴書や面接などを通して選考通過や内定出しの是非を決める。

「普通のアルバイトです」「飲食のアルバイトです」などと、ざっくりまとめてしまうのは、厳しく言えば就活生側の義務違反である。

〈ざっくりまとめは自信のなさが原因〉

とは言え、「普通です」とまとめてしまう就活生側の心情も理解できる。

就活以前であれば、ざっくりとした答えでも、怒られることはまずない。そうした日常をそのまま就活に引きずってしまったわけだ。しかも、日本の大学生の多くは、自分のこれまでの経験に自信が持てない。これも「普通です」とまとめる原因の一つだ。

〈分からなければ落ちるだけ〉

ここで、就活生に想像してもらいたい。選考に参加する採用担当者は超能力者でも何でもない、就活生と同じ人間である。

透視能力がない以上、書類選考では書かれた内容が全てとなる。そこで、「普通です」「飲食のアルバイトです」とざっくりとしか書かれていないESと、具体的に書かれているESでは、どちらが書類選考を通過しやすいだろうか。答えは明らかなはずだ。

就活生はいくら自信がなくても、ESでは具体的に書く必要がある。そもそも、毎年、就活生はその多くが自信を持てない。自分がやってきたアルバイトやサークル、ゼミなどについて「ありきたりではないか」「評価されないのではないか」と不安になる。しかし、左ページ上に示したマイナビの調査結果を見ていただきたい。多くの就活生はアルバイト、サークル・部活動、ゼミなどをアピール材料にしている。そして、それで内定を得ているのだ。

ES・履歴書ではざっくりとまとめず、具体的に書くことを心掛けてほしい。

では、どこまで出せばいいのか、それは次項に続く。

それでどうする？

・アルバイト、サークルなどざっくりまとめない

・事情の知らない相手にも分かるように説明する

・勝手にいじけても企業から相手にされないだけ

加藤産業：酒・食品の総合食品卸商社。独立系で業界4番手。プライベートブランド商品「カンピー」のいちごジャムやマーマレードなどはイオンなどでも展開。説明会でも配布することがあるとか。

関連データ	アピールできそうなこと 「アルバイト経験」60.0%、「学業・研究活動・ゼミ活動」56.5%、「サークル・部活動」(合算)36.9% ※マイナビ「2024年卒大学生 活動実態調査(3月1日)」(2023年)

解説

ガクチカのコツ、その6は「固有名詞だけでなく情景説明で具体的に」だ。

前項の続きでガクチカでは具体的に説明した方がいい。

具体的にと就活生に伝えると、チェーン・店舗名やサークル・部活名などの固有名詞を出してくる。確かに、その固有名詞によって具体的になった、と言えなくもない。しかし、チェーン店の店舗名だけでどのような店かまで分かるだろうか。たとえば、同じスターバックスでも、富山環水公園店とペディ汐留店の違いが分かる人はごく少数だろう。これはチェーン店舗だけではない。個人

情景説明のないES原文

就活生A「飲食店でのアルバイトです。私はいつも忙しく働いていたのですが〜」

就活生B「野球部の活動です。いつもギリギリのところで試合に負け、悔しい思いをしていました」

山星屋：菓子を扱う専門商社の最大手。大阪本社で全国展開。丸紅グループで国分グループ本社とも連携。

経営店でのアルバイト、あるいは、サークル・部活などにも当てはまる。

マイナーなアルバイトやサークル、イベント運営などであれば説明しないと伝わらない。メジャー競技でも大学により、違いがあるはずだ。こうした違いや状況などを一言、説明を加えるだけで、ESは伝わるものとなる。

この情景説明は154〜155ページの就活翻訳にもつながる話だ。

〈情景説明の一行で印象が一変〉

左ページ下には情景説明のないES原文を掲載した。就活生Aは「飲食店のアルバイト」でざっくりしていて意味不明。就活生Bも野球部で試合に負けて悔しい思いをするのは当たり前、で終わってしまう。

そこで、情景説明を加えた改造例が下記のものだ。就活生Aだと、店舗名を出さなくても「××市内で唯一のドライブスルー対応をする店」とすることで、次の「いつも忙しく」につながる。就活生Bも、地域リーグ昇格が例年できなかった説明を一言加えた結果、なぜ、試合で負けて悔しいのかが理解できるようになった。

ただし、情景説明を加える際には、やりすぎに注意してほしい。

ESの主役は就活生本人であり、ガクチカならなおさらだ。ところが情景説明を長々書くと、ガクチカではなくなってしまう。

それと、アピールしたい再現性につながるようであれば情景説明は加えた方がいい。しかし、特になければ無理に入れることもないだろう。

情景説明を加えたES改造例

就活生A「**スターバックスでのアルバイト**です。3年間、続けました。私が働いた店は**××市内で唯一のドライブスルー対応**をする店でした。そのため、いつも忙しく働いていたのです」

就活生B「**野球部での活動**です。私が所属した野球部は**地域リーグ昇格を狙いながら▲年間、果たせませんでした**。私の在籍時も1・2年次はあと一歩のところで敗退。悔しい思いをしていたのです」

それでどうする？

・固有名詞を無理に出すよりも情景説明を加える

・長すぎる情景説明はガクチカにならないので注意

・ガクチカに書く内容と連動する情景説明ならなお可

情景説明は自己PR的なまとめと同じ。あってもなくてもいいし、多すぎると鬱陶しいだけでガクチカが崩壊。カレーにおける福神漬け・らっきょうなどと同じ、少しで十分。

ホント	ESで同じネタでも角度を変えれば問題なし

関連データ	アピールできそうなこと 「アルバイト経験」60.0％、「学業・研究活動・ゼミ活動」56.5％、「サークル・部活動」（合算）36.9％ ※マイナビ「2024年卒大学生 活動実態調査（3月1日）」（2023年）

解説

それではここからESの小技について、3点、解説していく。1点目は「同じネタかぶりという謎ルール」だ。ネット等のマニュアルでは「同じネタを複数の項目で出すのは避けた方が良い」とするものがある。就活謎ルールの典型で、正解は「人による」。

〈ネタかぶりはNGという謎ルール〉

このマニュアルは「サークル・アルバイト・勉強（またはゼミ）が同程度の熱量」という前提で成り立ったのだろう、と推察する。

こうした就活生であれば、確かに書き分けた方がいいだろう。しかし、世の中、こういう就活生ばかりか、と言えばそんなことはない。

就活生が50万人いれば50万通り……とまでは言わなくても、人それぞれ異なる。サークルなど何か一つに注力した就活生からすれば「同じネタはダメ」と言われても困ることになる。

3年間に一点集中した就活生であれば、その一点のネタを自己PR、ガクチカ、志望動機でそれぞれ使うのは問題ない。

〈時期や角度を変えてみる〉

ただし、同じ時期のエピソードを出すと、飽きられる。

デンヨー：可搬形や非常用などのエンジン発電機大手で、エンジン溶接機なども展開。主力の発電機は都市再開発やインフラ関連などの建設工事向けが好調（読売新聞2023年8月4日／84ページ参照）。

では、どうすれば良いか。

3年間に一点集中、ということであれば、エピソードは一つだろうか。1年生なら色々と覚えることが多かったはず。2〜3年生になれば、後輩学生を指導する立場にもなってくる……。

はっきりとした実績でなくても、エピソードはいろいろあるはず。そこに様々な苦労や思いもあるだろう。エピソードや場面を変えていけば、同じネタでも飽きられることはない。

一点集中の就活生、こうすれば問題なし

バランス型の
就活生

勉強5
サークル5
アルバイト5

ネタかぶりせず
書き分けできる

一点集中型の
就活生

勉強3
サークル10
アルバイト2

各項目とも
サークルの話を使う

Good!

同じネタでも、時期、場面などエピソードを変えれば飽きられることはない

それでどうする?

・「同じネタは何度も出せない」は謎ルールでしかない

・場面、時期などエピソードを変えれば問題なし

・それぞれ経過をきちんと説明できるようにしておくこと

オルガノ:東ソー系の水処理装置が主力の企業。半導体産業から電力会社などまで対応業種は幅広い。2024年3月期・売上高は前期比13.3%増を見通す(読売新聞2023年8月2日/84ページ参照)。

23 企業のことは「御社」でいい

ホント	「御社・貴社」の混同がマイナスとなることも

関連データ	ESでも「御社」と表記（不正解）　6冊 ESでは「貴社」と表記（正解）　4冊 基本は「貴社」で一部「御社」と表記　1冊	大型書店で流通している就活本

※著者調べ（2022年）

解説

ESの小技、2点目は誤字・脱字や表記ミスだ。

特にひどいのが「御社・貴社」の混同である。面接などで話す際は「御社」、ES・履歴書などの文書であれば「貴社」である。

これを混同して誤用する就活生が実に多い。この責任は就活生もさることながら就活本の著者と編集者側にある。

〈「御社・貴社」を混同している就活マニュアル本は多い〉

著者が大型書店で流通している就活マニュアル本11冊を調査したところ、6冊は書き言葉の部分でも「御社」としていた。それ

話し言葉・書き言葉で混同の多い表現

企業：御社・貴社

銀行：御行・貴行

信用金庫：御庫・貴庫または御金庫・貴金庫

協会：御会・貴会または御協会・貴協会

も、就活生の原文ではなく、修正例などでの表記だ。就活生が混同してしまうのも無理はない。

なお、銀行では「御社・貴社」ではなく「御行・貴行」。会社員が自分の社を指す場合は話し言葉・書き言葉とも弊社や当社。

日東工業：配・分電盤や制御盤等の製造販売と電気設備工事が主力。電子部品の製造販売も手がける。電気・情報インフラ関連の民間設備投資が堅調（読売新聞2023年7月28日／84ページ参照）。

他にも、誤字・脱字があまりにも多いと企業によっては「注意力散漫」として評価を下げることになる。

〈「御社・貴社」の混同で内定が取れるケースもあるが〉

著者は別に「鬼のマナー講師」ならぬ「鬼の就活講師」を目指すわけではない。実際、内定学生のESを読むと「御社・貴社」の混同や誤字・脱字があった例もある。たかが混同、たかが誤字・脱字ではないか、と言えなくもない。

気にせずに内定を出す企業も存在する。

そこまで気にする話ではない、との反論もあるだろう。

〈中盤以降の面接だと不通過の要因にも〉

では、話し言葉・書き言葉の混同や誤字・脱字はどうでもいいのだろうか。ES段階ではともかく、面接でこの「たかが」のマナー的な部分を重視する人が登場する。中盤から終盤の面接を担当する部長～役員クラスだ。

しかも、別の就活生（仮に半分としよう）は、「御社・貴社」をきちんと使い分けることができている。

評価が同じくらいであれば、「御社・貴社」をきちんと使い分けている就活生の方が次の選考に進むだろう。

これは、「御社・貴社」だけではない。ESでも面接でも、誤字・脱字や言葉の誤用が多すぎると、幼稚な印象を与えてしまう。

「拝見しました」が「拝見させていただきました」。

「アルバイト」が「バイト」。

「父」「母」が「お父さん」「お母さん」など。

詳しくはマナー本などを読んでほしい。こうした誤字・脱字や言葉の誤用が多すぎると、企業側は、悪い再現性を見出すことになる。すなわち、「もし、この学生を入社させても、取引相手に日本語のひどさをバカにされて、うちの品位を落としそう」といった具合だ。

「たかが」と言うのであれば、その程度のことはES段階で注意しておいた方がいい。それで内定が取れるとは言わない。少なくとも、落ちるリスクを一つ減らすことができるのは確実だ。

それでどうする？

・「御社・貴社」の言い間違い・書き間違いに注意

・言葉の誤用や省略語、誤字・脱字は見直す

・ESでは通過できても面接で苦戦する遠因になりかねない

テイカ：塗料、化粧品向けなど酸化チタンの大手。界面活性剤も。汎用用途の酸化チタンの需要が回復、紫外線化粧品向け微粒子酸化チタンも海外で堅調（読売新聞2023年7月25日／84ページ参照）。

24 ESは書いたら見直して からすぐ提出

ホント	ESを書いたら一晩（または1時間）寝かす

関連データ	官公庁などが示す「お知らせ」や広報等の文書を読む場合、どのようなことを望むか **伝えたい用件や結論が最初に書いてあること 45.6%（4位）** **一つ一つの文が短いこと　35.2%（6位）** 文化庁「平成30年度　国語に関する世論調査」(2019年)

解説

ESの小技、3点目はES作成前後について。

具体的には、ES作成は各項目とも文字数を無視して長く書く、作成後は一晩寝かす、この2点。まずは前者から。

〈後から足すより、後で引く〉

ESはどの項目も、文字数制限がある。最初からこの文字数に合わせて書くのもいいだろう。もっとも脳内で考えていた構想が書いていくうちにブレることも。そこで文字数制限を無視して長めに書いてみてほしい。そのうえで、どの情報を出すか、あるいは削除するのか、優先順位を考えていく。もちろん、最優先すべきはESのお題に合っているかどうか。そうすれば、意外と文章がまとまりやすくなる。

長めに書くときは、「これ、大したことないかも」と思うような話も、ひとまず入れていった方が良い。特に、経過については、軽視する就活生が実に多い。本書の随所で繰り返しているが、企業が知りたいのは就活生のしょぼい実績ではない。実績がしょぼくても、その経過にこそ興味がある。どんな思いだったのか、どんな点にこだわったのか、それを周囲はどのように評価したのか、など、経過も合わせて示していく方がいいだろう。

日揮ホールディングス：総合エンジニアリング大手で、エネルギー・化学プラントに強い。中東を中心に、アジア、北米などでの実績も豊富（読売新聞2023年7月22日／84ページ参照）。

なお、長めに書いてから、どの内容を残して、どの内容を削除するのか、考える時に、改めて追加したい内容が出てくることもあるだろう。その場合はもちろん、追加した方が良い。そのうえで、改めて、優先順位を考えながら、削っていくといいだろう。

この逆に、短く書いて、後から足す書き方もあるが、あまりお勧めできない。就活生のES作成を観察していると、文字数制限を気にしすぎて、重要な情報を就活生側で削除してしまっている。後から足そうとしても、うまく調整できず、何を言いたいのか、よく分からない文章と化してしまう。

〈ランナーズハイを抑えるために〉
ES作成後はほとんどの就活生が見直すことだろう。オンライン提出であればすぐ送信するかもしれない。

プロの技は、書き終えて見直しても、すぐには送信しない。書き終えた直後はランナーズハイに近い状態にある。それで見直しても、見直しができていないことが多い。

そこでプロは書き終えたらWordファイルを閉じて、一晩おくようにする。その間、原稿からは離れて他のことをする。お風呂に入る、寝る、食事を作る、どこかに外食に行く、YouTubeを見るのでも何でもいいが、ともかく一晩は置く。そして、翌日、見直すと、書き終えた直後には気づかなかった修正ポイントなどに気づく。誤字・脱字などの単純ミスも見えてくる。それらを直すと、文章がより良くなる。

なお、お気づきだろうが、この「一晩寝かせる」という小技は、著者も普段から使っている。

〈忙しい時期なら、せめて1時間〉
と言ってもESの提出ラッシュが続く時期だと、一晩おく余裕がなくなってくる。その場合はせめて1時間、空けるようにしてみてはどうか。一晩よりも効果が薄れるが、それでも修正ポイントを見つけやすくなるだろう。

- ESは文字数制限を無視してひとまず書いてみる
- ESを書き終えて見直してもすぐに送信しない
- できれば一晩、無理なら最低1時間、休憩してから改めて見直す

あらた：化粧品や洗剤、紙製品など日用品の卸売り大手で、ペット用品も手がける。ドラッグストア向けが主力（読売新聞2023年7月21日／84ページ参照）。

25 ESのネタは自由に書いて問題ない

ホント | ESのネタは避けた方がよいもの・微妙なものがある

関連データ | （家族の）世話をしていることで生ずる就職に関する不安（大学生）

正社員として就職できるか不安がある　13.9%（1位）
通勤できる地域が限られる　13.4%（2位）
休まず働けるか不安がある　11.4%（3位）

※日本総合研究所「令和3年度子ども・子育て支援推進調査研究事業　ヤングケアラーの実態に関する調査研究」（2022年）／上記順位は「分からない・特にない」を除く

解説

ESで避けた方がいいネタ、微妙なネタがあるかどうか。結論から言えば、それぞれある。

避けた方がいいのは、大学受験、就活、風俗・ギャンブルの3点。

微妙なネタは、恋愛、オタク趣味、家族問題・介護の3点だ。

まず、避けた方がいいネタについて。大学受験ネタについては172〜173ページで解説している通り。就活も、約50万人の就活生、それぞれが頑張って当たり前である。わざわざ、自己PRやガクチカで書く話ではない。微妙なところが半年以上の長期インターンシップ、あるいは2〜3カ月の中期インターンシップを含む大学のキャリア科目。長期間の話で評価する企業が皆無というわけではない。むしろ、こちらは微妙レベルだろう。

〈風俗・ギャンブルネタは厳しい〉

風俗・ギャンブルのうち、性風俗や違法賭博などであれば間違いなくアウト。キャバクラやクラブは保守的な企業では敬遠される可能性が高い。反面、営業力・コミュニケーション能力の高さを評価する企業はIT、小売り、流通などで一定数はある。

大日本塗料：三菱グループ系の塗料メーカー。国内4位。国内向け塗料や商業施設向け照明機器の値上げが浸透し、24年3月期の売上高は前期比3.0%増（読売新聞2023年11月14日／84ページ参照）。

パチンコ店員は重労働であることを評価する企業が多そう。公営競技の警備員や場内飲食店などは気にする企業はほぼない。

〈恋愛ネタは企業側からはアウトだが〉

微妙なネタは、まず恋愛から。それだけコミュニケーション能力が高い、と評価する企業がある一方、プライベートの話をされても困る、とする企業もあり、まさに微妙。

なお、企業側から就活生に恋愛事情を聞くのは現代では就活セクハラとしてアウトとなる。就活生側から話すのは問題ないが、それでも大企業の一部では「扱いに困る」との評も。

〈オタク趣味ネタは意外な肯定評価も〉

オタク趣味ネタは、170〜171ページに記した「好きなことは頑張る」との誤解が生まれかねない。さらに、プロレベルに近い域だと、「数年ですぐ退職しそう」と勘繰られることも。

その反面、時間管理や他者評価の受け入れなどの点から評価する意見も少なくない。近年、働き方改革で社会人副業が進んでいるのもプラス材料。

〈毒親ネタはアウトもヤングケアラーは変化も〉

家族問題・介護は、いわゆる毒親からの脱却については、微妙というよりも避けた方が無難。本人は苦労したことであっても、「親を大切にしないなんて」との誤解が解けないまま話が終わることがあるからだ。

一方、家族介護については2010年代までは無理解な採用担当者や大学キャリアセンター職員が多数だった。

しかし近年、家族介護を担う小中高生・大学生がヤングケアラーとして認知されるようになった。これを受けて家族介護をESのネタとすることに否定的な見方は減りつつある。この家族介護については微妙ネタからも外れつつあるのが現状だ。

・ESでは避けた方がいいネタ、微妙なネタがある

・微妙なネタは就活生個人や企業などにより対応が異なる

・企業に合わせて対応を変えるのが一番

綿半ホールディングス：食品も扱うホームセンターやネット通販などの小売り事業と、立体駐車場などの建設事業が柱。貿易事業も展開（読売新聞2023年6月22日／84ページ参照）。

26 ESのアドバイス、誰か一人を信用すれば良い

ホント	アドバイスは時期、状況、志望企業により変わる

関連データ	就職活動の相談をしたい人は？ **OB・OG（若手社会人）　68.3％（1位）** **企業の人事担当者　53.4％（2位）** ※学情「2023年卒・就職活動に関するインターネットアンケート」 （2021年）

解説

この項目はESだけでなく就活全般に当てはまる。

就活序盤では様々なアドバイスが飛び交い、誰のアドバイスに従うのか、戸惑う就活生が多い。著者も就活相談やES添削で「他の人の添削と全然違う」「結局、誰のアドバイスを信じたらよいのか？」と聞かれることがある。

そんなの、「石渡が正しく、他は全員間違えている。我を信ぜよ」の一択だ。

……。

………。

もちろん冗談だ。

なんだか、読者の99％がドン引きした気がするので真面目に説明したい。

そもそも、就活にはっきりした答えはない。本書ではデータと著者の20年にわたる取材経験を元に構成しており、実践すればうまく行く確率は上がる。だが、本書も含めて就活のアドバイスが万人に当てはまることはまずない。

〈様々なパターンがありすぎて〉

しかも、アドバイスする側は業界や地域性などでどうしても偏りが出る。

就活生も、様々な業界、様々な地域で臨むため、何が最適解かは、様々なパターンが存在する。

方向性が異なるアドバイスが飛び交うのも無理はない。では、就活生はどうす

タカラスタンダード：住宅設備機器大手の一角でホーロー技術に特色を持つ。新築マンション向けなどのシステムキッチンに強くシステムバスなどにも注力（読売新聞2023年6月16日／84ページ参照）。

ればいいか。一つのアドバイスに依存するのではなく複数のアドバイスに接すること。そのうえで、どの部分にどのアドバイスを使うのか、自分なりにカスタマイズしていくことだ。

これは社会に出た後も同じである。

就職後に企画部に所属した、としよう。

企画会議では様々な案が出た。

社長「Ａ案が一番」
常務「Ｂ案がいい」
部長「Ｃ案こそベスト」
課長「Ｄ案がわが社を救う」

さて、ABCD、どの案がいいだろうか。

これも状況によっていくらでも答えは変わる。ESや就活のアドバイスも同じだ。

〈苦戦続きなら見直しを〉

アドバイス関連で続けると、就活の中盤以降、苦戦する就活生が出てくる。書類選考がなかなか通らない、ということであれば、ES、特に自己PRやガクチカを見直した方が良い。著者のこれまでの取材経験から言えば、経過ではなく実績にこだわりすぎ（176〜177ページ）、自己PR的なまとめが多くて内容が薄い（164〜165ページ）、数字にこだわりすぎ（32〜33ページ）のいずれかに当てはまる就活生ほど苦戦しやすい。

ところが苦戦が続く就活生の中には、自己PRやガクチカを見直さずに就活を継続する学生もいる。著者の実感では少なくとも半数がそうで、当然ながら終盤になっても苦戦が続く。

理由は就活生が、139ページで説明したコンコルド効果（誤謬／サンクコスト効果）に陥っているからだ。

もしも、書類選考で落ち続けるのであれば、大学キャリアセンターなどにも相談のうえでESを一から再構成することをお勧めしたい。

・就活のアドバイスは様々、という前提で就活生なりにカスタマイズする
・書類選考で苦戦が続くようなら ES の再構成を
・ES の再構成を嫌がるのはコンコルド効果とほぼ同じ

それでどうする？

第一カッター興業：コンクリート構造物の切断・穴開け事業が主力。ビルメンテナンス事業なども手がける（読売新聞2023年6月10日／84ページ参照）。

27 フリー方式の ES は内定学生のものを参考にする

ホント
フリー方式の ES は構成・読みやすさが大事

関連データ
アピールできそうなこと
「アルバイト経験」60.0%、「学業・研究活動・ゼミ活動」56.5%、「サークル・部活動」(合算)36.9%
※マイナビ「2024年卒大学生 活動実態調査(3月1日)」(2023年)

解説

就活生人気の高い企業ではフリー方式のエントリーシートを導入しているところがある。お題は「あなたを自由に表してください」など。大半のエントリーシートの文字数制限は1項目当たり200〜500字程度。それに比べてフリー方式は就活生にとって負担が重い。

〈フリー方式で志望者減でもいい理由〉

なぜ、企業側は負担を重くしているのか。理由は簡単で負担を重くすることでES提出数をあえて減らしているのだ。

志望する就活生が多ければ、その分だけ選考の手間がかかる。そこでフリー方式の ES を導入すると、志望度の低い就活生はそれだけで ES 提出をやめてしまう。志望度の高い就活生だけが選考参加すると、内定辞退などを減らせる。長い目で見れば企業からすればプラスになる、そうした思惑がある企業はフリー方式を採用する。

他の理由としては、プレゼンテーション能力や題材の選定から就活生の人間性を見る、などだ。

このフリー方式は写真・イラストや図表の利用、ネタの選定などいずれも自由だ。

デザインについては『デザイナーじゃないのに！』(平本久美子・よしだゆうこ、ソシム、2020年)が名著。デザインの超基本を漫画で解説。人事など社会人からも好評。(右ページへ続く)

〈読みやすさ・分かりやすさがポイント〉

ポイントはNG内容の回避、見出し・デザイン処理の活用、ガクチカ写真の選定の3点だ。

1点目、絶対にやめた方がいいのは空欄の多さであろう。204ページにもあるように意欲がない、と見られてしまう。それと、どのネタを出すか、その選定もフリーと言いつつ、実は重要だ。趣味や特技を長々と書いても企業側には何も響かない。結局のところ、自己PRやガクチカをどうまとめていくか、そちらの方が重要だ。ネタの選定はかなり長く書けるので2ネタ以上、出さないと持たない（196〜197ページ）。

2点目、152〜153ページでは「見出しは不要」としたが、フリー方式だと話は別。見出しやデザイン処理がないと読みづらいだけだ。3点目のガクチカ写真については198〜199ページを参照してほしい。

採用担当者

人生の折れ線グラフは本当に多い。
だいたいが意味不明

写真だけ、文章だけ。
デザイナーじゃなくても、
もう少し構成を考えては……

採用担当者

それでどうする？

- フリー方式のESは企業側の意図がある
- NG内容の回避、見出し・デザイン処理の活用、ガクチカ写真選定の3点が重要
- 何でもいい、と言いつつ実際は自己PR・ガクチカの変化球

（続き）この続編が『俺の資料がダサすぎる！』（2022年）。ビジネス資料についての解説。就活ではあまり関係ないが卒論プレゼンや社会人生活では必要に。

28 長文パターンの ES も基本は同じ

ホント	長文パターンでは見出し＋ 2 ネタ以上で

関連データ	アピールできそうなこと 「アルバイト経験」60.0％、「学業・研究活動・ゼミ活動」56.5％、「サークル・部活動」（合算）36.9％ ※マイナビ「2024年卒大学生 活動実態調査（3月1日）」(2023年)

解説

ESで1項目・1000字以上と、長文を書かせる企業もある。お題はガクチカや自己PRを指定するところが多い。

企業側の意図としては、前項のフリー方式と同じだ。それ以外では、長文を書かせることで、文章力や論理構成力を見る意図もあるようだ。この長文パターンのポイントは、設問の指示、見出しの活用、出すネタの数の3点だ。

〈設問の指示は絶対〉

1点目の設問の指示について。単純なガクチカや自己PRなど、あっさりしているのであれば問題はない。一方、「学生時代に頑張ったこと、その経験から得られたもの」など、指示が複数ある場合は、当然ながら、その指示に従う必要がある。長文なので、どのようにまとめていくか、文章力が必要となる。

2点目の見出しの活用について。これは前項で解説した内容と似ている。200～500字以内であれば「見出しは不要」とした（152～153ページ）。しかし、長文パターンだと、読みやすさのためにも、あってもいい。

ただし、必須となるフリー方式と異なる（入れないと読みづらい）。長文パターンであれば、無理に入れなくても良い。入れるかどうかは好みの問題となる。

3点目の出すネタの数について。1000字以内でお題がガクチカだったとしよ

ライフネット生命：2011年の新卒採用以来、選考に「重い課題」を導入し現在に至る。卒業論文並みのデータ収集力・構成力が問われる。前年課題などは採用サイトで公開。

う。1ネタで通すなら1000字、2ネタなら1ネタ当たり500字。3ネタなら1ネタ当たり300字程度となる。

1ネタで長文を書けるほど、濃い経験をした、ということであれば1ネタで通した方が良いだろう。勉強やアルバイト、サークルなどアピールできる内容が複数ある場合は2ネタないし3ネタ出した方が良い。

ライフネット生命保険の「重い課題」が本当に重い

課題

下記9つのテーマから、3つのテーマを選んでいただき、それぞれ表現してください。

あなたにとっての正直さとは何ですか？エピソードも交えて教えてください。

あなたの弱さを教えてください。

あなたの応援されたエピソードを教えてください。

あなたが挑戦し成長したエピソードを教えてください。

あなたは社会に対して、どんな貢献をしていきたいですか？

あなたはキャリアを築いていく上で、最初にどんな業務を経験したいですか？

あなたの人生において、仕事の位置づけを教えてください。

あなたがライフネット生命を志望した理由を、他の選択肢と比較しながら、教えてください。

過去3年分の財務諸表を考察し、当社の今後取るべきアクションを数値の観点から具体的に提言してください。

※ライフネット生命・採用サイトより／2022年9月確認／提出形式・ボリュームは自由

それでどうする？

・ES長文パターンは設問の指示が重要
・見出しはあってもなくても、どちらでも
・出すネタの数は就活生のアピールしやすさに応じて変える

セコマ：北海道内最大手のコンビニ「セイコーマート」の運営企業。2016年に社名変更、本州や商社機能を拡大。職種が多岐にわたることもあってか、応募書類がかなり細かいことでも有名。

ガクチカ写真は集合写真が分かりやすい

| ホント | ガクチカ写真は集合写真より本人が分かるもの |

| 関連データ | 写真中に占める就活生本人の割合
1人のみ：70%以上　　2人：30〜40%
5〜10人の集合写真：5〜10%
30〜50人の集合写真：1〜3％
100人以上の集合写真：0.5%未満
※著者調べ（2023年） |

解説

企業によっては、顔写真とは別に就活生の学生時代を示す写真を要求する。中には「あなたが学生時代に頑張ったことについて、写真を1枚出したうえで×字以内で説明しなさい」というところも。これはガクチカの変化球であり、著者はガクチカ写真と呼んでいる。なお、ガクチカ写真は企業によっては「あなたを表す写真」などとして、学生時代とは限定していない。

〈ガクチカ写真で選考落ちも〉
このガクチカ写真で論外ないし低評価となるのは、貼り付けない、子ども時代の写真、変顔アプリ、背中、本人不在などだ。
貼り付けないのは単純な指示無視であろう。学生時代と限定していなくても、子ども時代の写真は「だから何？」で終わるだけ。変顔アプリも、採用担当者からすれば痛々しい思いしかない。背中、本人不在などは、就活生側がどう理屈をこねようと、これも自信のなさを見透かされてしまう。

〈集合写真・試合写真が低評価の理由とは〉
では、どんな写真なら良いか。就活生単独か、多くても本人含めて3人、集合写真はやめた方が無難。その理由は単純だ。写真に占める就活生本人の割合、これは著者の推定にすぎないが、就活生がガクチカ写真で出したがる集合写真

ガクチカ写真は、アルバイト先であれば、店内等で撮影可能かどうか、店長などに許可確認を。勝手に撮影してしまうと企業によってはモラルが低い、と後々問題になることも。

だと本人占有率は多くても10％、下手をすれば1％未満となる。これでは就活生本人がいるのかどうか、事情を知らない採用担当者は確認できない。極端な話、幽霊部員となっているサークルの飲み会の写真を借りて「これに参加しました」と言い張ることも可能だ（実際にいる）。もし、そのサークルに真面目に取り組んでいたとしても、写真からは何も知ることができない。

なお、集合写真とほぼ同じものが試合中の写真だ。体育会系部活の就活生が使いたがる。これも、本人と確認できるものであればよい。しかし、そうしたものは大抵ロングで撮影しており、「試合中なんだな」くらいしか理解できない写真だと本人を視認することができない。

では、どうすれば良いか。これも簡単で、記念写真が一番分かりやすい。それも、アピール内容に沿ったものだ。アルバイトをアピールしたいなら、アルバイトの店先などで店長との2ショット。体育会系部活ならユニフォームを着て監督などと。勉強ネタなら研究室なり、学会発表などの写真が分かりやすいだろう。ガクチカ写真はパッと見て、どんな学生か、分かる写真を選択することが攻略ポイントとなる。

採用担当者

サークル・ゼミなどの集合写真。
本当に多いけど、本人かどうか不明。
せめて数人程度の写真にしてほしい

風景とかイメージで本人不在。
背中のみの写真も。
意図が分かりづらく、
落とすしかない

採用担当者

それでどうする？

・ガクチカ写真は就活生の学生時代が分かるものを選択
・定番の集合写真は本人かどうか確認できず誤解されるリスクも
・子ども時代・風景・背中などは落ちる可能性大

ローツェ：半導体やフラットパネルディスプレーの製造工場で稼働している搬送ロボット及び装置の大手メーカー。ベトナムや中国の子会社で生産能力を拡大（読売新聞2023年6月3日／84ページ参照）。

30 顔写真は重要なので
お金をかけるべき

| 関連データ | 「私は、自分自身に満足している」の問いに「そう思う」 |

日本　10.4%（7ヵ国中最下位）
アメリカ　57.9%（7ヵ国中1位）
※内閣府「我が国と諸外国の若者の意識に関する調査（平成30年度）」（2019年）

解説

顔写真は、一部の就活生が顔採用（社員に美男美女が多く、顔で内定者を決めている、と疑われる採用）との関連でやたらと気にする。

それを見越して、「写真にはお金をかけた方が良い」とするマニュアルも存在する。当然ながら、そうしたマニュアルを指示するのは写真撮影をビジネスとする人々だ。

さて、顔写真について、お金をかけた方が選考に通りやすいかどうか。結論から言えば、顔採用の企業、そうでない企業、それぞれ関係ない。

〈顔採用企業では修整の意味がない〉

まず、顔採用をしている企業の場合はどうか。いくら、顔写真を一生懸命に修整しても、面接で会えば、写真通りか否か、すぐ分かる。顔写真に費用をつぎ込んでも意味ある就活生は少数だろう。

〈顔採用なし企業だともっと意味がない〉

では、顔採用をしていない企業はどうか。こちらは顔採用の企業よりも、さらに意味がない。顔写真よりも、ガクチカや自己PRなどを重視しているからだ。仮に、顔写真から「美人（美男子）だな」と見て、選考を通過したとしよう。実際に美男美女でなければ「ES美人（美男子）」と評価されるだけで無意味となる。

顔写真は撮影も大事だが、紙ベースの履歴書・ESだと、貼り方も意外と見られるポイント。マナーを厳しく見る企業だと、曲がった貼り方、斜めカットなどで大幅減点ということも。

〈写真にこだわって意味ある業界は？〉
顔写真にこだわる必要があるのはテレビ局・アナウンサー職や航空業界などごく一部にすぎない。多くの業界は顔写真にどこまでお金を使うかどうかはどうでもいい。もちろん、どこにお金を使うかは就活生個人の趣味の問題である。ただし、現在は証明写真機でもかなり美しく撮影できるようになった。著者としてはそれでも十分な気もする。

〈そもそも顔採用って本当にあるの？〉
ついでながら顔採用について。うちは顔採用です、と表明する企業はまずない。あれば間違いなく炎上する。
それと、美男美女であることとビジネスがうまくいくかどうかは別問題だ。総合職採用であれば顔のみで選考通過を決める企業はほぼない。
ただし、顔写真を含めて自分の見せ方に無頓着でいいのか、と言えば、それは違う。顔採用をしている、と言われる企業は大半が有名企業だ。社員の注目度も高く、美男美女が多いとも言われやすい。そうした企業の社員や内定学生は美男美女、というよりも、自分に自信を持ち、より良く見せるにはどうしたらよいのか、工夫も努力もしている。顔採用をしているかどうかに関係なく、自信があり清潔感のある就活生は結果論として内定を取りやすい。

〈普通の就活生でも見せ方に工夫を〉
顔写真に話を戻すと、どう笑顔を出すのか、光の当たり方はどうか、などを証明写真機でも考えた方が良い。いきなり証明写真機や写真館ではなく、デジタルカメラなどで撮影して練習してみてはどうだろうか。
あまりにも暗い表情だったり、光の当たり方が悪い、などの顔写真は、悪い印象を与えてしまう。いくら、顔採用ではない、と言っても、こうした顔写真を使うと落ちる一因になることすらある。
普段、写真に撮られる機会の少ない就活生からすれば「自然な笑顔で」と言われても困るだろう。写真館に行って撮影しても微妙な笑顔しか出ず、顔写真としてはいまいちだった、というケースも意外と多い。その点、デジタルカメラやスマホの写メなどであれば気軽に撮影できる。不要となれば、すぐ削除できるので便利だ。
その後に、証明写真機で済むならそれも良し、お金をかけた方が良い、と思うなら写真館などで撮影するも良し。これは趣味の問題だ。

それでどうする？

・顔写真は笑顔、清潔感、光の当たり方が大事

・写真館等でお金をかけるかどうかは趣味の問題

・撮影前にデジタルカメラなどで練習を

鶴見製作所：建設・土木分野や産業・エネルギー分野などで使用される水中ポンプの大手で、北米、アジアなど海外でも展開。国内市場も順調（読売新聞2023年5月26日／84ページ参照）。

31 趣味・特技欄も
一ひねり必要

| ホント | 趣味・特技欄を重視する採用担当者は少数派 |

| 関連データ | 企業が採用基準で重視する項目／学生が面接等でアピールする項目
趣味・特技　企業側7.8％（18位）・学生側25.6％（3位）
※リクルート就職みらい研究所「就職白書2023」（2023年） |

解説

就活生があれこれ考えながらESを書いていくと、最後に悩むのが趣味・特技欄である。

果たして何を書けばアピールできるのか、ちょっと変わった趣味や特技の方が目立つのだろうか……。

〈就活生の悩みとは裏腹に〉

結論から言えば、就活生が悩むほど、採用担当者はこの項目を重視していない。

リクルート就職みらい研究所「就職白書2022」によると、趣味・特技は学生側のアピール項目では9位に対して、企業側は21位にとどまっている。

例年、苦労してまとめた割に面接ではスルーされる就活生が多い。

〈国旗ネタアピールもスルーされ〉

著者が取材した就活生は、この趣味・特技欄で悩み、「国旗を描く」ネタを出した。一応、50ヵ国くらいの国旗は描けるらしい。

彼が志望していたのは旅行業界であり、少しは関連性もアピールできるのでは、との思いもあったようだ。

そして、就活では、第一志望含め3社から内定を得た。ところが、この苦労した趣味・特技欄は内定企業を含めことごとくスルーされた。

働き方改革の一環で、オン・オフの時間をどう使っているのか、あえて趣味・特技について聞く、という企業も。どの趣味・特技がいい、悪い、というわけではない。

「あれだけ、苦労したのに、この趣味・特技欄は全く意味がなかったです」

〈再現性が見えない〉

なぜ、企業側は趣味・特技欄をスルーしてしまうのか。

その理由は簡単だ。企業は企業であり、趣味のサークルではない。

大学生の新卒採用は、ポテンシャル（見込み）採用であり、入社後の再現性の有無を見るために、ES・履歴書による書類選考や面接が存在する。

それでは、趣味や特技から再現性が見えるか、と言えばなかなか難しいだろう。それよりは、自己PRやガクチカからの方が判断しやすい。

〈一発逆転の可能性はゼロではない〉

ただし、趣味・特技欄が全く無意味か、と言えばそうとも言い切れない。面接のときに会話のきっかけとなり、そこから評価される、ということもある。

〈正直に、具体的に〉

ポイントは2点、正直に書くこと、それと、分かりやすくすることだ。

前者はウソを書いても始まらない。それに、書類選考ならまだしも、面接で万が一、聞かれてウソが判明すれば、大きく評価を落とすことになる。

後者は、採用担当者や面接を担当する役員など社会人の世代にも分かりやすく書くことだ。たとえば旅行や読書など、定番のものが趣味だったとしよう。

旅行であれば「沖縄が好き」なのか「B級スポット巡り」なのか、それぞれ違うはず。読書も、社会人世代でも理解できる著者なりジャンルなりを出せば、雑談ベースのときにきっかけになる、かもしれない。

なお、趣味が複数ある場合は社会人世代が理解できそうなものを書き、理解されない・誤解されるリスクのあるものはわざわざ書くことはない。

それでどうする？	・趣味・特技欄を採用担当者はそこまで重視しない
	・正直に、かつ、分かりやすく書くこと
	・誤解されるリスクのある趣味は無理に書かない

横浜冷凍：冷蔵倉庫の大手。食品販売も手がける。脱コロナ禍を背景に飲食店などからの倉庫需要が回復し、保管料などの収入が増加（読売新聞2023年5月13日／84ページ参照）。

column

大学院生の総合職就活は
損か得か

著者・石渡

石渡嶺司

本書著者／プロフィールは巻末記載のものと同じ

　大学院生の就活については既存の就活本ではほぼ情報がない。

　まとまった就活マニュアル本としては、『改訂新版 大学院生、ポストドクターのための就職活動マニュアル』（アカリク編、亜紀書房、2017年）くらいだ。

　他は、古いマニュアル本によっては「大学院生は年齢が高い分、損」としている。

　2024年現在は全くそんなことはない、と断言したい。

　理由としては、大学院生が一定数、増えてきたことにある。

　企業からすれば、大学院生が志望することは珍しくなくなった。さらに、かつての就職氷河期はどこへやら。2010年代以降、コロナ禍も含めて、学生有利の売り手市場が続いていることは他のページで説明した通りである。そのため、年齢差を気にしない企業はIT・ベンチャーだけでなく、金融・商社などでも増えつつある。現在では、大学院生が専門外の総合職就職を目指すことは何の問題もない。

　大学院生の総合職就活で注意するとしたら、他の就活生との年齢差であろう。数年は年上、しかも教養やコミュニケーション能力などは大学院生の方が上だ。学部生がどうしても幼く見えてしまう。それは仕方ないが、年齢差や経験値の違いから上から目線で接するのは問題だ。特にグループディスカッションでは減点対象となりかねない。

　選考段階で他の就活生とうまく接することができないのであれば、年下の同期社員、あるいは年下の先輩社員・管理職とトラブルを起こすかもしれない。総合職採用をする企業の採用担当者はそう考えて、選考で落とす。

　年齢や経験に違いがあっても立場は同じ就活生だ。その前提で臨まないと、それこそ損をし続けるだけになってしまう。

年齢差による上から目線で出てしまうのが「学部生だから知らないのもしょうがないか」「まだ若いから知らないだろうけどさ」など。事実としても飲み込む度量は持ちたいところ。

第 8 章

面接・GDの誤解

1 オンライン面接は スマホで十分

ホント　オンライン面接は PC・タブレットが無難

関連データ

ビデオ通話やウェブ会議等で気を付けていること
自分が話すタイミングに気を付けるようにしている　58.4%(1位)
はっきりとした発音で話すようにしている　53.6%(2位)
映り具合や音量の設定などに気を付けるようにしている　48.3%(3位)

※文化庁「令和2年度国語に関する世論調査」(2021年)

解説

コロナ禍により、就活で定着したのがオンライン面接だ。コロナ禍が収まりつつあっても、大企業を中心として「選考序盤はオンライン、中盤以降は対面」との使い分けが定着しつつある(12〜13ページ)。

〈就活生側に環境整備の責任あり〉

オンライン面接は対面と大きく異なる点として、面接を受ける環境にある。対面であれば、企業側の責任で用意するのに対して、オンライン面接は就活生側の責任で用意しなければならない。

オンライン面接で必要な機器としては、ノートPCかタブレット、カメラ付きでなければWEBカメラ。合わせて、Wi−Fiなど通信契約も必要となる。

スマートフォンでもオンライン面接を受けることはできる。だが、できるだけノートPCかタブレットにした方が良い。スマートフォンだと画面が小さく、面接官の表情を確認しづらい。容量オーバーなどの通信トラブルを起こしやすい点も減点材料だ。

どうしてもスマートフォンで面接に臨むのであれば、通信容量やバッテリー切れに注意すること。

通信環境は、ある程度の速度が必要となる。

デンソー：自動車部品で世界的な大手。トヨタ自動車系。2023年3月期は、円安もあり増収増益（読売新聞2023年5月10日／84ページ参照）。

どの程度の速度が必要か、通信環境の計測アプリなどで調べたうえで、不十分であれば、新たな通信契約が必要となる。

〈ライトや固定台で見え方を工夫〉

PC・タブレット、通信契約以外では、ライトや固定台（パソコンスタンド）なども必要となる。

ライトはスタンドだけでは不十分で、リングライト（別名・女優ライト）も必要。マイク内蔵イヤホンやヘッドセット、ピンマイクも必要。音質が気になるならピンマイクだが、ヘッドセットが無難だろう。

固定台は「厚めの本を積み上げれば十分」とする就活生もいるが、カメラレンズと視線を調整するためにも必要だ。背景については211ページを参照してほしい。

オンライン面接に必要な機材

リングライト　　　パソコンスタンド　　　背景紙

・対面と異なりオンライン面接では環境整備の責任は就活生側にあり
・スマートフォンよりもノートPCやタブレットの方が良い
・リングライトやパソコンスタンドも必要

サムコ：半導体など電子部品製造装置を製造・販売する。先端分野の投資が進み主力の半導体など電子部品製造装置の需要は拡大（読売新聞2023年4月28日／ 84ページ参照）。

2 自宅以外のオンライン面接はどこでもいい

ホント

自宅以外のオンライン面接は
学内専用ブースが一番

関連データ

採用開始予定時期
面接(Web)開始　3年生10月以前〜3年生2月　23年卒・27.3%→24年卒・36.6%
面接(Web)開始　3年生3月〜4年生5月　23年卒・57.3%→24年卒・57.4%
※リクルート就職みらい研究所「就職白書2023」(2023年)

解説

オンライン面接を自宅以外で受ける場合、一番適しているのは大学である。

コロナ禍以降、各大学ともオンライン面接に対応するため、専用ブースを設けるようになった。

〈自宅以外なら大学が一番〉

右の写真にある近畿大学のように完全個室ブースを設ける大学が増えている。他に、就活シーズン中、会議室などをオンライン面接用ブースとする大学もある。

近畿大学内にあるオンライン面接用ブース(ワークブース)

大学であれば、無料で利用できるので積極的な活用が望ましい。

関西圏や地方大学だと、東京の都心部にサテライトオフィスを設置、その中に

大学内のオンライン授業用スペースとして開放している教室は避けた方がいい。他の学生が、ブレイクアウトルームで話すこともある。オンライン面接だと、意外と聞こえるので他を探すこと。

オンライン面接用ブースを設けている大学もある。そうした対応が可能かどうか、大学に問い合わせるといいだろう。

〈大学以外だとどこも一長一短〉

学外でオンライン面接を受ける際は「静かさ」「明るさ」「利用料」の3点がポイント。「大学で空いている小会議室などを借りる」「コワーキングスペースを利用する」「電話・オンライン会議利用が可能なカフェ」「ホテルのデイユースプラン」「カラオケ店でのオンライン会議利用プラン」などが候補。

大学の小会議室だと費用負担はかからない。問題は静かさ、明るさ。時間帯によりうるさくなる場所もあるので、事前に調べておいた方がいい。

やめた方がいいのはカフェ。店側が利用を認めていても、他の客が許容するとは限らないし、混雑でかなりうるさいことも多い。一方通行のオンライン合説などならまだしも、面接での利用はやめた方が無難だ。

コワーキングスペースも完全個室型なら良いが、オープンスペースだと微妙。カフェよりは静かとは言え、その分だけ、他のオンライン会議利用者の声が通りやすい。その逆もあるわけで、面接で利用するのはお勧めできない。

カラオケ店は静かさという点では良いが、部屋の明るさは微妙なところが多い。部屋が暗ければ、利用は避けた方がいいだろう。

ホテルのデイユースプランは静かさ、明るさという点では担保されており、一番推奨できる。ただし、利用料金が数千円かかる点が就活生にはつらいところ。著者の取材と利用経験談から言えば、やめた方がいいのはカフェ以外では、オープン型のコワーキングスペース。オープン型のコワーキングスペースは、カフェよりは静かだが、その分、他人のオンライン会議の声が通って、結構ストレスがたまる。それに、同時進行で他の利用者がオンライン会議をしている中、オンライン面接を受けるのは、静かさ、という点でも無理がある。

いくらオンライン面接と言っても、面接であることには変わりない。就活生の人生を左右するものであり、その点を考えれば、費用をかけてでもビジネスホテルのデイユースプランが一番ではないだろうか。

もしくは、ターミナル駅などでクローズボックス型のコワーキングスペースが増えている。そちらも候補となる。

それぞれ、長所・短所を踏まえたうえで選択することが望ましい。

- ・大学内のオンライン面接用ブースが一番適している
- ・学外でオンライン面接を受ける際は静かさ、明るさ、利用料がポイント
- ・静かさという点で敬遠した方がいいのはカフェとコワーキングスペース（オープン）

JR東日本の新幹線にはテレワーク車両（TRAIN DESK）あり。ただし、2023年以降の需要回復で車内は満席の便ばかり。テレワークどころではなく普通車両と同じなのでテレワークは諦めた方が無難。

3 自宅でのオンライン面接はカメラだけで十分

ホント

自宅でのオンライン面接は明るさ、音漏れ対策、背景が重要

関連データ

ビデオ通話やウェブ会議等で気を付けていること
自分が話すタイミングに気を付けるようにしている　58.4%（1位）
はっきりとした発音で話すようにしている　53.6%（2位）
映り具合や音量の設定などに気を付けるようにしている　48.3%（3位）
※文化庁「令和2年度国語に関する世論調査」（2021年）

解説

自宅でオンライン面接を受ける際は、明るさ、音漏れ対策、背景の3点がポイントとなる。
〈シーリングライトがお勧め〉
まず、明るさについて。部屋の照明が蛍光灯だと、どうしても顔が暗くなってしまう。
著者も、以前、自宅でYouTube収録をするために、リングライトなどを導入したが暗さに変化がなかった。どうやら部屋の照明が古い蛍光灯であることが判明し、シーリングライトに変更。すると、途端に明るくなった。
コロナ禍以降、オンライン会議システムによる就活生との面談なども増えた。その際、暗く見える就活生に、部屋の照明がどうなっているか、話を聞くと、ほぼ全員、蛍光灯だった。
自宅でオンライン面接を受けるのであれば、シーリングライトへの変更をお勧めしたい。
〈自宅でも音漏れに注意〉
音漏れ対策は実家であれば、家族にオンライン面接中、静かにしてもらうよう、依頼した方がいい。いくら、就活中であったとしても、家族には、どのタ

高砂熱学工業：空調設備工事の最大手。オフィスビル、ホテル、地下街から生産工場の冷暖房など産業空調設備まで幅広く手がける（読売新聞2023年4月12日／ 84ページ参照）。

イミングでオンライン面接を受けるのか、断っておくこと。そうでないと、所用があったときに、就活生の部屋に入ったらまずいのかどうかが分からない。最悪のケースとしては、オンライン面接中に家族が事情を知らずに入室、就活生が家族に苦情を言っている様子が面接担当者にも聞こえる、というものだ。印象として悪いことは言うまでもない。

ペットを飼っている場合も家族に任せるなど、事前に断っておこう。オンライン面接中にペットの犬や猫が入室して場がなごむ、というケースもないわけではない。ただし、面接のペースが乱れてうまく話せなくなった、との意見もあるので、こちらも注意したい。

〈アパートの音漏れは対策するか、諦めるか〉

アパートなど一人暮らしの場合、壁が薄いと隣人との騒音トラブルになりかねない。隣人や大家などにも確認が必要だ。対策としては防音壁を購入する、タンス・本棚など大きな家具を壁に寄せて即席の防音壁とする、など。ただし、手間暇と費用を考えると、自宅以外でオンライン面接を受けた方が話は早いこともある。

〈背景は白一色以外の選択も〉

背景についてはコロナ禍以降、白壁にするというマニュアルが広まった。白壁でなければ、白のカーテン・背景紙を用意する、との解説も多い。

確かに、脱ぎ散らかした服にゴミなどが映っているようでは印象はよろしくない。バーチャル背景が良くない（部屋が汚い、と誤解されるので）とのマニュアルも多いが、採用担当者はそこまで気にしない。ただし、バーチャル背景は人物が背景の一部、と誤認されることもある。何度か事前テストのうえで設定変更などをする必要がある。

それと、アピールしたいものをあえて背景に持ってくる、ガクチカ背景という手もある。たとえば、体育会系部活なら、ユニフォームなどはどうだろうか。旅行が趣味なら、旅行先の写真などを飾る手もある。序盤のグループ面接だと、選考参加者の多さからスルーされる可能性がある。しかし、個人面接であれば、話のきっかけとなる可能性はある。

・自宅でのオンライン面接は明るさ、音漏れ対策、背景の3点がポイント

・明るさを確保するためにはシーリングライトへの変更を

・背景は白壁・背景紙が無難だがガクチカ背景に変える手もあり

東京エレクトロンデバイス：東京エレクトロン系列の半導体商社。取り扱い製品は米国製が主体。プライベートブランドでの設計・量産受託なども行う（読売新聞2023年4月4日／84ページ参照）。

4 オンライン面接で相手の声が小さくても聞き直さない方が良い

ホント　オンライン面接で聞きづらかったら聞き直した方が良い

関連データ

ビデオ通話やウェブ会議等で気を付けていること
自分が話すタイミングに気を付けるようにしている　58.4%（1位）
はっきりとした発音で話すようにしている　53.6%（2位）
映り具合や音量の設定などに気を付けるようにしている　48.3%（3位）
※文化庁「令和2年度国語に関する世論調査」（2021年）

解説

オンライン面接はトラブルが起こりやすい。就活市場で定着してまだ数年、環境を整備するのは就活生側の責任。対面の面接よりもトラブルが起こりやすいのはいたし方ない。オンライン面接のトラブルは、オンライン会議システムの未ダウンロード、システムの更新版の未ダウンロード、PC・タブレット本体の再起動、原因不明の通信遮断・遅延、企業側の入室遅れ・通信トラブル、などが考えられる。

〈Zoomの更新、大丈夫？〉

企業側が指定したシステムのダウンロードをしていなければ、いくらURLをクリックしてもアクセスできない。意外と多いのがシステム更新に気づかない点だ。Zoomなどはかなりの頻度で更新している。気づかないまま放置すると、アクセスできないこともある。面接前日には更新の確認が必要だ。PC・タブレットの再起動も意外と面倒。こちらも前日には再起動しておく方が無難だろう。原因不明の通信遮断・遅延は急に起こってしまう。これは対処しようがない。ところで、ここまで書いた内容は企業側にも起こり得る。

対策としては入室できない旨、企業側に電話連絡をすること。企業側は面接を別日程に振り替えるか、電話面接に切り替えるか、などで対応するはずだ。な

丸文：半導体・電子部品、電子応用機器などを取り扱うエレクトロニクス商社。アナログIC、特定用途IC、カスタムIC、それぞれ販売が伸びている（読売新聞2023年3月25日／84ページ参照）。

お、通信トラブル発生時に電話連絡をするためにも、オンライン面接の際は企業側連絡先のメモと連絡用の電話を用意しておくこと。

〈聞きづらいなら伝えた方がいい〉

面接中の音声トラブルは、通信遮断・遅延を除けば「面接担当者の声が小さくて聞こえない」が大半だ。これは就活生側が「お声が小さいようです」などの声掛けでどうにかなる。慣れた面接担当者であれば接続後に「面接前に音声など確認しましょうか」などと声をかけて、双方、聞こえるかどうか確認するが、慣れていない面接担当者だとこの確認を飛ばしてしまい、聞きづらいままのこともある。就活生の想像以上にこの音声トラブルは多い。そのため、聞きづらい旨、伝えても全く失礼にはならない。

なお、オンライン面接のマニュアルで「面接担当者が切断するまでは待つ」と一部にあるがこれは謎ルール。企業によっては接続をつないだまま、打ち合わせをすることもある。一礼して「それでは失礼します」などと一言、断ってから退出する方が良い。

接続後のオンライン面接トラブル

面接担当者

どうしよう。
声が聞こえないけど
伝えても失礼に
ならないのかな？

就活生

オンライン面接では音声トラブルは起きやすい。聞きづらいなら伝えたほうがいい

それでどうする？

・面接前のトラブル回避のために、再起動やシステム更新を事前確認
・面接前に通信トラブルが起きたら、電話で連絡し、指示を仰ぐ
・接続後に音声が聞きづらければ、きちんと伝える

オンラインの退出謎ルール、もとい、マナーについて補足。大人数参加のセミナー、複数参加のグループ面接に個人面接、それぞれ状況が異なるはず。何がベストか、各自判断を。

5 自己PR動画は編集や効果音などを使った方が良い

ホント	自己PR動画は分かりやすさが重要

関連データ	26.4%（21年卒）→33.2%（22年卒）→44.2%（23年卒）	動画ES・自己PR動画の提出について／求められて提出したことがある

※マイナビ「2023年卒 学生就職モニター調査（5月）」（2022年）

解説

自己PR動画・動画ESの提出を求める企業はマイナビ調査が示す通り、拡大傾向にある。文章のみの従来型やフリー方式と違い、動画は伝えられる情報量も多い。採用担当者側も動画の方が確認しやすい（倍速視聴が可能）、受け取る情報量が多い、などのメリットがある。今後も導入する企業は増えるだろう。

自己PR動画は質問を指定しない（あったとしても「あなたを表現してください」など）フリー方式、複数の質問を指定する方式に分かれる。ツールも自由とする企業もあれば、指定する企業もある。さらに、企業によっては収録のやり直し回数を制限する方式のところもある。本項では「質問指定なし」「ツール・収録回数の指定なし」という前提とする。

自己PR動画のポイントは「効果音・音声編集は不要」「収録前に事前テストを」「対面と同じ気持ちで」の3点。

〈お笑い動画とは違う〉

1点目は、変顔ツールや効果音などを指す。採用担当者が選考で接するのは就活生であり、YouTuberではない。変に笑いなどを取る必要はない。トチリなどを修正する編集も不要だろう。動画選考で流暢に話す点を評価されても、対面の面接で話し方が違えば逆効果となる。それと、効果音・音声に構成など、凝ろうと思えばいくらでも凝ることができる。その分だけ手間暇がかかるわけ

日本ガイシ：がいし・電力関連装置では世界的。半導体製造装置用や自動車排ガス浄化用などのセラミック技術に優れ、NAS電池も手がける（読売新聞2023年3月21日／84ページ参照）。

で、実際のところ、就活シーズンにそこまで余裕があるのだろうか。他の就活対策など時間の管理という点でも、どこまで凝るのかどうか、自分で答えを出してほしい。

2点目は、カメラの角度や部屋の明るさ、話す内容の選択や長さなど、事前にテストをした方が良い。最初はおそらくは数回の事前テストが必要となるだろう。それと企業が指定したツールとは別のもので事前テストをする場合、画角など映り方が微妙に異なることもある。使い慣れたツールで事前テストをしたうえで、企業指定があればそのツールでも一度、テストした方が良い。

〈面と向かっても話せる内容を〉

3点目「対面と同じ気持ちで」は、動画収録であっても、画面の向こうにいるのは人間（採用担当者）であることを忘れてはならない。自然な笑顔で話すのが一番だ。

就活生によっては、この大原則を忘れてしまう。しかも、動画収録の気楽さもあって、過剰な演出を入れる、過激な言動に走る、などの就活生も。

「それ、対面の面接でも同じ話ができる？」（商社）

落ちやすい自己PR動画

私を採用しないと、御社は損します！

就活生A

私の変顔！見てください！

就活生B

Bad! 対面で同じことできる自信ある？

それでどうする？

・自己PR動画は増加中

・音声編集は不要、ガクチカ写真・小道具などは、あり

・対面と同じ気持ちで、自然な笑顔で

福井製作所：LNG運搬船用安全弁で世界シェアトップ。海外売り上げが80％で無借金経営を誇る。総合職はTOEIC800点以上が条件。他に技術職、システム職も募集中。

6 グループ面接でも自分の話をしっかりするべき

ホント　グループ面接は協力プレイの精神で

関連データ

採用開始予定時期
面接(Web)開始　3年生10月以前～3年生2月　23年卒・27.3%→24年卒・36.6%
面接(Web)開始　3年生3月～4年生5月　23年卒・57.3%→24年卒・57.4%
※リクルート就職みらい研究所「就職白書2023」(2023年)

解説

対面・オンラインとも、序盤の面接は就活生が複数いるグループ面接が多い。本項と次項で、このグループ面接の解説をしたい。

本項では「グループ面接は協力プレイ、自分の話は短めに」についてまとめる。

〈個人面接とグループ面接の違い〉

グループ面接は個人面接と異なり、他の就活生が存在することが前提条件となる。この前提を忘れる就活生が序盤では一定数、存在する。具体的には、自分の話をひたすらしてしまう。

グループ面接はその就活生が割り振られたグループだけではない。採用担当者は1日で5回転以上、こなすことも珍しくない。1回のグループ面接は時間が決まっている。そこで面接時間が仮に30分としよう。就活生が4人だと単純計算で1人当たり7分30秒。実際は挨拶や採用担当者の呼び掛けなどもある。となると、1人当たりでは6分か、それ未満。これで、自己紹介に、自己PR、志望動機、ガクチカ……。自己紹介を簡潔にしたとしても、1問当たりでは2分もない。しかも、面接時間はともかく、参加する就活生の数などは事前に分かるものではない。どこまで話すか、あるいは話さないか、状況判断能力が問われることになる。

村上開明堂：静岡市本社のバックミラーメーカー。自動車ミラーは開発・設計から販売まで一貫した生産体制で国内トップ。多層膜フィルムの開発なども展開。

〈グループ面接の空気を読まないと〉

だが、分からない就活生は自己紹介から長く話してしまう（36〜37ページ）。さらに、他の質問に対しても同様。こうした就活生は落ちる確率を自ら上げている。

対策としては内容の絞り込みを意識すること。1分間に話せる文字数は250〜300字と言われている。ただし、あまり早口すぎても聞いている方はつらい。そうなると、1分間当たり、230〜260字というところか。30秒なら100〜130字程度となる。1分目安で話せるよう、面接前に練習しておくといいだろう。

〈エントリーシートの内容、どこまで話す？〉

グループ面接では話す際に、エントリーシートの内容を丸暗記しようとしてうまく話せない就活生が多い。採用担当者の間でも丸暗記の是非について話題となる。

一番、悪いパターンとしては、丸暗記しようとして暗記できておらず面接でもうまく話せないことだろう。面接中に、覚えているかどうか、確認することで精いっぱいとなってしまう姿は格好悪い。

これよりはましだが、丸暗記した内容だけしか話せないのも採用担当者としては困る。長く話してしまう就活生だと、時間の調整ができないまま、ずっと話すからだ。

丸暗記する内容が、六法全書とか、その日の日経の主要記事全文、というのであれば苦しむのも無理はない。しかし、グループ面接で就活生が丸暗記してくるのは、自分のアピール内容であるはず。自分の話くらい、きちんと覚えてからグループ面接に臨むべきだろう。

理想を言えば、30秒・1分・2分でそれぞれ、内容がどう変わるか、グループ面接前に調整してみてはどうか。

そして、グループ面接当日は、その面接の様子を観察しつつ、どのパターンを出すのか判断していくといいだろう。

そこまで準備ができて、かつ、内容もしっかりしている就活生など、そうそういないのだが。

それでどうする？

- グループ面接は自分一人だけではないことが大前提
- グループ面接は1項目当たり1分程度が目安
- 答える時間や量などは事前に把握、当日は状況次第で変える

堀場製作所：分析・計測機器メーカーの大手。独立系でエンジン排ガス測定装置は世界シェア80％。優良企業であり、京都の中堅私大生は子会社の堀場エステックを含めて志望する傾向が強い。

7 グループ面接では自分の話が終わったら次を考えた方が良い

ホント　グループ面接では他の就活生の話も聞く

....

関連データ
採用開始予定時期
面接(Web)開始　3年生10月以前〜3年生2月　23年卒・27.3%→24年卒・36.6%
面接(Web)開始　3年生3月〜4年生5月　23年卒・57.3%→24年卒・57.4%
※リクルート就職みらい研究所「就職白書2023」(2023年)

....

解説

グループ面接の続き。2点目は「他の就活生の話もちゃんと聞く」だ。
序盤の選考で企業が利用するグループ面接やグループディスカッションについて、就活生のあいだにはこんな噂がある。「就活生が複数いる選考で次の選考に進める学生の数は決まっている」。たとえば、グループ面接で就活生が5人いれば、2人は通して残り3人は落とす、といった具合だ。
〈高評価なら全員通過〉
結論、これは8割方、ウソ。確かに、平均値をとっていけば一定割合では落としている。しかし、それはあくまでも平均値だ。このケースは中堅以上の企業ならどこでも起こり得る。グループ全員が欲しい人材のところを無理に数人落とす。逆に、グループ全員が落としたい人材のところを無理に数人残す。どちらも企業からすればバカバカしいこと、このうえない。こうした背景がある以上、就活生はグループ面接・グループディスカッションにおいて、無理に他の選考参加者を攻撃する必要はない。むしろ、全員が次の選考通過を目指すくらいの気持ちで臨んだ方がいいだろう。
グループ面接では視線をどうすれば良いか、との質問も多い。面接担当者だけでなく、他の選考参加学生も含め、話をしている人の方を向いた方がいい。

岩谷産業：LPガスでトップ。水素ガスでも注目される。中堅私大生が業界研究講座やキャリア講義などを受講すると、途端に志望度が上がる企業の一社。

グループ面接では、自分の話が終わるとそれで安心してしまい、他の就活生の話を聞かない学生が出てくる。安心した表情を見せたり、別の質問に備えるために内容を反芻したり。「他の就活生の話を聞くことができないほど、余裕のなさが透けて見える。悪印象だし、落ちる就活生が多い」（小売り）。

〈不意打ちで聞かれることも〉

中には、不意打ち質問を出す企業もある。メモを取る必要はないが、どんな話をしたか、聞く姿勢は見せておいた方がいいだろう。なお、仮にこの質問が出た場合は否定論よりも肯定論でポジティブにまとめた方が良い。

グループディスカッションでよくある話

グループ A ──┬── 高評価　5人
　　　　　　　└── 低評価　0人

グループ B ──┬── 高評価　2人
　　　　　　　└── 低評価　3人

グループ C ──┬── 高評価　0人
　　　　　　　└── 低評価　5人

グループ A は全員通す。
グループ B は2人通す。
グループ C は全員落とす。
当然でしょ？

採用担当者

それでどうする？

・グループ面接は他の就活生との協力プレイ

・「落ちる人数が固定」は就活伝説、というかウソ

・自分の話が終わっても他の就活生の話もちゃんと聞く

リョービ：MAZDA Zoom-Zoom スタジアム広島（バックネット）、東京ドーム（バックスクリーン左右）の広告で見かける企業。ダイカスト専業トップのメーカーで広島県府中市が本社。

8 深掘り質問は圧迫面接に近い

ホント 素朴な疑問として聞いているだけなので対応を

関連データ 就職活動で圧迫面接を経験したことはありますか？

はい　63.7%

※リクナビ調査（2018年）

解説

面接では、答えた内容に対して面接担当者がさらに深掘りしてくることがある。グループ面接・個人面接、両方あり得る。深掘りに対する回答や再質問などで時間が読みづらいことから、個人面接の方が多い。

たとえば、就活生が自己PRについて答えたとしよう。

それに対して、面接担当者が、

「では、そのPRについて、もう少しお尋ねしますが〜」

「それを始めた理由は？」

「どんな点にこだわった？」

「周囲の人はどう評価していた？」

などと、深掘りしていく。これが深掘り質問だ。

この深掘り質問、意外とうまく答えられない就活生が多い。中には、深掘り質問でしどろもどろとなった挙げ句、「あの企業は圧迫面接をした」と憤慨する就活生すらいる。

〈深掘り質問＝圧迫面接ではない〉

上に示したように、リクナビ調査によると、63.7％もの就活生が圧迫面接を受けた、と回答している。実際、著者も就活生を取材していると同様の話を聞く。

杉本商事：京セラドーム大阪の広告で見かける企業。機械工具・測定機器などが中心の専門商社。無借金経営。なお、同社は「杉本商事株式会社」。「株式会社杉本商事」は別に存在。

ところが、よくよく聞いてみると、単に深掘り質問をしただけ、というケースが多い。これは就活生側の誤解もいいところだ。

深掘り質問は面接担当者がその就活生に興味を持ち、素朴な疑問として聞いている。それを圧迫面接と取ってしまうのは無理筋もいいところ。

はっきりとした調査があるわけではないが、おそらく、圧迫面接と言われるもののうち、深掘り質問から来る誤解が相当部分を占めているもの、と推察できる。圧迫面接の意図などない採用担当者からすればいい迷惑だ。

深掘り質問をする目的は就活生に対する興味・関心が強いことを示す。そのうえで、根拠や、経過、再現性の有無などを確認する。

それと、「それを始めた理由は？」は受動的・能動的かどうか、なども見ている。主な深掘り質問を下にまとめたので参考にしてほしい。

主な深掘り質問

・その取り組みを始めた理由は？
→「親から勧められた」など受動的な話だけではアウト。事実だったとしても、プラスアルファで興味をもった理由など能動的なコメントが欲しい
・その中で大変だったことは？／どこにこだわったか？／もっとも苦労した点は？
→実績・経過のうち、経過をより詳しく知ることで再現性の有無を確認することが目的。質問に沿った回答を
・〜の取り組み以外で頑張ったことは？
→アピールした内容が低評価なので救済策として出すケース、アピール内容が高評価でついでに他のネタも聞いてみたいケース、それぞれあり。一点集中型の就活生は、ない、と正直に話す方が無難

それでどうする？

・深掘り質問は出る、という前提で面接に臨む

・採用担当者は深掘り質問で就活生をより深く知りたい

・質問内容に沿って回答していく

フクダ電子：Jリーグチーム・ジェフユナイテッド市原・千葉のホームスタジアムの命名権を取得している企業（フクダ電子アリーナ）。心電計など医療機器を製造・販売。

9 GDは正しい結論を 出すことが重要

関連データ

採用開始予定時期
面接(Web)開始　3年生10月以前〜3年生2月　23年卒・ 27.3%→24年卒・36.6%
面接(Web)開始　3年生3月〜4年生5月　23年卒・57.3% →24年卒・57.4%
※リクルート就職みらい研究所「就職白書2023」(2023年)

解説

ここからはGD(グループディスカッション)について解説していきたい。その 1、この項ではGDの目的・前提条件や就活生の誤解を整理したい。
GDはグループ面接同様に複数の就活生が参加する選考だ。そして、グループ面 接と異なるのは就活生同士が議論をする点だ。当然ながら、どんな就活生とグ

GDの時間の区切り方

項　目	内　容
課題定義	お題に対しての前提条件などを共有する
各自思考時間	各自で考える時間／短いならなくても可
論点の整理・まとめ	意見を出し合い、整理・まとめていく
発表内容・練習	発表が必要な場合は発表者を決め、内容を決定、練習
予備時間	最初に予備時間を設定しておくこともあり

GD解説の名著が『東大生が書いた議論する力を鍛えるディスカッションノート』(吉田雅裕・著、東 大ケーススタディ研究会・編、東洋経済新報社、2014年)。これ1冊で十分。

ループを形成するかは当日にならないと分からない。ある意味では当たり外れの要素がもっとも大きい選考となる。しかも、その当たり外れは企業側もコントロールしにくい。その点を敬遠してGD選考をやめる企業もある。一方、状況対応力を見ることが可能な選考でもあり、コロナ禍以降は対面ではなくオンラインでGDを展開する企業もある。GDは制限時間がある。時間内に結論を出すためには左ページの表のように、時間を区切って検討していくことが必要だ。

GDの大前提として知っておきたいのは、「役割（または役割を決めず）」「結論の正しさ」「意見・結論の決め方」の3点である。

1点目について。GDは役割を決めるべき、とのマニュアルが多い。それで司会が有利とか、タイムキーパーは不利などの言説もある。実際は役割を決めずに自然な形で話し合う就活生が増加している。役割を決めるのに時間を使っても意味がない。

〈正しさよりも大事なものは〉

2点目の結論の正しさは大学院生や難関大生に多い。これは就活におけるGDでは間違い。最優先すべきは2点、時間内に結論をまとめる（またはまとめようとする）こと、そして、参加学生全員での通過を目指すこと。お題によっては知識量やゼミ討論などで慣れている大学院生・難関大生が有利に見えるものがある。そこで知識量・討論慣れしている学生同士で盛り上がり、そうでない学生が放置されてしまうGDが多い。これが就活のワナで、正しい議論ができた、と喜ぶ大学院生・難関大生が選考落ちとなる。理由は簡単で、議論についていけない学生を放置したことから「分からない人を見捨てる」「フォローしようとしない」などとネガティブな評価をされるからだ。次項で説明するディベート型であれば別。それ以外の型であれば、議論についていけない学生を放置してはならない。

それから、結論の正しさにこだわりすぎるのも低評価となりやすい。それで時間内に収まらなければ「時間制限を無視した」と見られてしまう。

3点目の意見・結論の決め方について。これは参加学生次第で難しい。ただし、基本としては、少数の意見のみではダメ。その逆の多数決でもダメ。全員が納得できるように進めるしかない。とは言え、現実はそうもいかない。どこまで自己主張をして、どこで自己主張を引っ込めるか、これは状況によって変えるしかない。

・GDは就活生同士の議論であり、企業側はコントロールしづらい

・制限時間内に結論を出すため、時間管理が必要

・結論の正しさにこだわりすぎると、逆に落ちやすくなる

GD進行という点では『超ファシリテーション力』（平石直之、アスコム、2021年）がお勧め。著者はABEMAPrime進行担当で別名「猛獣使い」。進行やまとめる力を大公開。

10 GDは基本的には どの企業も同じ

ホント

GDは企業によりバラバラ

関連データ

採用開始予定時期
面接(Web)開始　3年生10月以前〜3年生2月　23年卒・27.3%→24年卒・36.6%
面接(Web)開始　3年生3月〜4年生5月　23年卒・57.3%→24年卒・57.4%
※リクルート就職みらい研究所「就職白書2023」(2023年)

解説

GD(グループディスカッション)の解説、その2はその種類だ。著者が取材したところ、GDは2系統3タイプに分かれる。

〈GD内容をスルーのパターンも〉

まずは系統から。一つは、じっくり系統。これは文字通り、GDを担当する社員が就活生の様子をじっくり見て発言量や質なども含めて判断するものだ。大学キャリアセンターが実施する模擬GDはこのじっくり系統に入る。コロナ禍以降に増加した、オンラインGDも半分強はこちら。

もう一つの系統はざっくり系統。こちらは、じっくり系統のGDと異なり、担当社員の数からして少ない。2〜3グループにつき1人、場合によっては1部屋で1人という企業もある。当然ながら、GD中の様子などは細かく確認できない。発表なども参考に聞く程度だ。このざっくり系統のGDは就活生の想像以上に多い。

ざっくり系統のGDを導入している企業に話を聞くと、

「GDそのものよりも、GDの前後に挨拶ができているかどうか、などマナー的な部分を見ている」

「GD選考に合わせて、説明会をセット。実はそちらの方が本命」

2010年代後半にはGD選考で就活生がドタキャンし、参加学生は2人というケースが続出。実質的にはGDではなく討論に。人数調整の難しさからGD選考を外した企業もあった。

などの意見があった。

〈お題も企業によりけり〉

GDのタイプは、ふわふわ、シチュエーション、討論（ディベート）の3タイプに分かれる。GDはこの2系統3タイプの組み合わせに収まるものがほとんどだ。GDがどの系統・タイプなのかは内定者体験記などを読めばある程度、判明する。ただし、企業側は就活生の対策を無効とするため、前年のものから変えることもある。どの系統・タイプでも受け止める気持ちが大事になる。

GDのタイプ

1：ふわふわ型
例）新入社員に求められる力／お弁当と給食、どちらがいい？
・お題がふわっとしていて、解釈・定義次第で大きく変わる
→単純ではあるが、定義・前提条件をどうそろえるかがカギ

2：シチュエーション型
例）市場分析データから製品▲にどのような機能をつけるか検討せよ
・資料を提示、または課題解決を検討させる
→業界・企業関連の情報をどこまで知っているか、そのうえで前提条件をどうそろえるか

3：討論（ディベート）型
例）××に賛成か、反対か
・どちらかの立場で討論、ベンチャー企業の一部で採用
→協調性も大事だが、論理性なども求められ難易度が高い

それでどうする？

・GD は2系統3タイプに分かれる
・企業側の進行確認が甘い GD も存在する
・様々な GD があるという前提で GD に参加する

就活動画1・Peeping Life「残念！就職面接」：2011年発売の「The Perfect Extension」に収録。就活生と面接官2人のズレた感覚と受け答え、笑える反面、リアルすぎると評判に。

11 GDでクラッシャーが いれば選考落ち確定

ホント	GDでクラッシャーがいても選考通過者が出る

関連データ	GDのクラッシャーのタイプ 8タイプ

※『東大生が書いた議論する力を鍛えるディスカッションノート』（吉田雅裕・著、東大ケーススタディ研究会・編、東洋経済新報社、2014年）より／「クラッシャー」は同書の表記では「モンスター」

解説

GDの解説、その3は「トラブル対応と評価」だ。GDは就活生同士が参加、議論する。当然ながらすぐ仲良くなり盛り上がることもあれば、うまく話せないこともある。特に注意をしたいのが、クラッシャータイプの存在だ。
クラッシャーのGD解説ではトップと言える『東大生が書いた議論する力を鍛えるディスカッションノート』（吉田雅裕・著、東大ケーススタディ研究会・編、東洋経済新報社、2014年）によると8タイプ、存在するそうだ。
持論に固執する、他の参加学生に攻撃的、などでGDの進行妨害でしかない。こういうタイプは落ちることがほぼ確定的だ。
〈クラッシャーに遭遇したらどうする？〉
問題は残りの就活生で「今日のGDはクラッシャーがいるからもうダメだ。諦めて黙っていよう」などと考えてしまう。そうした参加者は議論放棄を態度で示す。一方、なんとか議論をまとめようとする参加者もいる。こうしたGDでは、クラッシャーと議論放棄の参加者が落ち、議論をまとめようとした参加者は次の選考に進む。仮に、議論がまとまっていなくても、だ。
5人グループのGDで、1人がクラッシャー（A）、2人はクラッシャーの存在で議論を放棄（B・C）、2人は議論を前に進めようとした（D・E）。もちろん、クラッシャーの存在でうまくいかなかったわけだが。

就活動画2・Peeping Life「タケモトデンキの会社説明会」：2016年発売の「TV シーズン1 ?? Vol.4」に映像特典として収録。タケモトデンキは実在の企業で現在はハカルプラスに改称。

それでは、この5人グループを採用担当者はどう評価するだろうか。

クラッシャーのAだけでなく、途中で議論放棄をしてしまったB・Cも選考不通過。D・Eは次の選考に進む。

採用担当者にこのケースを示すと、こう答える人がほとんどだ。

議論がまとまらなかったにもかかわらず、なぜ、D・Eの2人は選考通過となるのだろうか。その理由は再現性にある、と採用担当者は話す。

「クラッシャーのAは論外。B・Cは、クラッシャーの存在で議論をやめてしまった。もし、入社して仕事をしても、何か、トラブルなどが起きたとき、その対応ができなそうで怖い。対応できないだけでなく、仕事そのものを放棄する、悪い再現性すら見えてしまう。落とした方が無難だろう。

その点、D・Eはクラッシャーの存在に負けず、議論を前に進めようとした。議論がまとまらなかったとは言え、前に進めようとした努力は評価できる。この2人は議論を放棄してしまった2人に比べて、入社後に仕事でトラブルが起きても何とかしようとする、再現性が見えてくる。企業からすれば欲しい人材であり、次の選考に呼ばない手はない」

就活生からすれば意外かもしれない。じっくり系統のGDの場合、就活生の想像以上に深いところまで企業側は考えている。

〈意外な評価ポイントも〉

クラッシャーのいるGD以外にも、就活生には意外に思える評価ポイントがある。それが、発言内容の質と量だ。

ただし、質と量、どちらが重視されるかは企業によって相当変わる。どちらが上か、という問題ではない。ただし、GDに慣れていない就活生からすれば、発言量を増やしていくのはなかなか難しい。その点、質については量よりも高めやすいので試してみてはどうだろうか。

それでどうする？

・GDはクラッシャーがいても次の選考に進む就活生がいる

・GDは発言量や質が問われるが評価は企業により変わる

・GDに慣れていない就活生であれば質の向上を目指す

就活動画3・握手の鬼「正直者な就活生」：2023年公開。2023年11月現在で約40万回再生のアニメ動画。正直者な女子学生が最終面接を受けるが実は本音が炸裂。最後のオチも笑える。

12 GDは口下手だと落ちやすい

ホント

GDは口下手でも勝てるコツがある

関連データ

採用開始予定時期
面接(Web)開始　3年生10月以前～3年生2月　23年卒・27.3%→24年卒・36.6%
面接(Web)開始　3年生3月～4年生5月　23年卒・57.3%→24年卒・57.4%
※リクルート就職みらい研究所「就職白書2023」(2023年)

解説

GDの解説、その4はちょっとしたコツについて。

知っておくと、GDが苦手な就活生も得をする。具体的には「開始前に準備」「名前を知る・呼びかける」「書記なら他の人にも読みやすく」の3点。

〈開始時間前から実質スタート〉

1点目「開始前に準備」は対面の場合、会場の受付開始時間ちょうどに行くようにする。当然ながら開始予定時間よりも早いため、他の参加学生と雑談をする時間が生まれる。その間に、自己紹介やGDへの不安などを話す。雑談のあいだに、誰がGDをリードした方がいいのか、どう話を進めればいいのか、見えてくるものもあるだろう。この雑談時間は実はGDの準備時間でもある。開始予定時間ギリギリに行くと、この準備時間が全くないことになる。準備時間が30分だったとして、その有無はGDの質にも大きな影響を及ぼす。

なお、受付開始時間が指定されている場合、それより前に会場に到着すると、これはこれで問題がある。GDの前のターンの片づけが終わっていない、GDを担当する社員の休憩時間を奪う、などの可能性が出てしまう。受付開始時間ちょうどに行くか、もしも早く到着した場合でも、会場から離れた場所で時間調整をした方がいいだろう。

GDだけではなくその他の面接でも、受付開始時間より早く行くと、企業によってはまだ準備できていない、担当者の休憩時間を奪う、など意外と迷惑。相手を考えて時間調整を。

〈たかが名前でも大きな効果〉

2点目の「名前を知る・呼びかける」も、1点目「開始前 に準備」とやや重複する。対面であれば早めに行って自己紹介をする。オンラインGDであれば名前を出す欄がある。どちらにしても、お互いの名前を把握したうえで、GD中は名前で呼びかけること。「あなたは〜」などと呼びかけがちだが、これだとお互いに心理的な壁ができてしまう。

その点、名前で呼び合うと、それだけでGDが盛り上がる効果がある。

〈誰のための書記か考えよう〉

3点目「書記なら他の人にも読みやすく」について。対面では発表と予備用に大きな白紙が用意されていることがある。企業側は発表時に使うよう指示するか、特に指示はしない。そうしたケースでも大抵は書記となった参加学生は自分のノートや手帳に小さく書くだけだ。GDで書記となった場合、用意された白紙または自分のノートには、大きく分かりやすく論点を記載。GDが脱線しそうになったとき、そのメモを見せながら論点整理をする、これも書記の役割だ。なお、書記などの役割を決めていない場合でも、自らメモを書いていって見せる、というのも有効。オンラインGDであれば、100円ショップで売っているミニホワイトボードにメモをして見せる、という手もある。何枚も書くというのであればホワイトボードノートもいいだろう。

以上、3点は企業側が指示しなくても、就活生側の工夫でいくらでも実行可能なはず。ほんの少しだけ早く行く、ほんの少しだけ大きく書く。たかだかその程度、されどその程度でGDの結果も変わるだろう。

〈うまく話せるタイプ・そうでないタイプ、対策は？〉

他にGDのコツとしては、会話のパスとコメントの質がある。

まずは、うまく話せるタイプから。こちらの場合、自身がバラエティ番組の司会になったつもりで、臨んでみてほしい。別に笑いを取る必要はなく、うまく話せていない参加者に「どう思いますか？」などとパスを出してあげるのだ。

逆に、うまく話せない就活生はどうするべきか。議論が脱線しそうになったときに、この一言を加えてほしい。

「今回のテーマに戻って議論を続けませんか？」

うまく話せる就活生同士だと、つい脱線しがちだ。それをこのコメントで引き戻す。質が高いコメントで評価も高い。機会があれば使ってみてほしい。

それでどうする？

・GDは受付開始時間と同時に行き、雑談（事前準備）をする

・GDはできるだけ名前で呼び合う

・ノートは自分のためだけでなく参加者が見ても分かるように書く

就活動画4・youmahotube「アニメーション　就活狂想曲」：2012年公開、2023年11月現在で約870万回再生のアニメ動画。東京藝術大学の院生が制作。古いが就活の特徴を捉えていると評判。

13 個人面接は中盤・終盤とも聞かれる内容は同じ

ホント	終盤の面接は志望意欲の重要度が高まる

関連データ	現在就職活動で最も注力していること（面接と回答した割合） **3月・31.0%→4月・55.9%→5月・60.3%**

※マイナビ「マイナビ　2024年卒大学生活動実態調査（3〜5月）」（2023年）

解説

ここから5点、個人面接について解説していきたい。その1、「序盤・中盤・終盤の違い」について。書類選考や序盤のグループ面接は順調でも、中盤から終盤の面接ではなぜかお祈りメール（連絡）が相次ぐ就活生がいる。これは面接の違いを理解していないのが原因だ。

〈序盤と中盤・終盤で違うのは？〉

具体的には見るポイントである。終盤の面接では序盤でそこまで重視されていなかった志望意欲やマッチング（相性）などが選考結果を左右する。

選考の序盤はエントリーシート・履歴書提出や適性検査がある。そのうえで、グループ面接に入るのが一般的だ。

個人面接は就活生1人に対して企業側は1人または複数。そのため、選考の序盤よりは中盤から終盤にかけて行われる傾向がある。

序盤の書類選考・適性検査やグループ面接では、見られるポイントとして、学力等の優秀さやコミュニケーション能力、マナーなどが中心となる。それから、グループ面接の場合、参加学生が多いため、そこまで深掘りできない。志望動機や自己PR、ガクチカなど、いわゆる定番の質問をするだけで時間が来てしまう。

就活動画5・私立パラの丸高校「バ先で一番輝いてるギャル【アニメコント】」：2023年公開、2023年11月現在で約115万回再生のアニメ動画。高校生アルバイトの話だが飲食希望なら参考に。

〈誰が面接するかもポイント〉

もう1点、補足すると、序盤の選考のグループ面接を担当するのは若手社員という企業が多い。面接では「同僚として接することができるかどうか」「次の選考に通しても問題ないかどうか」などの意識が強く働く。

序盤の選考に通った就活生は、その企業にとって求める優秀さをある程度、持っている、と言っていい。

〈中盤の面接は部課長クラス〉

中盤の面接を担当するのは、課長・部長などの管理職クラス。入社すれば上司にあたることになる。見るポイントとしては序盤の選考で見られた優秀さの再確認、そして、志望意欲やマッチング（相性）などの角度からも選考が進む。

なお、「優秀さの再確認」にはマナーや企業研究・業界研究・時事問題なども含まれる。さらに雑談ベースでの面接や深掘り質問もされやすいため、想定外の質問にも答える必要がある。

〈終盤は役員・社長クラスが面接を担当〉

そして、終盤の面接を担当するのは役員・社長クラス。企業の経営を担っており、就活生に対しても経営の視点、そして、志望意欲やマッチング（相性）の有無などを合わせて判断する。

志望動機について、本書では書類選考の段階では、そこまで重要でない、としている（158～159ページ）。

ところが、この志望動機や志望意欲については、終盤の面接では重要度が上がってくる。理由は2点ある。1点目は終盤の面接を担当する役員・社長クラスの意識だ。この世代は、新卒採用の時点で志望動機が最重要、とされていた。その意識がいまだに残っており、「最終選考に残っている就活生＝入社したい、との意欲が強い就活生」と思い込んですらいる。

2点目は、新卒採用にかかるコスト。内定辞退された場合のリスクなどを考えている役員・社長クラスもいる。そのために、志望意欲の高い就活生を優先させよう、とする意識が働く。

こう説明すると、ウソでもいいから第一志望と話した方がいいのか、となるが、そうではない（詳細は236～237ページ）。どこまで話すかは志望度の高低などにもよる。いずれにしても、志望動機については書類選考や序盤の選考のものをそのまま使うのではなく、改めて練り直した方がいいだろう。

それでどうする？	・序盤と中盤・終盤の面接は見るポイントが変化する
	・見るポイントの変化に気づかないと中盤・終盤の選考で落ちやすくなる
	・終盤の面接では志望意欲の強さが左右する

就活動画6・ジャルジャルアイランド「しょぼい就活生だと思ったらすごい奴」：2022年公開、2023年11月現在で約436万回再生のコント。オンラインのGDで最初はしょぼかった就活生が逆転。

14 雑談ベースでもきちんと自己PRを混ぜた方が良い

ホント	雑談ベースなら無理に自己PRを混ぜない方が良い

関連データ	内々定保有学生が最も内々定につながったと思う活動

面接対策　22.3%（2位）

※マイナビ「2024年卒大学生活動実態調査（6月15日）」（2023年）

解説

個人面接、その2は雑談ベース・気になるニュースについて。

選考参加の就活生は1人ということもあり、面接担当者はお互いの緊張を解こうとする。そこで面接の最初から質問していくのではなく、「今日は暑いね」「ここ最近、どこかに遊びに行った？」など、雑談から入る。なお、企業によっては中盤の面接を雑談ベースのみ、とするところもある。

〈会話のキャッチボールを意識する〉

この雑談ベース、無理に自己PRを混ぜた方が良いとするマニュアルが存在する。過去はともかく、現在では当てはまらない。「普通です」などの回答も話が続かず、お互いに気まずい思いをするだけ。面接担当者は就活生個人の「普通」が分からないのだから、もう少し具体的に話すこと。個人面接の質問では「最近の気になるニュースは？」も出やすい。特に終盤は注意が必要だ。これは就活生が普段から企業研究・業界研究や時事問題にどれだけ関心があるか、知ろうとする目的が一つ。もう一つはその企業が新聞などのメディアに取り上げられたことがある場合だ。

特に経営幹部層は日本経済新聞（日経MJなど系列紙含む）や地元紙に露出すると嬉しさが抑えられない。そこに就活生が自分の趣味関連のニュースを話した

就活動画7・Dangerous爺ちゃんねる　「【昭和時代のありえない就職面接】偏見の時代」：昭和30〜40年代の面接を再現。パワハラ、プライバシー無視が当たり前。動画の後半は投稿者による解説も。

らどうだろうか。期待以上に失望が大きく……となってしまう。

別に必ずその企業・業界関連のニュースの話でヨイショする必要はない。自分の勉強やアルバイト・サークルなどに関連する時事問題を出せばそれで十分だ。ただし、新聞記事検索等で調べて（方法は82〜85ページ）、その企業のポジティブな内容が出ていれば一言、加えるのはどうか。「××ニュースで〜。それと、御社の×日前の記事も拝見しました」。長々と話さなくても、これだけでも好感度は相当変わる。

「気になるニュースは？」で人それぞれ

就活生A

気になるニュースは、私がファンであるアイドルが……

そうですか……。
（こいつ、うちの記事読んでないな……）

役員

就活生B

気になるニュースは最近の円安の進行で〜
それと御社が出ていた3日前の日経記事を拝読しました。

ありがとうございます
（Bさんは内定だ！）

役員

それでどうする？

・雑談ベースなら雑談に応じる
・「普通です」ではなく、もう少し具体的に説明する
・志望度の高い企業なら、関連記事検索をしておくと得をする

雑談を知りたいなら『コミュ障は治らなくても大丈夫』（吉田尚記・水谷緑、KADOKAWA、2016年）を。アナウンサーの半自伝漫画で会話ノウハウも満載の名作。コミュ障以外の学生も是非。

15 逆質問では福利厚生など気になることを聞く

ホント	逆質問は御礼・若手社員・自己PRの補足が無難

関連データ	内々定保有学生が最も内々定につながったと思う活動 **面接対策　22.3%（2位）**

※マイナビ「2024年卒大学生活動実態調査（6月15日）」（2023年）

解説

個人面接の解説、その3は逆質問について。

逆質問とは面接終了後に「それでは本日の面接は以上となりますが、あなたの方から質問はありますか？」というものだ。

これも、グループ面接ではほぼ皆無（下手に入れると、逆質問への回答だけで時間がかかる）。時間に余裕のある個人面接に入ってから急増する。逆質問は最後の質問となるので、就活生の印象を左右しやすい。

〈逆質問で避けた方がいいのは？〉

絶対にやめた方がいいのは、無理に質問しようとして、福利厚生などを聞くパターン。調べればすぐ分かる、あるいは他の機会に聞ける内容をわざわざ聞くのはネガティブなアピールになってしまう。

「福利厚生について教えてください」

などと、逆質問で聞くことは、言い換えるとこうなる。

「少しでも条件が悪いなら入社したくないです」

「福利厚生について調べれば分かる、と言われても分からないです。バカ学生である私にも分かるように説明してください」

「セミナーで説明していたかもしれませんが、その部分は寝ていたのでもう一

きちりホールディングス：居酒屋、カフェなどを運営する飲食チェーン運営企業。同社の採用担当者が中心となり首都圏・関西圏の学生に対して就職支援制度を用意。関連のイベントなどを実施。

度、説明してください」

……。いかがだろうか？　就活生からすれば、そんな意識はない、と反論するかもしれない。だが、聞いている採用担当者からすれば、このように悪く取れてしまうのだ。

〈答えづらい内容もアウト〉

「もし、就活生に戻れるならこの企業に入りたいですか？」「今日の私の評価は何点ですか？」など返答に困る質問もアウト。

「××さんの趣味は何ですか？」も、悪手ではないが「だから何なの？」で終わる。では、この逆質問にはどうすれば良いか。具体的には「御礼」「若手社員」「自己PRの補足」の3点。

〈一番話が早くてきれいな終わりの「御礼」パターン〉

まず、「御礼」は文字通り、御礼で終わらせるパターン。「質問は特にありません。本日は私の話を聞いていただき、ありがとうございました」。面接で自分を十分に出しきったのであれば、これで十分。この御礼パターン、「その企業への関心の低さを示す」としてNGとするマニュアルも多いが、現実から乖離している。

〈先回りをアピールする「若手社員」パターン〉

「若手社員」は「御社の若手社員に普段しているアドバイスは何ですか？」「若手社員に勧めている本があれば教えてください」など。就活生がその企業に内定・入社すれば若手社員となる。「先回りして聞いておけば、参考になると思った」と話せば、相手の納得感も得られる。

この「若手社員」パターンは、隠れた志望意欲をアピールすることにもなる。

〈話し足りないなら「自己PRの補足」パターン〉

「自己PRの補足」は質問ではなく、就活生の自己PRを補足する。

「質問ではないのですが、私の自己PRについて、もう少し、補足させてください」

一言、断ればダメという面接担当者はまずいない。自分の話を十分できなかった場合はこのパターンが有効だ。

どのパターンがいいか、それは面接の状況によって変えていくといいだろう。

それでどうする？

・逆質問は調べれば分かることなどはNG

・逆質問は、御礼・若手社員・自己PRの補足の3点

・自分の話が不十分なら自己PRの補足が一番

昭和産業：食用油・小麦粉などの食品メーカー。2016年から体験型内定式天ぷら研修を実施。内定式の10月1日が衣替えの日にもあたることにかけたとか。なお、コロナ禍で中止。

16 志望度が低くても第一志望と答えるべき

関連データ　面接を受けた時点で第一志望ではない企業の選考の際に、その企業の志望順位を聞かれたことがあるか

聞かれたことがある　85.9%
第1志望であると答えた　81.8%
回答に際しストレスを感じた　52.3%
※マイナビ「2023年卒大学生活動実態調査(9月)」(2022年)

解説

個人面接の解説、その4は第一志望・他社選考について。

中盤以降の選考では第一志望かどうか、そして他社選考状況についての質問が出る。

〈「ウソでも第一志望」は古すぎ〉

この質問、2010年代以前は、「御社が第一志望です」とウソでも答えるマニュアルが主流。かつ、それでうまくいくケースが多かった。就職氷河期が続いており、企業側が有利な状況だったからだ。「御社が第一志望です」と答えなければ、それで落とされても文句は言えなかったのだ。

しかし、2010年代以降、学生が有利な売り手市場に変化し、コロナ禍以降も同じ。こうなると、「第一志望です」と答えない就活生を切り捨てるわけにはいかない。仮に「第一志望です」と答えて内定を出しても、「実は第四志望でしたので辞退します」というケースも続出する。

企業からすれば第一志望かどうかにこだわる必然性がなくなってしまった。2023年現在では、他社の選考状況も含めて正直に回答してほしい、と考える企業が主流となった。

現在では、面接以外で採用担当者と就活生が信頼関係を構築、その中で志望度

三菱鉛筆：本書欄外で2回目の登場。2008年から鉛筆けずり入社式を実施、継続中。小刀で鉛筆を削った後、デッサンによる表現体験も。新入社員のほとんどは鉛筆を削るのは入社式が初。

や他社選考状況などを把握する方が得、とする企業も増えつつある。ただし、いまだに面接で聞きたがる企業が多いのも事実。

〈企業規模で重みも変わる〉

この質問については正直に話すことが基本線となる。そのうえで、志望度以外に企業規模・新卒採用者数も考慮しつつ回答していくのはどうだろうか。

著者が取材したところ、感覚値としては、企業規模が中堅以上・採用者数10人以上だと、「第一志望群です」「第▲志望です」などにも寛容。企業規模が中小・採用者数10人未満だと「第一志望です」と回答しないと、次の選考に進めない傾向にある。

他社選考・内定状況も同じ。これは、企業側の採用計画という事情が影響している。就活生はこの点を考慮しつつ、回答を変えるしかない。

「第一志望」にこだわる企業の事情

◆採用者数20人の企業だと
内定後に辞退→1／20

> マイナス5％、痛いけど
> まだどうにかなるか……。

採用担当者

◆採用者数3人の企業だと
内定後に辞退→1／3

> 3人のうちの1人が辞退？
> 採用計画、一からやり直しだ！

採用担当者

それでどうする？

・志望度・他社選考はウソをつかずに正直に回答する

・正直に回答して落ちたらそれで縁がなかったと割り切る

・中小企業で志望度が高いならあえて「第一志望」もあり

コロンバス：靴クリームのメーカー。1971年から靴みがき入社式を実施、継続中。新入社員と先輩社員が双方の靴を磨く、というもの。先に先輩社員が指導するのでコミュニケーションの機会にも。

17 面接がダメなら もうおしまい

ホント	面接が不出来でも大逆転することも

関連データ	現在、就職活動で困っていること（未内々定者）

面接を通過できない　50.9%

※マイナビ「マイナビ　2024年卒大学生活動実態調査(6月)」
(2023年)

解説

個人面接の解説、その5は一発逆転について。

中盤・終盤の面接の出来が悪ければ、就活生からすれば落ち込むこと、このうえない。

「次の選考に進めない」「もう内定がもらえない」など、暗い思いが強くなる。

そして、期待の裏返しが失望や憎悪となり、SNSで悪口の一つや二つ、書き込みたくなるかもしれないが、そこは抑えて、次のチャンスに賭けた方がいい。

〈面接の自己評価と選考結果は別〉

まず、面接の受け答えが自己評価で低かったとしても、それはあくまでも就活生個人の感想でしかない。日本の大卒新卒採用はポテンシャル（見込み）採用が基本線となる。「見込み」とは企業側にとっての話であり、就活生のPRポイントとつながることもあれば、別の部分から見込むこともある。これは面接も同じで、就活生の自己評価と企業側の評価は別ものだ。

実際、内定学生を取材すると、「面接でうまく話せなかったと思ったが、なぜか、次の選考に進んだ」との回答が目立つ。

自己評価は自己評価として、選考通過・不通過の連絡が来るまではおとなしく待つしかない。

ホダカ：自転車用品メーカー。例年、サイクリング入社式を実施。大人数に見送りされつつ、仕事としてサイクリングの魅力を体験。役員・先輩社員と交流を深める。

〈選考落ち後にまさかの逆転も〉

選考不通過のお祈りメール（連絡）が来た後でも、実は逆転するケースがある。多いのが「繰り上げ通過（内定）」。内定辞退や選考辞退が企業側の想定以上に多く出た場合、ボーダーぎりぎりで落ちた就活生に声をかける。さすがに、「内定辞退・選考辞退が多かったから繰り上げた」とは企業側としては言えない。「先の選考では残念だった。しかし、●●さんのESやこれまでの選考内容を再検討した結果、もう一度話を聞きたいと思った」などと選考への再参加を促す。なお、企業によってはこうした事情を正直に話すところもある。

繰り上げだろうと、補欠だろうと、選考に再参加ないし内定が出るのであれば悪い話ではない。志望度の高かった企業であれば、この繰り上げ通過（内定）は受けておいた方がいいだろう。

〈レアケースでは手紙で逆転も〉

数は相当少なくなるが、逆転の一手としては「手紙」がある。著者が取材した内定学生の例だと、最終面接後、お祈りメールが来た後に、メールではなく手紙を書いて送付。なぜ志望したのか、強く訴えかけるものだった。役員や人事部内でも賛否両論分かれたが、結局、熱意を評価して再面接。その後、内定を得た。かなりのレアケースだが、それで逆転する可能性はゼロではない。

〈就活ノートで逆転も〉

手紙と同じくらいのレアケースとしては、就活ノートもあった。

これは、最終選考後に、採用担当者とのフィードバック面談が用意されていたケースだ。最終選考ではうまく話せなかった就活生。その後、採用担当者とのフィードバック面談でも、うまく話せなかったことを後悔しつつ、その企業の志望度の高さを示す就活ノートを採用担当者に見せた。

そのノートを見た採用担当者は最終面接を担当した役員に交渉。その結果、後日、逆転内定の連絡を受けたそうだ。

これと似たケースでは、入社後にやってみたい仕事への企画書、というものもあった。いずれも、人事部とのフィードバック面談が用意されていた、または、採用担当者と就活生の結びつきが強い、などの特徴があった。そうした企業であれば、ダメ元で低い可能性に賭けてみる価値はある。

それでどうする？

・面接で自己評価が低くても企業の評価は別となることも

・選考に落ちても、繰り上げ通過（内定）の可能性はある

・可能性は低いが手紙で訴える手もあり

スポーツフィールド：スポーツ関連の人材企業。入社式とセットで運動会を実施するのが恒例。2023年は新国立競技場で民間企業として初めて入社式を実施した。

18 面接に間に合わなければもうおしまい

| ホント | 面接に間に合わなくても報告を |

| 関連データ | 採用活動における現時点での問題点 |

選考辞退の増加　17.0%（11位）

※マイナビ「2024年卒企業新卒採用活動調査」（2023年）

| 解説 |

本章のラストは面接（対面式）のトラブルについて解説したい。

具体的には「面接中の緊張」「遅刻」の2点。なお、オンライン面接のトラブルは212〜213ページ、パワハラ・セクハラ関連については248〜249ページをそれぞれ参照してほしい。

〈緊張するのはよくある話〉

まず、面接中の緊張について。志望度の高い企業の面接であれば、急に話せなくなる、あがる就活生はどの企業にも毎年いる。

面接担当者はそのことを分かっているが、就活生は「大事な面接なのにうまく話せない、どうしよう」とさらに言葉に詰まってしまう。

急に言葉が出なくなったとき、慣れた面接担当者であれば、「一回、深呼吸しましょう」などと声を掛けてくれる。

これを皮肉と受け取る就活生もいるが、そうではない。大事な場面で緊張してしまうのは就活生も社会人も変わらない。

まして、慣れない面接を受ける就活生が緊張してしまうのは無理もない。むしろ、それだけ気合が入っている、と肯定的に見る採用担当者もいる。

緊張してしまった場合は、まずは落ち着くこと。就活生側からも「すこし、お時間をいただいてもよろしいでしょうか」などと伝えて間を取るといいだろう。

筑水キャニコム：福岡県の機械メーカーでユニークな農具などを製造販売。入社式ではエレクトーン演奏や、会長による森進一の熱唱など。新入社員の家族からのサプライズメッセージも。

〈遅刻した場合は分かり次第、連絡を〉

次に遅刻について。これは遅刻が判明した段階で正直に伝えることが一番だ。電車など公共交通機関が遅れる場合は連絡したうえで面接日時の再設定などの指示を仰ぐこと。念のため、遅延証明書などを取っておいた方がいい。

遅刻の理由が単純な寝坊だった場合は難しい。ただ、下手な言い訳でごまかすよりは正直に伝えるべきだろう。

なお、そもそも論としては、遅刻しないように、電車・バスは1本余裕を持たせるなど、自分なりの工夫が必要となる。

遅刻で一番良くないのは、連絡をせず、選考から逃げてしまうことだろう。寝坊などが理由なら気まずいことは確かだ。それでも、面接日時の再設定を依頼するなり、選考辞退を伝えるなり、何らかの対応をするのがマナーである。

〈すぐに連絡できなくても、可能な時点で連絡を〉

では、不意のトラブルで遅刻。しかも、すぐには連絡が取れなかったときは？連絡が可能になった時点で連絡した方がいい。仮に面接の時間が過ぎていても、連絡があれば、対応する企業もある。

よくあるのは、冬の飛行機だ。悪天候で空港が急に閉鎖され、上空を旋回。そのため、電話連絡がなかなかできなかった、というものだ。

大手のJAL、ANAであれば、Wi－Fiを備えている。電話は無理でも、メール等でひとまず連絡した方が良い。

冬の飛行機だと、ドアが閉まり、さあ離陸、というときに凍結トラブルや故障でその場から動かなくなる、ということもある。実は著者もこのケースに遭遇し、羽田空港に2時間近く、待機することになった経験がある。トラブル発生後30分くらいしてから、客室乗務員の許可が出て、ドア付近であれば通話可能となった。

山道を車で走行していたところ、故障。携帯電話も圏外で事故処理などが終わったときには、面接予定時間を大幅に超えていた、と話す就活生もいた。

こうしたケースでも、連絡してほしい、と多くの採用担当者は話す。

「面接終了後でも、事情によっては面接日程の再調整などをする。全ての企業で対応するとは思わないが、それでも連絡はした方がいい。連絡がないと、こちらも事情が分からないので」

それでどうする？	・面接であがったら、間を取って深呼吸
	・遅刻しそうなときはまず連絡
	・遅刻ですぐに連絡できないときでも後で連絡

遅刻・欠席に急病などは就活中だけでなく社会人生活でも付いて回る。コロナ禍以降はなおさら。事前にそのリスクを減らす、事後にどう対応していくか、それぞれ必要なスキル。

内定取り消しもある
酒席の怖い話

石渡嶺司

著者・石渡

本書著者／プロフィールは巻末記載のものと同じ

　2023年10月6日、日本経済新聞電子版に「揺れた天秤　法廷から　酒席で失った内定採用撤回訴訟」が掲載された。その後、インフルエンサーが取り上げたこともあり、一時は「内定取り消し」がトレンドワード入りした。

　記事タイトルにあるように、取り上げられたのは社会人の転職だ。

　その社会人は内定後、その企業の歓迎会で痛飲。ところが、酒の勢いで「入社理由はついでに受けただけ」などの暴言を連発。その結果、企業側は事情を聴取したうえで内定を取り消した。転職者は納得がいかず、訴訟を起こす。しかし、結果は地裁、高裁とも転職者側が敗訴。

　内定取り消しには合理的な理由があることを裁判所も認めた。

　この事例は社会人転職のものだが、大卒就活でも事情は変わらない。

　酒を飲めば気が大きくなりやすいし、口も軽くなりやすい。

　しかし、だからと言って、酒を飲んだ勢いでの暴言や暴力は許されるものではない。酒のトラブルでよくあるのが、本人は覚えておらず、「酒を飲み過ぎたので」との言い訳だ。しかし、それはあくまでも酒を飲んだ側の言い訳でしかない。暴言を吐かれた（あるいは暴力を振るわれた）側は傷ついているし、その被害をよく覚えている。むしろ、楽しく終わるはずの飲み会だからこそ、より鮮明に覚えているとも言える。

　日経記事では東京地裁判決が男性の酒席での発言を「職場の秩序を乱す悪質な言動」である点、飲酒は一連の失態を正当化する理由にならないと判断した、とある。大学生でも事情は同じだ。成人年齢を過ぎていれば、自身の酒量がどれくらいかは把握しているのがマナーだ。

　もちろん、飲めないからと言って、懇親会等をことごとく欠席、というのもよろしくない。「アルコールはだめなのですが、参加したいです」と言って、ノンアルコールで通せば、それはそれで問題ない。

　酒は飲んでも飲まれるな。これは就労経験のない大学生でも同じである。

内定後だけでなく、新入社員時代でも歓迎会など飲み会は意外と多い。ムダな時間と考えるか、上司や先輩社員と交流する機会と考えるかは本人次第。

第 **9** 章

内定後・内定取り消し・
トラブルの誤解

1 内定辞退をするまでは連絡しなくて良い

ホント	複数内定後は内定辞退する前も定期連絡が必要

関連データ	内定承諾の上で参考にした情報 **企業HP　66.7%（1位）** **実際に働いている社員・OBOGなどの話　49.2%（3位）** **業績・売上・利益などIR情報・財務情報　38.1%（4位）** ※文化放送キャリアパートナーズ「ブンナビ2024卒学生アンケート調査（4月下旬版）」（2023年）

解説

複数の企業から内定（内々定）が出た就活生は、どの企業の内定を承諾するのか、そして、どの企業の内定を辞退するのか、それが問題となる。

内定承諾後の辞退で慰謝料を請求される可能性が高いケース

その1：内定承諾書とは別に契約書にサインした（内定辞退時は学生側の費用負担が明記）
→過去に企業側勝訴の判決あり

その2：内定辞退から卒業まで間もない時期での辞退
→企業側の人材配置予定の変更を余儀なくされたとして、大学への抗議はあり得る

内定は正式には4年生10月に出すことが就活ルール上、解禁。それより前は内々定。ただし、就活ルールは法的拘束力がないこともあり、実質的には内定・内々定とも、ほぼ同じ。

なお、内定承諾書提出後の辞退は法的には問題ない（慰謝料を請求される可能性が高いのは左ページ下表の通り）。内定承諾のポイントは内定承諾までの期限確認、社会人訪問、内定辞退の3点だ。

1点目の承諾期限は企業により異なる。2週間後に返事を、というところもあれば、納得できるまで待つ、という企業も。

長期間（または無期限）待ってくれる企業だったとしても、内定者懇親会・セミナーの開催や内定者SNSの活用などがある。それらは参加した方が良い。そうしたものがなくても、就活生の方から適度に連絡する方がいいだろう。最近は、内定学生に対して企業側から定期連絡があるので、その対応でも十分だ。

〈内定後だからこそ社会人訪問〉

2点目の社会人訪問、これはぜひするべきだ。選考前のOB・OGや社員紹介には慎重な企業も内定学生となれば話は別。具体的なイメージを持ってもらうために紹介する企業が大半で、先輩社員との交流イベントを開催する企業も多い。紹介してもらう際は、OB・OGよりも性格や行動などが似ている若手社員の方がいいだろう。

〈内定辞退の連絡方法は？〉

3点目の内定辞退の方法は電話、メール、直接訪問などいろいろ。売り手市場もあって、直接訪問を強要する企業は相当減っている。メールだと本人なりすましによるトラブルが過去に起きている。なりすましが不可能な選考ツールやSNS、企業独自の採用ページなどであればいいだろう。ただ、基本は電話がいいのではないだろうか。

採用担当者も内定辞退がある程度出ることは織り込み済み。きちんと伝えれば、それ以上にこじれることはまずない。

〈待ってくれても限度あり〉

なお、いくら企業側が「内定承諾はいつまでも待つ」と言っていても、ダラダラと延ばし続けるのは問題だ。もちろん、就活生からすれば、自身の将来に関わることであり、なかなか決断できずに迷うのは理解できる。

それでも、あまりにも決断が遅いと、企業側からすれば「そこまで迷うならいっそ、内定辞退をして欲しい。その分、補充選考をしたいから」となる。あまり待たせすぎるのも企業側に迷惑をかけるだけ。社会人訪問をするなどして、適当な時期に決断した方が良い。

それでどうする？

・内定承諾は期限を確認、必要なら延長交渉を

・内定後には社会人訪問で検討を深める

・迷っても決断が必要

カヤック：鎌倉市本社のIT企業。2019年から入社式で新入社員は退職届を読み上げるプログラムを実施、継続中。書く内容は想像でも目標でも任意。なぜ入社したか深掘りする機会に。

2 内定取り消しになったら泣き寝入りしかない

ホント 内定取り消しは企業側に補償を請求できる可能性大

関連データ
3月卒業・学生生徒の内定取り消し者（各年8月末時点）
211人（2020年）→136人（2021年）→50人（2022年）
同・入職時期繰り下げ
1310人（2020年）→157人（2021年）→0人（2022年）

※厚生労働省「新卒者内定取消し等の状況」（2020年～2022年）

解説

コロナ禍1年目の2020年は内定取り消しが学生生徒合わせて211人、入職時期繰り下げが1310人だった。前年は内定取り消し35人・入職時期繰り下げ0人だったので、コロナ禍の影響がいかに大きかったかが明らかだ。

企業側が内定（内々定も同じ）を学生に通知すると、労働契約が成立したものとみなされる（労働契約法第16条）。つまり、学生でありながら労働者に準じる立場となる。

この内定学生に対して、内定取り消しをする場合、それが合法となるのは学生側の過失（留年や履歴書等の虚偽記載、反社会的行為の判明やそれに伴う逮捕など）がある場合だ。学生側の過失がなければ、労働基準法が定める「整理解雇の4要件」に該当するかどうか。該当しなければ、企業側の責任で解雇予告手当に相当する補償が発生する。

〈ショックでも手続きが必要〉

ただし、内定を取り消す企業は経営が急激に悪化した影響で、補償を申し出るところは少ない。学生からすれば内定取り消しはショックでも、黙っていては補償を受けられないこともある。大学キャリアセンターやハローワーク、弁護士などに相談のうえ、撤回もしくは補償を要求するべきだ。

内定取り消しは企業側にハローワークへの通知義務が発生。その後、所管の厚生労働省により、企業名が公表されることも。だからこそ取り消し連絡後にハローワークが相談先に。

内定取り消し企業によっては「内定ではなく内々定だから補償は発生しない」とするところもある。同じく、「入職時期繰り下げでいつになるかは不明」とする企業も不況時には急増する。前者は「弁護士を立てますね」で対応を変える企業が大半。後者も、厚生労働省「新規学校卒業者の採用に関する指針」によれば「待機期間の明確化、延期期間中の賃金補償」とある。「いつになるか分からない」は無責任であり、これも大学キャリアセンターやハローワーク、弁護士などに相談のうえ、解決を図った方が良い。

〈苦情なしなら補償なしも〉

過去にあった内定取り消し騒動では、就活生によって差が出た。

ショックを受けたままで企業側に何のアクションも起こさなかった就活生は解雇予告手当などの補償が一切なかった。

一方、大学キャリアセンターやハローワーク、弁護士などに相談した就活生に対しては解雇予告手当が支払われた。内定取り消し企業からすれば、内定取り消しが違法であることなど承知のうえ。何も言わなければそのまま、大学キャリアセンターや弁護士などが絡めば面倒なので払うものを払って黙らそう、ということだろう。

余談だが、著者にも似た経験がある。過去に勤務した某編集プロダクションがブラック企業で正社員昇格後に理不尽な言いがかりにより、入社4ヵ月目で解雇宣告を受けた。しかも、「入社して間もないので退職金などは一切ない」。ショックだったが、色々調べるとどう考えても違法解雇で労働裁判を起こせば100対0でこちらが勝てる案件であることが判明した。そこで、解雇宣告した役員氏に「調べたら違法解雇ですよね？　払うものを払ってくれなければ労働裁判を起こしますのでそのつもりで」と宣戦布告。すると、当初は頑ななまでに出さないと言っていた解雇予告手当を出す、と申し出てきた。これは就活生も同じである。繰り返すが、内定取り消しを受けたら、大学キャリアセンターやハローワーク、弁護士などに相談したうえで解決を図った方がよい。

〈選考中止は補償なしの可能性大〉

なお、内定取り消しと似たところでは選考中止がある。2020年には航空大手各社などが選考中止を表明した。この場合は、選考中であり、労働契約が成立していない状態だ。そのため、労働者に準じる立場とはならないため、労働裁判を起こしても補償されない可能性がきわめて高い。

それでどうする？

- 内定取り消しは違法、補償が発生する可能性が高い
- 内定取り消しの連絡が来た際は大学キャリアセンターなどに相談
- 選考中止は補償が発生しない可能性が高い

AQ Group：アキュラホームなどで有名な住宅メーカー。カンナ削り入社式を18年連続で実施。新入社員はカンナ削りを通して、ものづくりの楽しさや喜びを体感。

3 就活でセクハラを受けて
も泣き寝入りしかない

ホント	被害を受けたら大学キャリアセンターなどに相談を

関連データ	就活・インターンシップ参加中の就活セクハラの被害経験あり **男性26.0%　女性25.1%** セクハラ行為の内容 **性的な冗談やからかい　40.4%（1位）　性的な事実関係に関する質問　26.3%（3位）** ※厚生労働省「職場のハラスメントに関する実態調査」（2021年）

解説

就活セクハラ事件は社員の職権を濫用した行為だ。過去の主な就活セクハラ事件は右ページ表の通りである。

過去の事例の共通点は3点ある。密室（カラオケ店、自宅、ホテルなど）に誘う、立場の濫用、就活指導を口実とする、だ。

OB、幹部社員、採用担当者などの立場を濫用することはあってはならない。そもそも、立場と権限の重さを理解している社会人であれば、就活生とは一定の距離をおく。

〈立場を勘違いするバカ社会人〉

密室に誘うのも論外だ。ただし、右ページの表にあるように、立場を濫用して就活セクハラをした社会人は一定数いる。しかも、表にある事件は、いわゆる性的暴行によるもので社員側は逮捕、または訴訟を起こされている。性的暴行以外のものについては、水面下ではもっと多い、と推定される。これは厚生労働省「職場のハラスメントに関する実態調査」（2021年）でも明らかだ。

〈密室である必然性はない〉

就活生は、密室に誘う、立場を濫用する採用担当者やOBなどがいれば、断ること。そのうえで、その社員が所属する企業や大学キャリアセンターに抗議・

オイシックス・ラ・大地：「Oisix」「らでぃっしゅぼーや」などの宅配サービス業。2023年の入社式は群馬県の畑で実施。オフィスで働く前に、産地の苦労などを知るために、畑や野菜に触れる。

相談をした方がいい。

そもそも、就活相談に乗るから、と言っても、そこに飲食や密室での面会が伴う必然性はどこにもない。仮に、あまりにもしつこく誘われるようであれば、メールやLINE、あるいは音声などの証拠を確保したうえで、企業側に直接、苦情を申し入れた方がいいだろう。

なお、セクハラだけでなく、パワハラも同様だ。毅然とした対応が望ましい。

	主な就活セクハラ事件
2007年	三菱東京UFJ事件／24歳行員がリクルーター面接と称し女子学生をカラオケ店に誘い、強制わいせつの疑い→逮捕
2016年	アイシン・エィ・ダブリュ事件／43歳元幹部が内定を条件に不適切な関係を迫った、として元女子学生が元幹部の男性とアイシン・エィ・ダブリュを相手取り、損害賠償訴訟を起こす→その後は不明
2019年	住友商事事件／24歳社員が女子学生に酒を飲ませてホテルで性的暴行→逮捕、懲戒解雇
2020年	リクルートコミュニケーションズ事件／30歳社員がOB訪問アプリを通じて知り合った女子学生に睡眠作用のある薬物を混ぜた飲み物を飲ませたうえ、性的暴行→逮捕／同様の事件で2021年5月に6度目の逮捕
2021年	近鉄グループホールディングス事件／採用担当者（20代）がインターンシップ参加学生に対してES添削などで個人的に連絡、その後、食事やホテルなどに誘うなどの不適切行為を繰り返す。『週刊文春』2021年6月10日号に掲載→近鉄、該当社員を懲戒解雇

（社名等は当時）

それでどうする？

・就活セクハラは論外。誘われても毅然と断るべき
・未遂であっても大学キャリアセンターや該当企業などに相談
・密室・飲酒は絶対に避けるべき

（株）明治産業：2017年からユニークな入社式を展開。2017年はアカデミー賞授賞式、2018年はチャペル挙式、2020年はオリンピック開会式、2023年はニュース番組のスタジオを模した内容。

4 選考解禁後の6月に未内定だとほぼ絶望的

ホント	選考解禁後の6月に未内定でもまだチャンスあり

....

関連データ

現在、就活で困っていること（未内々定者）
面接を通過できない　50.9%（1位）
将来やりたい仕事がわからない（わからなくなった）　37.5%（2位）
自分に合った企業をどのように探せばいいかわからない　35.4%（3位）
※マイナビ「2024年卒大学生活動実態調査（6月）」（2023年）

....

解説

マイナビ調査（上記のものと同じ）によると、5月末時点での内々定率は65.5%。逆に見れば5人に2人は未内定なわけで、そうした就活生は当然ながら焦る。2020年卒（コロナ禍以前）の同じ調査・同じ時期で比較すると、2023年卒は3.7ポイントの上昇だった。それだけ、就活の早期化が進行している。

〈選考解禁日以降もチャンスは多い〉

選考解禁日（6月1日）直後に未内定の就活生は「もがきグループ」と「諦めグループ」に分かれる。後者は文字通り、就活に絶望し諦めてしまう。「選考解禁で内定が出ていなければもう就活オワタ」というわけだ。選考に参加しない以上、内定を取れるわけがない。14〜15ページで解説したセルフ氷河期に陥るだけである。

前者の「もがきグループ」はさらに「大学・ハロワ活用組」と「自主活動組」に分かれる。

「大学・ハロワ活用組」は大学キャリアセンターや新卒応援ハローワークなどの公的機関を活用する。「自主活動組」は、個人でどうにかしようとする。就活エージェントなどを利用する学生も多い。さて、どちらが内定を取りやすいか、と言えば「大学・ハロワ活用組」だ。「自主活動組」が大学キャリアセンター

ここ数年、大学キャリアセンターも大学に行くのは心情としても物理的にも大変、という就活生に配慮。6月以降の企業合説は学内ではなく学外で開催するところが増加中。

を活用しない本音は「後輩が出入りしていて恥ずかしい」「お世話になった職員がいて顔向けできない」など。気持ちは分かるが、実にもったいない。

まず、大前提として、コロナ禍以前から選考解禁以降も採用活動を継続する企業が増えている。それも補充採用ではなく、それなりの規模で。キャリア支援に熱心な大学は6月以降も大学限定の合同説明会を学内外で開催するようになった。

さらに、補充採用を検討する企業がどこに頼るか、と言えば、大学キャリアセンターである。企業からすれば6月以降でも、内定者を増やしたい、あるいは、内定辞退が出て人材配置予定の変更を余儀なくされた、などの事情がある。ところが、就職情報サイトなどで告知しようとしても別途費用がかかる。かからなかったとしても、「6月以降はろくな企業が残っていない」と勝手に諦める就活生が多い。そのため、閲覧数は広報解禁前後に比べて、著しく落ちる。

〈恥ずかしくてもキャリセン利用で逆転も〉

その点、大学キャリアセンターに連絡しておけば、ある程度、企業側のリクエストも受け入れられる。大学キャリアセンター側も未内定の就活生を減らせるので悪い話ではない。こうした事情から、6月以降でも大学キャリアセンターには、就活生が想像する以上に求人情報が集まっている。これは、新卒応援ハローワークなども事情は同じだ。

当然ながら、大学キャリアセンターや新卒応援ハローワークなどに集まっている求人情報で利益を得られるのは「大学・ハロワ活用組」である。

それから、大学は大学で、未内定の就活生へのフォローをする。特に私立大からすれば「就職できない」との悪評を避けるために動き回る。大学に企業の求人情報が集まっているのに活用しない「自主活動組」は就活のポイントを外しているわけだ。

さらに、未内定となった理由は、志望業界・企業の選定が間違っていた（絞り過ぎた）か、自己PRのポイントを外したか、このどちらかが大半。どちらも、一人で修正するのは難しい。大学キャリアセンターに相談すれば、就活生個人では見えなかった修正点や求人企業が分かる可能性が高い。

なお、就活エージェントの活用は54〜55ページで解説したように、4年生6月以降だと紹介企業が相当、限定される。取材した限りでは大学キャリアセンターの方がはるかに高条件の求人が集まっている。未内定の就活生は6月以降も大学キャリアセンターの活用を強くお勧めしたい。

それでどうする？

- 未内定でも6月以降に就活を続けない限り内定は取れない
- 恥ずかしがらずに大学キャリアセンターを活用する
- 新卒応援ハローワークなども合わせて活用

2022年ごろから6月の選考解禁後も採用の小さなヤマを迎える企業が増加中。4年生6月前に未内定でも8月くらいまでは粘っていくと想定以上の企業の内定ゲットも。

5 志望企業に落ちたら就職留年・浪人で再挑戦

関連データ　入社予定企業等からの内定取得時期（学生全体／就活開始時期が3月以降）

7月 8.5%／15.3%　　**8月** 9.1%／16.0%

9月 6.0%／10.0%　　**10月以降** 8.9%／13.1%

※リクルート就職みらい研究所「就職白書2023」（2023年）

解説

志望業界や企業から内定を得られない就活生は焦る。

そして、選考解禁（4年生6月）前後から、ちらつくのが「就職留年・浪人か、それとも方向転換（不本意な業界・企業への就職）」という、選択である。

どちらを選択しても辛いわけで、未内定の就活生は悩む。

著者のアドバイスは簡単で、不本意な業界・企業への就職を目指した方が良い。就職留年・浪人は極力避けた方が良い。

〈大学受験と勘違いする未内定者〉

未内定の就活生を取材していると、就職留年・浪人を大学受験浪人と同一視していることが明らかだった。

大学受験・一般入試は学力の積み上げによって合格率が変動する。そのため、大学受験対策に時間を割いた浪人が志望校に合格する割合はそれなりにある（2021年大学入学者のうち約20％／文部科学省「学校基本調査」）。

では、就活において留年・浪人によって再応募した場合、内定を得られる確率は大学受験と同じように上がるだろうか。右ページ表に、大学受験浪人と就職留年・浪人の比較表をまとめた。大学受験浪人の場合、一般入試であれば、学力の高低が結果につながる。しかも、偏差値などで可視化されやすい。

2010年の雇用対策法改正で、新卒は卒業後3年以内を含む、と変更。既卒者でも新卒として応募可能となった。ただし、応募可能になったことと採用はあくまでも別。

その点、就活の場合、内定を左右する要素は学力だけではない。企業カラーや就活生本人の個性、企業との相性など複数ある。しかも、大学受験の学力と違い、可視化しづらい。そのうえ、人間性や相性などは短期間に変化するものでもない。そのため、一度落ちた就活生の再応募を認める企業は多くない。「中盤以降の選考落ちだと、落としたのは役員や部長クラス。それを覆すのは人事としては無理がある」(IT)。

〈就職留年・浪人のメリットは、ほぼない〉

再応募で内定を取れるとすれば、選考序盤の適性検査で落ちた、あるいは、再応募の熱意を買うベンチャー企業など。ただ、どちらも少数の事例にとどまる。しかも、就職浪人・留年を選択すると、その分だけ企業に入社する年数が減る。当然ながら、給料や職務スキルなどもストレートに入社した社会人とは差が付くことになる。この点は大学受験浪人も同様だ。

要するに、就職留年・浪人はデメリットが多すぎて、選択するメリットはほぼない。どうしても、志望業界・企業を目指したいのであれば、不本意であっても他業界・企業にひとまず就職。そのうえで、志望業界・企業に必要なスキルなり、資格なりの勉強をして転職を目指す方が話は早い。

左ページ上のデータにあるように、4年生の7月以降に入社予定先の内定を取得する学生は一定数いる。志望業界・企業を変更して就活を継続する方が良いだろう。

大学受験浪人と就職留年・浪人の比較

	合否を分ける要素	可視化できるかどうか	落ちた理由	浪人・留年をするメリット
大学受験	学力	偏差値、模試判定	判明しやすい	学力の積み上げ
就活	学力（適性検査）、人間性、企業との相性ほか	基本は不可	判明しづらい	特になし

それでどうする？

・就職留年・浪人は大学受験浪人とは違う

・不本意な業界・企業でも、ひとまず就職を目指す

・どうしてもリベンジしたいなら、社会人転職で

バス会社：2024年危機で各社とも運転手が大幅に不足。大型免許がなくても採用し入社後の取得を目指す運転士養成制度を全国各社が導入。普通免許がなくても認める会社も。

【著者紹介】

石渡嶺司 大学ジャーナリスト。1975年札幌市生まれ。東洋大学社会学部卒業。2003年から現職。大学・就活・教育・キャリア等について取材。著作は22年間で33冊・累計約63万部。主な著書は『改訂版　大学の学科図鑑』(SB クリエイティブ)、『就活のワナ』(講談社＋α新書)、『キレイゴトぬきの就活論』(新潮新書)など。現在はYahoo!ニュース エキスパートや現代ビジネスなどネットメディアでの記事執筆、高校・大学・経済団体等での講演、テレビ・ラジオ出演(不定期)が主な仕事。2018年に「Yahoo!ニュース 個人 オーサー コメントアワード」受賞。趣味は簡単料理、銭湯・温泉巡り、飛行機(マイラー)など。自身のYouTubeをどう展開するかが直近の課題。

〈ES添削・就活相談・講演依頼について〉

連絡先はPCメール　namio@eurus.dti.ne.jp　まで。

1：携帯メールからだと返信エラーになる可能性があるので、できるだけPCメールでの送信を推奨。

2：ES添削・就活相談は無料。ただし、依頼に対してすぐ返信できないか、そのまま返事が出せない可能性もあります(特に就活ピーク時は全対応は無理)。

3：ES添削・就活相談での内容を、個人情報を特定されない範囲内で石渡の記事・著作等に予告・代償なしで利用することを就活生側は許諾すること。

本文イラスト＝渡辺恵美
DTP作成・本文デザイン＝山本秀一・山本深雪 (G-clef)

本書に関するご質問は、下記講談社サイトのお問い合わせフォームからご連絡ください。
サイトでは本書の書籍情報(正誤表含む)を掲載しています。

https://spi.kodansha.co.jp
2026年度版に関するご質問
の受付は、2025年3月末日
までとさせていただきます。

＊回答には1週間程度お時間をいただく場合がございます。
＊本書の範囲を超えるご質問にはお答えしかねますので、あらかじめご了承ください。

本当の就職テストシリーズ

ゼロから始める
就活まるごとガイド　2026年度版

2024年1月20日　第1刷発行

著　者	石渡嶺司
発行者	森田浩章
発行所	株式会社講談社
	東京都文京区音羽2-12-21　〒112-8001
	電話　編集　03-5395-3522
	販売　03-5395-4415
	業務　03-5395-3615
装　丁	岩橋直人
カバー印刷	共同印刷株式会社
印刷所	株式会社新藤慶昌堂
製本所	株式会社国宝社

KODANSHA

ISBN978-4-06-534514-6　N.D.C.307.8　253p　21cm